古代文史名著选译丛书

主编 章培恒 安平秋 马樟根

明史选译

修订版

译注 杨昶
审阅 李国祥

凤凰出版传媒集团 凤凰出版社

图书在版编目（CIP）数据

明史选译 / 杨昶译注. -- 南京 : 凤凰出版社,
2011.5（2018.7重印）
（古代文史名著选译丛书）
ISBN 978-7-5506-0384-4

Ⅰ. ①明… Ⅱ. ①杨… Ⅲ. ①中国历史—明代—纪传体 Ⅳ. ①K248.042

中国版本图书馆CIP数据核字(2011)第045869号

书　　名	明史选译
译 注 者	杨　昶
责任编辑	陈晓清
出版发行	凤凰出版社(原江苏古籍出版社) 发行部电话025-83223462
出版社地址	南京市中央路165号,邮编:210009
出版社网址	http://www.fhcbs.com
照　　排	江苏凤凰制版有限公司
印　　刷	江苏凤凰通达印刷有限公司 南京市六合区冶山镇,邮编:211523
开　　本	960×1304毫米　1/32
印　　张	9.875
字　　数	160千字
版　　次	2011年5月第1版　2018年7月第2次印刷
标准书号	ISBN 978-7-5506-0384-4
定　　价	35.00元

(本书凡印装错误可向承印厂调换,电话:025-57572508)

《古代文史名著选译丛书》编委会

《古代文史名著选译丛书》修订版出版说明

呈献在读者面前的这套《古代文史名著选译丛书》是2011年的修订版。全书共134册，包括了中国从先秦至清末两三千年间的著名典籍。每部典籍都选其精粹(《论语》《老子》则全文收录)，收录原文，加以简明的注释，力求准确地译为现代汉语，并于每一篇之前写有对该文的提示性说明。这是近一个世纪以来，规模最大、收录种类相对齐全、译注质量较高的一套普及传统文化的今译丛书。

这套丛书，原在1992年—1994年由巴蜀书社分三批出齐，印行过万套；不久，又由台湾的出版机构买去海外版权在台湾及海外发行，可见这套丛书当年在两岸受欢迎的程度。时隔17年，丛书编委会决定重新修订，改由江苏凤凰出版集团所属的凤凰出版社出版。

这套丛书是由教育部属下的全国高等院校古籍整理研究工作委员会(简称古委会)于1985年策划的。古委会组织了全国18所大学的古籍整理研究所的所长任编委会编委，由我们三人任主编，在全国范围内选请学有专长的学者承担各书的译注。从1986年—1992年，历时7年完成。当时，编委会制订了严明、可行的体例和细则，译注者按要求完成书稿。每部书稿完成后，都在全国范围内请编委会之外的专门研究这一学术领域的两位专家初审，合格后再请两位编委参照初审意见审改，然后退还原译注者改正。待原译注者改正后，再由编委会集中常务编委和部分编委、相关专家在一地将每部书稿从头至尾审改。这样的集中审稿会一般都在8—15天，7年中开了12次审改会。审改后，三位主编再集中在一起逐一审定，交付出版社。这一工作程序，使得这套丛书的译注质量有了一定的提高。所以，这套丛书，在一定程度上是个人与多人合作的结果。关于这套丛书的编纂始末，我们曾在1992年4月全书交稿后写有一篇文章，这次附在修订版书末，便于读者了解。

这次修订，是交由原译注者自己修改。少数译注者已去世，则书稿一仍其旧。个别译注者已联系不上，也保持原貌。

1992 年—1994 年出版时，书前有当时古委会主任周林先生写的序。周林先生是这一丛书的发起者。他已于 1997 年 6 月去世，至今已 14 年了。为了尊重历史，也为了纪念他，修订版仍用他的序。

我们三人在 1985 年—1992 年主持这套丛书工作时，年龄大的是从 51 岁到 58 岁之间，年龄小的是从 44 岁到 51 岁之间，那时尚有精力组织、参与这一工作，今天我们都已年逾古稀。全书修订版出版之际，心情似乎比当年更惴惴不安地期待着读者的评头品足，期待着不要对读者贻误太多。

回想这套丛书，真应该感谢我们的祖先为我们留下了这样深厚、丰富的思想、文化遗产，使我们今天仍然受用无穷。应该感谢这套丛书的全体译注者、审阅者、编委和当年的出版者巴蜀书社、今天的出版者凤凰出版社，是他们的学识、辛勤与真诚使得这套丛书得以面世。

章培恒　马樟根　安平秋

2011 年 3 月 15 日

序

《古代文史名著选译丛书》与广大读者见面了。这是丛书编委会的同志与众多专家学者通力协作、辛勤耕耘的结果。

中华民族在五千年漫长的岁月里，创造了光辉灿烂的文化，给人类留下了丰富的精神财富。“观今宜鉴古，无古不成今”。今天，以马克思主义的科学理论为指导，整理研究我国古代文化典籍，做到汲取精华，剔除糟粕，古为今用，推陈出新，使人们在正确认识民族历史的同时，得到爱国主义的教育，陶冶道德情操，提高全民族的文化素质，促进社会主义文化的繁荣，使文明古国的历史遗产得以发扬光大，这是我们每个炎黄子孙的责任。而要做到这样，对古籍进行整理与研究是重要的基础工程。但是，整理与研究古籍仅作标点、校勘、注释、辑佚还不够，还要有今译，使老年人、中年人、青年人都愿意去读，都能读懂，以便从中得到教益。

基于以上认识，全国高等院校古籍整理研究工作委员会于1986年5月组成了以章培恒、安平秋、马樟根三位同志为主编的《古代文史名著选译丛书》编委会，确定了以全国十八所大学的古籍整理研究所为主力承担这一看似轻易、实则艰巨的今译任务。在第一次编委会议上，拟定了《凡例》、《编写与审稿要求》、《文稿书写格式》和一百余种书目。以每一种书为十万至十五万字计算，这套丛书大约有一千余万字，应该说是一项大工程。经过一年的努力，完成了第一批三十六部书稿的译注任务。在各研究所的专家与所长把关的基础上，于1987年5月和7月，先后在复旦大学、北京大学召开了部分编委参加的审稿会，通过了二十五部书稿，作为《古代文史名著选译丛书》与广大读者见面的第一批作品。与此同时，在1987年7月6日，邀请了在京的十几位专家教授与编委会十几位编委一起座谈这套丛书与古籍今译的问题。专家们肯定了今译工作的必要性与深远意义，并以他们数十年的教学科研和创作的经验，说明今译是一项难度很大的工作，是培养人才，使之打下坚实基本功的一种有效方法；专家们还对《古代文史名著选译丛书》提出了宝贵的建议，这对当时的审稿工作和保证《丛书》的质量起了很好的作用。

实践证明，古籍的今注不易，今译更难。没有对作品的深入、透彻的研究，没有准确、通俗、生动的语言表达能力，要想做好今译是不可能的。两年多来，全国高等院校古籍整理研究工作委员会在探索古籍的今注、今译的道路上，做了一些工作。这部丛书的出版，是系统今译的开始，说明古籍整理研究工作有了新的进展。更可喜的是，一批中青年学者参加了今注今译工作，为古籍整理增添了新生力量，相信他们会在实践中，在学习中，成长成熟。我希望，这套丛书的编委会和高校各古籍整理研究所要敞开大门，加强同国内外专家学者的联系，征求他们和广大读者的意见，并向有真才实学而又适宜做今译工作的专家学者约稿，以提高古籍译注的水平，使《古代文史名著选译丛书》的第二批、第三批作品的质量更上一层楼。

这是一套以文史为主的大型的古籍名著今译丛书。考虑到普及的需要，考虑到读者对象，就每一种名著而言，除个别是全译外，绝大多数是选译，即对从该名著中精选出来的部分予以译注，译文力求准确、通畅，为广大读者打通文字关，以求能读懂报纸的人都能读懂它。我希望这套丛书能成为中小学教师的语文、历史教学的参考书，成为大专院校学生的课外读物，成为广大文史爱好者的良师益友。由于系统的古籍今译工作还刚刚起步，这套丛书定会有不少缺点、错误，也诚恳地希望读者批评指正。

巴蜀书社要我为这套丛书写序，我欣然接受了。我相信这套丛书不仅会使八十年代的人们受益，还将使子孙后代受益，它将对祖国的繁荣昌盛起到点滴的作用。最后借此机会向曾给予我们支持、帮助的专家学者和巴蜀书社的同志表示衷心的感谢！并殷切地希望台湾同胞、港澳同胞、海外侨胞和我们一同做好祖先留给我们的文化遗产的整理工作，为中华民族灿烂的文化再放异彩而努力！

周 林

1987年10月于北京

目　录

前　言

一

《明史》三百三十二卷，题为清张廷玉等撰。《明史》是我国古代正史（《二十四史》）中的最后一部，它叙述了明王朝将近三百年间的历史，从政治、经济、军事、文教、民族，乃至中外关系、文化交流等各个角度，向人们展示了明代的社会场景，是学术界公认的探研明史所必备的一部重要著作。

《明史》是清朝的官修史书，先后由张玉书、王鸿绪、张廷玉等任总裁，参加修撰的人很多，经历的时间特别长，最后经张廷玉等定稿，并由张廷玉领衔奏上，因此题署他的名字。张廷玉(1672—1755)，安徽桐城(今安徽桐城)人，字衡臣，号砚斋。康熙进士，累官至保和殿大学士、吏部尚书、军机大臣。历仕康熙、雍正、乾隆三朝，位居辅相之任，同时兼任翰林院掌院学士，主持修史等事。《明史》纂修历数十年，至他任总裁时才得以成书，其中《地理志》实出自他手笔。从《地理志序》中，可以看出他平日留心时务，详知当代变革，确有心得。

二

顺治二年(1645)，正当清军入关不久，江南还未归附的时候，清政府就设立明史馆，任命冯铨、洪承畴等主持修明史。然而，由于当时政局错综复杂，不仅南明政权相继建立，而且农民起义军领袖张献忠所建立的大西政权仍然存在，致使修撰明史的工作未曾全面展开旋即停止。到了康熙四年(1665)，再次下诏重修《明史》，又因故中途辍止。

康熙十八年(1679)，清政府重开史馆，再修《明史》。此次开馆，清政府是下了较大的决心的。当清朝统治者在关内建立政权后，明朝遗臣多怀亡国之痛，联合农民起义军，坚持抗清斗争。康熙即位以后，清政权在全国的统治趋于稳定，抗清斗争浪峰跌落，转入低潮。明遗臣对《明史》的修撰本来就十分重视，甚至有人以为己任，如顾炎武纂有《皇明修文备史》四十册，并辑存有关文献七十五种，计约一二千卷；黄宗羲纂《明文海》四百八十二卷、《明史案》二百四十四卷，都是为修撰《明史》而准备的文字资料。清统治者利用他们的这种心态，于康熙十八年(1679)下诏修撰《明史》，并采取开设博学鸿词特科的方式，搜罗在野的名人才士，以备修史之用。此科录取了彭孙遹(yù 域)等五十人，大多为享有时名的学者，如朱彝尊、吴任臣、毛奇龄、潘耒、李因笃等，皆得参预其事。这些人均以翰林的名义，安置在明史馆中，从事修撰明史。同时，朝廷委派右庶子卢君琦等十六人同为纂修，以大学士徐元文为监修，总领修史事宜。由此可知，清初积极修撰《明史》，在一般修史的意义之外，还具有招诱亡明遗臣以巩固其统治的特殊政治意义。

清政府的这一措施，使得明遗老们陷入进退维谷的境地，他们怀抱撰修明史之志，而又不肯直接与清政府合作。如黄宗羲、顾炎武二人，都坚持不妥协的态度，不应清廷征聘，但黄氏终于让其子黄百家和门生万斯同入京，寓居明史馆监修大学士徐元文家中，不受职，不署名，但以私人资格参预修史；黄氏收藏的史料，更听凭史馆派人抄去；修史时遇有疑难问题，直接就教于黄氏的颇多。顾氏的门生潘耒，还参加博学鸿词科的考试，后被取录，入馆撰史；顾氏之甥徐元文、徐元一兄弟，原已在朝中，有关修史之事曾多次请教于他，顾氏也不时有所指示，只是顾氏收藏的明史资料，被潘柽（chēng 称）章借用，康熙二年（1663）潘氏死于庄廷鑨"明史案"，其书便不复归，未能提供修史之用。

修撰《明史》的工作全面展开以后，陈廷敬、张玉书、王鸿绪等先后出任总裁，直到雍正元年（1723），成书三百一十卷，这就是至今仍然流行于世的署名王鸿绪的《明史稿》。王氏《明史稿》，原本出自史学家万斯同的手笔。

万斯同（1638—1702），浙江鄞州（今浙江宁波）人，字季野，号石园。他的高祖万表，曾在明朝任都督同知。父万泰，明末鲁王监国时，任户部主事，明亡后一直家居不做官，悉心教授儿子经史。他生有八子——斯年、斯程、斯祯、斯昌、斯选、斯大、斯备及幼子斯同，诸子长成，都跟着黄宗羲学习，其中斯大、斯同二人成就最为显著。万斯同早慧，读书过目不忘。八岁时曾当众背诵汉代哲学家扬雄的名作《法言》，一万余言竟一字不差。顺治三年(1646)，万斯同刚九岁，清军南下，他随父亲避入奉化山中，故无法入学读书，仅得向诸兄处问学，默识经史而已。丧乱之后返乡，始得入私塾。十四岁时已尽览家中藏书，皆能讲出其中大略，遂就学于爱国学者黄宗羲。黄氏强调读书要重名节、励志趣，主张做学问要经世致用，这些都给了万斯同很大的影响。万斯同勤奋好学，涉猎广博，经史子集无不通晓，特别擅长史学，早年就是名重一时的知名学者。他承受父师之教，以遗民自居，绝意于科举仕进，是深为黄宗羲器重的得意门生。他的"生平素志"是编写一部"备他日经济之用"、"益于不朽之大业"的明史，因此"毅然磨砺史学"，"自两汉以来，数千年之制度沿革，人物出处，洞然腹笥。于有明十三朝之实录，几能成诵。其外，邸报、野史、家乘，无不遍览熟悉，随举一人一事问之，即详述其曲折始终，听若悬河之泻"。正是由于他把全部精力都倾注到历史的学习和研究上，故能对明一代史事了如指掌，稔熟于胸，最终成为修撰《明史》的功臣。

康熙十七年(1678)，由浙江巡抚许鸿勋的推荐，诏征万斯同试博学鸿词科，他坚决推辞不去应考。次年，开馆修《明史》，总裁徐元文欲荐万斯同入馆，依例可授翰林院纂修官，享受七品俸禄，他笃守志节，坚辞不就。后秉承父师之教，以平民身份参与修史，不署衔，不受俸，住在徐元文家中。当时史官所纂修的文稿，均送给他审阅裁定。虽然他不具备总裁的名义，但实际上担任着总裁的工作，而先后担任总裁的张玉书、陈廷敬、王鸿绪都对他以礼相敬。他审定史稿，遇有问题，常令侍者说："取某书某卷某叶，有某事当补入；取某书某卷某叶，某事当参校。"侍者据以查核，几乎没有差误。康熙三十年(1691)前后，经他审阅定稿的稿本已经基本完成，共五百卷。至此，《明史》的根基肇创可谓告竣。

初稿问世以后，清统治者见自己收揽名士以稳定天下的政治图谋得以实现，而且时间延续既久，便不如初开馆之时重视其事。至万斯同去世以后，史馆中的旧人所剩无几，王鸿绪遂利用久居史馆总裁之任的优越条件，将书稿据为己有。康熙五十三年(1714)，王氏删定列传稿为二百零五卷，进呈于朝；雍正元年(1723)又进呈本纪、志、表等部分，合为一书，共三百一十卷，题为《明史稿》，以“横云山人”(王鸿绪的别号)的名义刊行于世，万氏的史稿便成了王氏的著作。

由于有人认为《明史稿》仍未尽完善，到雍正二年(1724)，又诏诸臣再加修订。张廷玉等历时十五年，以旧稿为依据撰成定稿，并于乾隆四年(1739)奏进，颁行天下，这就是流行至今的《明史》。

《明史》从设馆修书到书成奏进，前后耗费 95 年，将近一个世纪，这在《二十四史》中是绝无仅有的。

《明史》修撰的时间为什么延续如此长久呢？主要的缘故是在清统治者多方限制的困难条件下，修史诸臣顾虑重重，担心触犯清朝统治者的忌讳，招来杀身灭族之祸。康、雍、乾三朝的几次重大文字狱，皆为因涉及明史的问题而引发的。因此，在明清之际一些敏感的历史问题上，修史者往往慎之又慎，于是就形成了“头白可期，汗青无日”的局面。但是，《明史》又是由未曾忘怀于明朝的士大夫参加修撰的，难以泯灭的爱国(明朝)思想，驱使他们以相当认真求实的精神从事工作，同时他们还具备充裕的学识能力和时间。因此，在清统治者多方限制的复杂氛围里，他们仍能写出较为详备的史书。随着时光的流逝，清政权日趋巩固，顾忌不如以前那样厉害，遗留下来的历史也有了作结论的可能，《明史》也就如同水到渠成似的终于面世了。

三

《明史》所载史事，上起明太祖洪武元年(1368)，下至思宗崇祯十七年(1644)，凡二百七十七年。全书计有本纪二十四卷、志十五篇七十五卷、表五篇十三卷、列传二百二十卷，共为三百三十二卷。

本纪二十四卷，记述明代十六朝皇帝之事，其中英宗曾两度在位，中间隔着景帝，遂有前纪和后纪。太祖和成祖的本纪，载录事迹较多，故各占三卷。而宪宗、世宗、神宗和庄烈帝的本纪，均分为二卷。《太祖本纪》中，保存着颇多元末农民起义的史事，十分宝贵。崇祯以后，明宗室在南方相继建立了以福王、唐王、桂王等为首的几个政权，延续十八年之久，史称南明。这段历史，《明史稿》曾辟有《三王传》记其事，虽未附于本纪之末，却自为一卷书，置于诸王传之后，表示与诸王是不同的。《明史》编定时，乃删除《三王传》，仅以三王附见于各始封王之列，且南明的历史略而不书，这在《明史》的体例内容上，不能说不是一个缺陷。

志七十五卷，包括十五个类目，在《二十四史》中，可说是最完备的。各志编排得体，内容充实，是很有特色的一部分。如《地理志》七卷，系统全面地记载了当时的行政区划。《天文志》、《河渠志》包含了不少科技资料，并反映了明代的一些新成就。《历志》九卷，载录当时所用《大统历》的内容，并指出该历存在的缺点，有表有图，取览为便。其他《食货》、《刑法》等志，也各具特色，均能反映明代典章制度的一些重要内容，如《食货志》所记的“一条鞭法”，《刑法志》所记的厂卫制度，都是很有分量的资料。《艺文志》只著录明代的著作，而不收明以前的撰述，这是在体例上有别于前史之处。

表十三卷，分为五个类目，其中《诸王》、《功臣》、《外戚》、《宰辅》四目，已见于前史，唯《七卿年表》为本书新设。明初，为了加强皇权，废除了丞相

制，六部尚书成为全国行政长官，直接受制于皇帝。同时都察院置左右都御史，掌纠察百官，权力也很大。故称六部尚书和都御史为“七卿”，作为政府机构的最高长官。《七卿表》的设立，正反映了明代官制的特点。

列传二百二十卷，有类传二十种，此外未标类传名目的，均按其内容性质以类相从，编在一起，绝无个人单独设立一传而占一卷篇幅的。这样编纂，扩大了记录的范围，多容纳了一些该入史的历史人物，是可取的。类传中，凡前史所有的名目，多沿袭设立，另创《阉党》、《流贼》、《土司》三传，则是前史所无。《阉党》等三传，是根据明代社会历史的实际而设立的，有关宦官的党羽、农民起义军和少数民族的许多珍贵史实，皆赖以保存至今。

四

《明史》是在清统治者的监视之下，由许多名流学者参与规划、执笔修撰的，这些人多是明遗臣，他们保存明朝史迹的愿望和清政府的招诱策略，导致了双方合作编纂的结果，但是民族矛盾在修史过程中也始终发生着影响。《明史》既是在这样的背景下成书的，便具有了自身特有的成就和缺陷。

《明史》的体例比较完备，组织系统相当严谨，近三百年间的明代史实，大多扼要地载录其中，某些特别重大的事项，书中均设有专篇加以叙述。如《食货》、《河渠》、《兵》三志，详细而有条理，概括了社会经济的发展与紊乱，及边防设施和军备的改进；《宰辅》、《七卿》二表，记朝中高级官僚的更代，简赅得宜，甚便检索。又今日国内少数民族的历史，多半可追溯到明朝初年，《西域传》和《土司传》所载有关内容，无疑是这方面的资料宝库。

《明史》内容相当充实，文字精练简明，编撰质量较高。《明史》所依据的原始材料甚多，其丰富程度是历代官修史书难以企及的。这些史料，归纳起来为五大类：（一）明代历朝《实录》；（二）明代史书，如王世贞的《弇州史料》、何乔远的《名山藏》、谈迁的《国榷》、温睿临的《南疆绎史》之类；（三）明代典志，如《大明会典》、《续文献通考》、《大明一统志》、《大明律》等；（四）明代传记，如黄金的《开国功臣传》、雷礼的《列卿记》、焦竑的《国朝献征录》、黄宗羲的《明儒学案》等；（五）明代杂史，如吴宽的《平吴录》、胡宗宪的《筹海图编》、方孔炤的《全边略记》、巩珍的《西洋番国志》、高拱的《边略》等，共计数万卷。况且“诸纂修皆博学能文，论古有识”，他们善于驾驭这些材料，进行妥当的文字处理，故明朝近三百年间的大事，如开国统一，靖难之役，生产的恢复，郑和下西洋，防御蒙古，消灭倭寇，援朝抗日，辽东防御，宦官乱政，矿税的纷扰，农民起义，以及南北二京的兴建，万里长城的修筑，治河漕运的措施，在《明史》中均能见到它的始终。再加上执笔编撰的人员众多，编撰方法不断改进，反复研讨的时间充裕，自相矛盾之处绝少，因此，《明史》的质量是有保证的。以上可以说是《明史》的精粹所在。

在《二十四史》中，《明史》被视为有较高的成就。因为是官修史书，所以清代学者大多给以好评，罕有贬词，无非是怕议论招祸。就是有意见也不敢直抒己见，至多委婉其词而已，如赵翼在《廿二史札记》中，就是这样处置的。其实《明史》仍存在着不少缺陷，损害了它自身的价值。清修《明史》，本是带有政治色彩的举动，其根本目的是通过修史为巩固清朝的统治服务。所以当编撰《明史》涉及清室先世的一些问题，清朝统治者认为妨害其政治利益时，竟不惜掩没史实，隐讳不书，《明史》的最大缺陷就在这里。如明统治者封授女真族建州三卫，以及历次战争与开通马市等交往史实，均为《明史》所讳言或语焉不详。至于南明史事，如随从唐王、桂王等诸臣，仅用寥寥数语概括地称道他们尽忠守节，置于附传；他们抗清斗争的具体事迹，则几乎全部删略不书。这都是由于史臣屈从于清统治者的威势，明显地篡改了历史。

此外，一般旧史所共有的反动立场和宣扬反动思想、封建道德观念等问题，《明史》由于组织严谨和文字表达准确，表现得也更加突出。如对于农民起义的仇恨和对于纲常名教的宣扬，都较前史为甚。书中《流贼》、《忠义》、《孝义》、《列女》等传，在这方面尤为显著。以上可以说是《明史》的败笔所在。

鉴于《明史》存在的不少缺陷，有人认为《明史》不值得重视，存在的价值不大，这种看法失于偏颇。诚然，《明史》差强人意，而且当时修史所依据的原始资料，如《明史稿》、《明实录》等现今仍完整无缺，但是那些原始材料却无法取代《明史》。《明史》从体例到内容，毕竟是经过众多学者规划、整理过的，而且比较便于检阅，具有那些原始材料所缺乏的许多长处。因此，在研究明代历史时，《明史》仍不失为一部必不可少的史籍。

五

《明史》的版本，最早的一种是乾隆四年(1739)武英殿原刊本，至今尚存。中华书局1974年出版的校点本《明史》，就是用原刊本为底本，进行标点、分段，并取用其他有关史籍进行了详细校勘，被认为是目前最为方便的一种读本。遗憾的是，这部重要史籍，至今既没有一部贯穿首尾的注本，也没有便于初学、用于普及的选本。

为了引起更多的读者对阅读《明史》的兴趣，我们编写了这本《明史选译》，从《明史》中选择出十五篇纪传加以译注。我们选择的标准：一是可读性强，便于普及的；二是在政治、经济、军事、文化、科技各方面较有代表性的；三是文史兼及，内容重要且文笔生动的。所选篇目的正文，均参考中华书局校点本《明史》，只是对篇幅过长的作了适当的删略。为了方便读者理解正文和译文，我们在书中还作了篇目提示和简要的注释。

由于我们的学识有限，在译注过程中或许会出现不少谬误，我们殷切地盼望专家学者和广大读者加以指正。

杨　昶（华中师范大学历史文化学院
历史文献研究所）

太 祖 纪

明太祖朱元璋，是我国历史上继刘邦之后又一位平民出身的开国君主，也是我国封建社会后期一位有作为的皇帝。

朱元璋家世贫寒，幼年曾给地主放牛。双亲在灾荒和瘟疫中亡故后，投寺庙充小行童。当元末农民起义的烈火席卷大江南北时，他投奔到郭子兴的麾下，以智勇双全，战功卓著，逐步建立起威信。郭子兴死后不久，他便成为这支队伍的领袖。他苦心经营以应天为中心的基地，为逐鹿中原做准备，强兵足食，待时而动，终于削平割据势力，夺取北伐胜利，建立起朱明王朝。

朱元璋在位期间，为纠正元朝政治之失误，加强集权，严明刑律，整肃吏治，抑制豪强，发展生产，休养生息，使社会安定，奠定了明初盛世的局面。然而，由于他强化封建主义专制统治，滥用刑罚，屠戮功臣，屡兴文字狱等举措，对当时和后来都产生过极大的消极作用。总的来说，他不愧是封建帝王中一个有作为、成就较为突出的人物，是我国历史上著名的政治家和军事家。

本篇节选自朱元璋的本纪第一卷，主要内容是他的家世及登帝位前的经历。文中所述与史实基本相符，但某些地方被封建史官涂上了"天命神授"的色彩，此外，对农民起义也有一些污蔑性的描述。凡此种种，都是应当注意识别的。

太祖……讳元璋，字国瑞，姓朱氏。先世家沛①，徙句容②，再徙泗洲③。父世珍，始徙濠州之钟离④。生四

① 沛(pèi 佩)：县名，今属江苏。 ② 句容：县名，今属江苏。 ③ 泗州：治所在今安徽凤阳县临淮关西。 ④ 钟离：县名，治所在今安徽凤阳县东北临淮关。

子，太祖其季也[①]。母陈氏。方娠，梦神授药一丸，置掌中有光，吞之寤，口余香气。及产，红光满室。自是，夜数有光起。邻里望见，惊以为火，辄奔救，至则无有。比长，姿貌雄杰，奇骨贯顶。志意廓然，人莫能测。

至正四年[②]，旱蝗，大饥疫。太祖时年十七，父母兄相继殁，贫不克葬。里人刘继祖与之地，乃克葬，即凤阳陵也。太祖孤无所依，乃入皇觉寺为僧。逾月，游食合肥。道病，二紫衣人与俱，护视甚至。病已，失所在。凡历光、固、汝、颍诸州三年，复还寺。当是时，元政不纲[③]，盗贼四起。刘福通奉韩山童假宋后起颍[④]，徐寿辉僭帝号起蕲[⑤]，李二、彭大、赵均用起徐[⑥]，众各数万，并置将

① 季：在兄弟排行里代表第四或最小的。 ② 至正：元惠宗妥懽帖睦儿年号（1341—1370）。 ③ 不纲：没有纲纪法度。 ④ 刘福通（？—1363）：颍州（今安徽阜阳）人，信奉白莲教。元末追随韩山童起义，是北方红巾军领袖。韩山童（？—1351）：原为栾城（今河北栾城）人，其祖父为白莲教主。元末，他继续宣传白莲教，发动组织群众，是北方红巾军领袖。 ⑤ 徐寿辉（？—1360）：罗田（今湖北罗田）人。元末利用白莲教发动起义，是南方红巾军领袖。 ⑥“李二”句：李二（？—1352），邳州（今江苏邳州西南）人。彭大（？—1354），樵夫出身。赵均用（？—1359），萧县（今安徽萧县）人，曾任社长。元末三人响应刘福通起义，是北方红巾军首领。

帅，杀吏，侵略郡县，而方国珍已先起海上①。他盗拥兵据地，寇掠甚众。天下大乱。

十二年春二月，定远人郭子兴与其党孙德崖等起兵濠州②。元将彻里不花惮不敢攻，而日俘良民以邀赏。太祖时年二十五，谋避兵，卜于神，去留皆不吉。乃曰："得毋当举大事乎？"卜之吉，大喜，遂以闰三月甲戌朔入濠见子兴。子兴奇其状貌，留为亲兵。战辄胜。遂妻以所抚马公女，即高皇后也。子兴与德崖龃龉③，太祖屡调护之。

秋九月，元兵复徐州，李二走死，彭大、赵均用奔濠，德崖等纳之。子兴礼大而易均用④，均用怨之。德崖遂

---

① 方国珍(1319—1374)：名珍，字国珍、谷珍，台州黄岩(今浙江黄岩)人，世以浮海贩盐为业。元末率众入海，劫夺漕运粮，为台、温农民起义首领。曾两次降元，并割据浙江。后为朱元璋平定，被迫投降。 ② 郭子兴(？—1355)：定远(今安徽定远)人。出身地主，有资财，信奉白莲教。元末响应刘福通起义，攻占濠州(今安徽凤阳东北)，为北方红巾军首领。后以义女马氏嫁给朱元璋。 ③ 龃龉(jǔ yǔ 举宇)：上下牙齿不齐，比喻意见不合。 ④ 礼大而易均用：尊敬彭大而轻视赵均用。

与谋，伺子兴出，执而械诸孙氏①，将杀之。太祖方在淮北，闻难驰至，诉于彭大。大怒，呼兵以行，太祖亦甲而拥盾，发屋出子兴，破械，使人负以归，遂免。

是冬，元将贾鲁围濠。太祖与子兴力拒之。

十三年春，贾鲁死，围解。太祖收里中兵得七百人。子兴喜，署为镇抚②。时彭、赵所部暴横，子兴弱，太祖度无足与共事，乃以兵属他将，独与徐达、汤和、费聚等南略定远③。计降驴牌寨民兵三千，与俱东。夜袭元将张知院于横涧山，收其卒二万。道遇定远人李善长④，与语大悦，遂与俱攻滁州，下之。

① 执而句：械，枷和镣铐之类的刑具，此用作动词。诸，"之於"的合音，用作代词兼介词。本句意为，捉拿郭子兴并铐着他送到孙德崖那里。 ② 署：代理。镇抚：元代诸卫属下镇抚所，设镇抚为长官。 ③ 徐达（1332—1385）：字天德，濠州人。元末从朱元璋起兵，屡立战功。明朝建国，他为功臣之首。汤和（1326—1396）：字鼎臣，濠州人。少与朱元璋为友。元末投郭子兴起义，后从朱元璋征战，为明朝开国功臣之一。费聚（？—1390）：字子英，五河（今安徽五河）人，少习武，与朱元璋为友。元末投郭子兴起义，后从朱元璋征战，为明朝开国功臣之一。1390 年因受李善长牵连，以同党罪被处死。 ④ 李善长（1314—1390）：字百室，定远人。辅佐朱元璋取天下，建立明朝，官至左丞相。1390 年因胡惟庸案被族诛。

是年，张士诚据高邮①，自称诚王。

十四年冬十月，元丞相脱脱大败士诚于高邮，分兵围六合②。太祖曰："六合破，滁且不免。"与耿再成军瓦梁垒③，救之。力战，卫老弱还滁。元兵寻大至，攻滁，太祖设伏诱败之。然度元兵势盛且再至，乃还所获马，遣父老具牛酒谢元将曰："守城备他盗耳，奈何舍巨寇戮良民。"元兵引去，城赖以完。脱脱既破士诚，军声大振，会中谗④，遽解兵柄，江、淮乱益炽。

十五年春正月，子兴用太祖计，遣张天佑等拔和州⑤，檄太祖总其军。太祖虑诸将不相下，秘其檄，期旦日会厅事⑥。时席尚右，诸将先入，皆踞右，太祖故后至就左。比视事⑦，剖决如流，众瞠目不能发一语，始稍稍

---

① 张士诚(1312—1367)：泰州白驹场(今江苏东台境内)人，出身盐贩。元末率盐丁起义，活动于今江浙一带，逐渐成为割据一方的首领。后为朱元璋将领徐达等擒送金陵，自缢死。 ② 六合：县名，今属南京。 ③ 耿在成(？—1362)：字得浦，五河人。从朱元璋征战，后以功升枢密院判官。瓦梁垒：在六合西，即古瓦梁城。军：驻扎。 ④ 中(zhòng 众)谗：遭受谗毁、陷害。 ⑤ 和州：治所在今安徽和县。 ⑥ 期：约定时间。旦日：明日，次日。厅事：官府办公的地方。 ⑦ 视事：治事，处置事务。

屈。议分工甓城①,期三日。太祖工竣,诸将皆后。于是始出檄,南面坐曰②:“奉命总诸公兵,今甓城皆后期,如军法何?”诸将皆惶恐谢。乃搜军中所掠妇女纵还家,民大悦。元兵十万攻和,拒守三月,食且尽,而太子秃坚、枢密副使绊住马、民兵元帅陈埜先分屯新塘、高望、鸡笼山以绝饷道。太祖率众破之,元兵皆走渡江。三月,郭子兴卒。时刘福通迎立韩山童子林儿于亳③,国号宋,建元龙凤④。檄子兴子天叙为都元帅,张天佑、太祖为左右副元帅。太祖慨然曰:“大丈夫宁受制于人耶?”遂不受。然念林儿势盛可倚藉,乃用其年号以令军中。

夏四月,常遇春来归⑤。五月,太祖谋渡江,无舟。

---

① 甓(pì 僻)城:用砖修筑城垣。甓,本意为砖。 ② 南面:古代尊长见下属,面朝南方而坐。 ③ 林儿:韩林儿,元末农民起义军首领韩山童之子。山童起义失败后牺牲,韩林儿被救出,立为小明王,国号宋。1366 年卒。亳(bó 勃):县名,今属安徽。④ 龙凤:韩林儿年号(1355—1366)。 ⑤ 常遇春(1330—1369):字伯仁,怀远(今安徽怀远)人。元末从刘聚起义,后归朱元璋。勇力绝人,屡建军功,是明朝开国功臣之一。洪武初北征获全胜,死于归途。

会巢湖帅廖永安、俞通海以水军千艘来附①，太祖大喜，往抚其众。而元中丞蛮子海牙扼铜城闸、马场河诸隘②，巢湖舟师不得出。忽大雨，太祖喜曰："天助我也。"遂乘水涨从小港纵舟还，因击海牙于峪溪口，大败之，遂定计渡江。诸将请直趋集庆③。太祖曰："取集庆必自采石始④。采石重镇，守必固，牛渚前临大江⑤，彼难为备，可必克也。"六月乙卯，乘风引帆，直达牛渚。常遇春先登，拔之。采石兵亦溃。缘江诸垒悉附。

诸将以和州饥，争取资粮谋归。太祖谓徐达曰："渡江幸捷，若舍而归，江东非吾有也⑥。"乃悉断舟缆，放急流中，谓诸将曰："太平甚近⑦，当与公等取之。"遂乘胜拔太平，执万户纳哈出。总管靳义赴水死，太祖曰："义士也。"礼葬之。揭榜禁剽掠。有卒违令，斩以徇，军中肃

① 廖永安（1320—1366）：字彦敬，巢县（今安徽巢湖）人。元末与俞通海等结寨巢湖，投朱元璋后多立战功。1359年从徐达攻张士诚，被俘，囚禁八年病死。俞通海（1329—1366）：字碧泉，巢县人。与廖永安投朱元璋为将。在与张士诚作战时中流矢，回应天死。 ② 中丞：元御史台副长官，掌察举非法。 ③ 集庆：路（相当于府）名。治所在江宁县、上元县（今属江苏南京）。 ④ 采石：镇名，即今安徽当涂县北采石。 ⑤ 牛渚：即牛渚圻，采石镇突出江中的山名。 ⑥ 江东：又称江左。指今芜湖市、南京市长江河段以东地区。 ⑦ 太平：路名，治所在当涂县。

然。改路曰府①。置太平兴国翼元帅府，自领元帅事，召陶安参幕府事②，李习为知府。时太平四面皆元兵。右丞阿鲁灰、中丞蛮子海牙等严师截姑孰口③，陈埜先水军帅康茂才以数万众攻城。太祖遣徐达、邓愈、汤和逆战，别将潜出其后，夹击之，擒埜先并降其众，阿鲁灰等引去。

秋九月，郭天叙、张天佑攻集庆，埜先叛，二人皆战死，于是子兴部将尽归太祖矣。埜先寻为民兵所杀④，从子兆先收其众，屯方山⑤，与海牙掎角以窥太平。

冬十二月壬子，释纳哈出北归。

十六年春二月丙子，大破海牙于采石。三月癸未，进攻集庆，擒兆先，降其众三万六千人，皆疑惧不自保。太祖择骁健者五百人入卫，解甲酣寝达旦，众心始安。庚寅，再败元兵于蒋山⑥。元御史大夫福寿力战死

---

① 改路句：路、府都是古代行政区划名称，元代于行中书省级以下，设路领府，府领州，州领县。 ② 幕府：古代将帅在外，以军营帐幕为府署，称幕府。 ③ 姑孰：城名，即当涂县治所在地。 ④ 寻：通“旋”。随后，随即。 ⑤ 方山：在今江苏南京江宁。 ⑥ 蒋山：即今南京钟山。

之[1]，蛮子海牙遁归张士诚，康茂才降[2]。太祖入城，悉召官吏父老谕之曰："元政渎扰，干戈蜂起，我来为民除乱耳，其各安堵如故[3]。贤士吾礼用之，旧政不便者除之，吏毋贪暴殃吾民。"民乃大喜过望。改集庆路为应天府，辟夏煜、孙炎、杨宪等十余人[4]，葬御史大夫福寿以旌其忠。

当是时，元将定定扼镇江，别不华、杨仲英屯宁国，青衣军张明鉴据扬州[5]，八思尔不花驻徽州，石抹宜孙守处州，其弟厚孙守婺州，宋伯颜不花守衢州，而池州已为徐寿辉将所据[6]，张士诚自淮东陷平江[7]，转掠浙西。太祖既定集庆，虑士诚、寿辉强，江左、浙右诸郡为所并[8]，于是遣徐达攻镇江，拔之，定定战死。

---

① 御史大夫：元御史台的长官，总领监察弹劾之职。 ② 康茂才(1313—1369)：字寿卿，蕲州(今湖北蕲春西南)人。元末结义兵保乡里，后率部降朱元璋，为明朝建国前后的大将之一。洪武初，从征定西(今甘肃定西)，病死途中。 ③ 安堵：安居。 ④ 辟：帝王召见并授职。 ⑤ 青衣军：元至正十五年(1355)，张明鉴聚众淮西，以青布为号，称青衣军，专事剽劫。不久被元镇南王孛罗普化招降，为濠泗义兵元帅，驻扬州。 ⑥ 徐寿辉(? —1360)：罗田(今湖北罗田)人。元末与邹普胜等利用白莲教发动起义，是南方红巾军领袖。后为部将陈友谅所杀。 ⑦ 平江：路名。治所在吴县(今江苏苏州)。 ⑧ 浙右：即浙西。

夏六月，邓愈克广德①。

秋七月己卯，诸将奉太祖为吴国公。置江南行中书省，自总省事，置僚佐②。贻书张士诚③，士诚不报，引兵攻镇江。徐达败之，进围常州，不下。九月戊寅，如镇江，谒孔子庙。遣儒士告谕父老，劝农桑，寻还应天。

十七年春二月，耿炳文克长兴④。三月，徐达克常州。

夏四月丁卯，自将攻宁国，取之，别不华降。五月，上元、宁国、句容献瑞麦⑤。六月，赵继祖克江阴⑥。

秋七月，徐达克常熟⑦，胡大海克徽州⑧，八思尔不

---

① 邓愈(1336—1377)：本名友德，虹县(今安徽泗县)人。少随父兄起兵反元，父、兄相继亡故后被推为首领。率众投朱元璋，受赐改名，任管军总管。他是明朝建国前后的重要将领之一。广德：路名。治所在广德县(今安徽广德)。 ② 僚佐：古代官署中的助理人员。 ③ 贻(yí 移)：赠送。 ④ 耿炳文(1334—1403)：濠州人。年少时从朱元璋起兵，后袭父职统军。他是明朝建国前后的重要将领之一。长兴：州名。治所即今浙江长兴。 ⑤ 瑞麦：多穗的麦。古人以为祥瑞之兆。 ⑥ 赵继祖(？—1362)：朱元璋部属。后官至参政，与平章邵荣谋划兵变，被处死。江阴：州名。治所即今江苏江阴。 ⑦ 常熟：州名。治所即今江苏常熟。 ⑧ 胡大海(？—1362)：字通甫，虹县人。朱元璋初起，他往谒。遂为前锋，与诸将略地有功，后为叛将蒋英袭杀。

花遁。

冬十月，常遇春克池州，缪大亨克扬州①，张明鉴降。十二月己丑，释囚。

是年，徐寿辉将明玉珍据重庆路②。

十八年春二月乙亥，以康茂才为营田使。三月己酉，录囚。邓愈克建德路。

夏四月，徐寿辉将陈友谅遣赵普胜陷池州③。是月，友谅据龙兴路。五月，刘福通破汴梁，迎韩林儿都之。初，福通遣将分道四出，破山东，寇秦、晋，掠幽、蓟，中原大乱，太祖故得次第略定江表④。所过不杀，收召才俊⑤，由是人心日附。

冬十二月，胡大海攻婺州⑥，久不下，太祖自将往击

---

① 缪大亨（？—1363）：定远人。元末率义兵降附朱元璋，从征多有功。后病死。 ② 明玉珍（1331—1366）：随州（今湖北随州）人，出身地主。元末率地主武装投徐寿辉，任元帅。 ③ 陈友谅（1320—1363）：沔阳（今湖北沔阳西南）人，渔民出身。初从徐寿辉起义，1360 年杀徐自立，国号汉，据有江西、湖广。后在与朱元璋决战时，中流矢死。赵普胜（？—1359）：巢县（今安徽巢湖）人。元末南方红巾军将领，后为陈友谅忌杀。 ④ 次第：一个挨一个地。江表：泛指长江以南地区。 ⑤ 才俊：才能卓越的人。 ⑥ 婺（wù 务）州：路名。治所在浙江金华。

之。石抹宜孙遣将率车师由松溪来援，太祖曰："道狭，车战适取败耳。"命胡德济迎战于梅花门，大破之，婺州降，执厚孙。先一日，城中人望见城西五色云如车盖，以为异，及是乃知为太祖驻兵地。入城，发粟振贫民，改州为宁越府。辟范祖干、叶仪[1]，许元等十三人分直讲经史[2]。戊子，遣使招谕方国珍。

十九年春正月乙巳，太祖谋取浙东，未下诸路。戒诸将曰："克城以武，戡乱以仁。吾比入集庆，秋毫无犯，故一举而定。每闻诸将得一城不妄杀，辄喜不自胜。夫师行如火，不戢将燎原。为将能以不杀为武，岂惟国家之利，子孙实受其福。"庚申，胡大海克诸暨[3]。是月，命宁越知府王宗显立郡学[4]。三月甲午，赦大逆以下。丁巳，方国珍以温、台、庆元来献，遣其子关为质，不受。

夏四月，俞通海等复池州。时耿炳文守长兴，吴良守江阴[5]，汤和守常州，皆数败士诚兵。太祖以故久留宁

---

① "辟范祖干"句：此处《明史》记载有遗漏。据《明太祖实录》及《国榷》，至正十八年十二月，朱元璋辟范祖干、叶仪为咨议。 ② 直讲：以白话讲解。 ③ 诸暨：州名。治所在今浙江诸暨。 ④ 郡学：科举时代称府学为郡学或郡庠。 ⑤ 吴良(1324—1381)：定远人。初从朱元璋起义，为前部先锋。屡建战功，朱元璋比之古代吴起，是明朝建国前后的著名将领。

越，徇浙东①。六月壬戌，还应天。

秋八月，元察罕帖木儿复汴梁，福通以林儿退保安丰②。九月，常遇春克衢州，擒宋伯颜不花。

冬十月，遣夏煜授方国珍行省平章③，国珍以疾辞。十一月壬寅，胡大海克处州，石抹宜孙遁。时元守兵单弱，且闻中原乱，人心离散，以故江左、浙右诸郡，兵至皆下，遂西与友谅邻。

二十年春二月，元福建行省参政袁天禄以福宁降④。三月戊子，征刘基、宋濂、章溢、叶琛至⑤。

① 徇：攻占，夺取。 ② 安丰：县名。治所在今安徽寿县西南。 ③ 平章：官名。元中书省和行中书省均置平章，中书省平章为宰相的副职，行中书省平章为地方高级长官。 ④ 参政：官名。元中书省和行省均置参政，为长官的副手。福宁：州名。治所即今福建霞浦县。 ⑤ 刘基(1311—1375)：字伯温，青田(今浙江青田)人。曾任元朝官吏，元末组织地方武装自保乡里。为朱元璋征聘，成为心腹谋士。明开国典章制度多参与制定，后为胡惟庸等诬陷，归乡卒。宋濂(1310—1381)：字景濂，号潜溪，金华人。与刘基同为朱元璋心腹谋士，明开国典章制度多参与制定。又是著名文学家。章溢(1314—1369)：字三益，龙泉(今浙江龙泉)人。元末隐居匡山，后成为朱元璋的重要谋臣。叶琛(?—1362)：字景渊，丽水(今浙江丽水)人。元末曾任元兵元帅，后降朱元璋部属胡大海，为朱元璋征聘。任洪都知府时，为叛将所杀。

夏五月，徐达、常遇春败陈友谅于池州。闰月丙辰，友谅陷太平，守将朱文逊，院判花云、王鼎①，知府许瑗死之。未几，友谅弑其主徐寿辉，自称皇帝，国号汉，尽有江西、湖广地。约士诚合攻应天，应天大震。诸将议先复太平以牵之，太祖曰："不可。彼居上游，舟师十倍于我，猝难复也。"或请自将迎击，太祖曰："不可。彼以偏师缀我②，而全军趋金陵，顺流半日可达，吾步骑急难引还，百里趋战，兵法所忌，非策也。"乃驰谕胡大海捣信州牵其后，而令康茂才以书绐友谅③，令速来。友谅果引兵东。于是常遇春伏石灰山，徐达阵南门外，杨璟屯大胜港，张德胜等以舟师出龙江关，太祖亲督军卢龙山。乙丑，友谅至龙湾，众欲战，太祖曰："天且雨，趣食，乘雨击之。"须臾，果大雨，士卒竞奋，雨止合战，水陆夹击，大破之。友谅乘别舸走。遂复太平，下安庆，而大海亦克信州。

初，太祖令茂才绐友谅，李善长以为疑。太祖曰："二寇合，吾首尾受敌，惟速其来而先破之，则士诚胆落矣。"已而士诚兵竟不出。丁卯，置儒学提举司，以宋濂

---

① 院判：元代战时设行枢密院，掌一方军政，院判即所属判官。朱元璋攻下集庆后，即置行枢密院，自兼其长官，花云、王鼎任院判。 ② 偏师：指配合主力作战的侧翼部队。缀(zhuì 坠)：牵制。 ③ 绐(dài 待)：欺骗。

为提举，遣子标受经学①。六月，耿再成败石抹宜孙于庆元②，宜孙战死，遣使祭之。

秋九月，徐寿辉旧将欧普祥以袁州降。

冬十二月，复遣夏煜以书谕国珍。

二十一年春二月甲申，立盐茶课③。己亥，置宝源局④。三月丁丑，改枢密院为大都督府⑤。元将薛显以泗州降。戊寅，国珍遣使来谢，饰金玉马鞍以献。却之曰："今有事四方，所需者人材，所用者粟帛，宝玩非所好也。"

秋七月，友谅将张定边陷安庆。八月，遣使于元平章察罕帖木儿。时察罕平山东，降田丰⑥，军声大振，故太祖与通好。会察罕方攻益都未下，太祖乃自将舟师征陈友谅。戊戌，克安庆，友谅将丁普郎、傅友德迎降。壬寅，次湖口⑦，追败友谅于江州⑧，克其城，友谅奔武昌。

---

① 标：即朱标，朱元璋的长子。 ② 庆元：路名。治所在今浙江龙泉。 ③ 盐茶课：盐税和茶税。 ④ 宝源局：管理铸造货币的官署。 ⑤ 枢密院：元代掌管军机事务的官署名。这里指的是朱元璋所设置的行枢密院。 ⑥ 田丰(？—1362)：元末北方红巾军将领。原为镇守黄河义兵万户，响应毛贵起义。毛贵死后自称花马王。 ⑦ 湖口：鄱阳湖入长江之口。今属江西。 ⑧ 江州：路名。治所在德化(今江西九江)。

分徇南康、建昌、饶、蕲、黄、广济皆下。

冬十一月己未，克抚州。

二十二年春正月，友谅江西行省丞相胡廷瑞以龙兴降①。乙卯，如龙兴，改为洪都府。谒孔子庙。告谕父老，除陈氏苛政，罢诸军需，存恤贫无告者②，民大悦。袁、瑞、临江、吉安相继下。二月，还应天。邓愈留守洪都。癸未，降人蒋英杀金华守将胡大海，郎中王恺死之③，英叛降张士诚。处州降人李佑之闻变，亦杀行枢密院判耿再成反，都事孙炎④、知府王道同、元帅朱文刚死之。三月癸亥，降人祝宗、康泰反，陷洪都，邓愈走应天，知府叶琛、都事万思诚死之。是日，明玉珍称帝于重庆，国号夏。

夏四月己卯，邵荣复处州⑤。甲午，徐达复洪都。五月丙午，朱文正、赵德胜、邓愈镇洪都。六月戊寅，察罕以书来报，留我使人不遣。察罕寻为田丰所杀。

秋七月丙辰，平章邵荣、参政赵继祖谋逆，伏诛。

冬十二月，元遣尚书张昶航海至庆元，授太祖江西

---

① 龙兴：路名。治所在今江西南昌。 ② 存恤：慰问抚恤。 ③ 郎中：隋唐以后，六部都设有郎中作为各司的长官。 ④ 都事：元代中书省和地方主要官署均设有都事，作为下属官员。 ⑤ 邵荣（？—1362）：朱元璋部属，任平章。后因与参政赵继祖谋划兵变被处死。

行省平章政事，不受。察罕子扩廓帖木儿致书归使者。

二十三年春正月丙寅，遣汪河报之。二月壬申，命将士屯田积谷。是月，友谅将张定边陷饶州。士诚将吕珍破安丰，杀刘福通。三月辛丑，太祖自将救安丰，珍败走，以韩林儿归滁州，乃还应天。

夏四月壬戌，友谅大举兵围洪都。乙丑，诸全守将谢再兴叛，附于士诚。五月，筑礼贤馆。友谅分兵陷吉安，参政刘齐、知府朱叔华死之。陷临江，同知赵天麟死之。陷无为州，知州董曾死之。

秋七月癸酉，太祖自将救洪都。癸未，次湖口，先伏兵泾江口及南湖嘴①，遏友谅归路，檄信州兵守武阳渡②。友谅闻太祖至，解围，逆战于鄱阳湖。友谅兵号六十万，联巨舟为阵，楼橹高十余丈③，绵亘数十里，旌旆戈盾，望之如山。丁亥，遇于康郎山④，太祖分军十一队以御之。戊子，合战，徐达击其前锋，俞通海以火炮焚其舟数十，杀伤略相当。友谅骁将张定边直犯太祖舟，舟胶于沙，不得退，危甚。常遇春从旁射中定边，通海复来

---

① 泾江口：在安徽宿松县南。南湖嘴：在湖口以西，与湖口镇隔湖相望。今属江西。② 武阳渡：在今江西南昌东南西洛水入武阳水之口。③ 楼橹：古代军中瞭望敌军用的无顶盖高台。④ 康郎山：在鄱阳湖中。

援，舟骤进水涌，太祖舟乃得脱。己丑，友谅悉巨舰出战，诸将舟小，仰攻不利，有怖色。太祖亲麾之，不前，斩退缩者十余人，人皆殊死战。会日晡①，大风起东北，乃命敢死士操七舟，实火药芦苇中，纵火焚友谅舟。风烈火炽，烟焰涨天，湖水尽赤。友谅兵大乱，诸将鼓噪乘之，斩首二千余级，焚溺死者无算，友谅气夺。辛卯，复战，友谅复大败。于是敛舟自守，不敢更战。壬辰，太祖移军扼左蠡②，友谅亦退保渚矶③。相持三日，其左、右二金吾将军皆降。友谅势益蹙，忿甚，尽杀所获将士。而太祖则悉还所俘，伤者傅以善药④，且祭其亲戚诸将阵亡者。八月壬戌，友谅食尽，趋南湖嘴，为南湖军所遏，遂突湖口。太祖邀之⑤，顺流搏战，及于泾江。泾江军复遮击之⑥，友谅中流矢死。张定边以其子理奔武昌。

九月，还应天，论功行赏。先是，太祖救安丰，刘基谏不听。至是谓基曰："我不当有安丰之行，使友谅乘虚直捣应天，大事去矣。乃顿兵南昌⑦，不亡何待。友谅亡，天下不难定也。"壬午，自将征陈理。是月，张士诚自称吴王。

---

① 日晡（bū 逋）：即日餔。申时，下午三点至五点。 ② 左蠡（lǐ 里）：山名。在今江西都昌县西北。 ③ 渚矶：在今江西星子县南，当鄱阳湖的西渚，为湖中津要。 ④ 傅：通"敷"。 ⑤ 邀：阻截。 ⑥ 遮击：截击。 ⑦ 顿兵：驻军。

冬十月壬寅，围武昌，分徇湖北诸路，皆下。十二月丙申，还应天，常遇春留督诸军。

二十四年春正月丙寅朔，李善长等率群臣劝进①，不允。固请，乃即吴王位。建百官。以善长为右相国，徐达为左相国，常遇春、俞通海为平章政事，谕之曰："立国之初，当先正纪纲。元氏阇弱，威福下移，驯至于乱②，今宜鉴之。"立子标为世子③。二月乙未，复自将征武昌，陈理降，汉、沔、荆、岳皆下。三月乙丑，还应天。丁卯，置起居注④。庚午，罢诸翼元帅府，置十七卫亲军指挥使司，命中书省辟文武人材⑤。

夏四月，建祠，祀死事丁普郎等于康郎山，赵德胜等于南昌。

秋七月丁丑，徐达克庐州。戊寅，常遇春徇江西。八月戊戌，复吉安，遂围赣州。达徇荆、湘诸路。九月甲申，下江陵，夷陵、潭、归皆降。

冬十二月庚寅，达克辰州，遣别将下衡州。

---

① 劝进：劝说实际上已掌权而有意做帝王的人即位。② 驯至：逐渐达到。③ 世子：帝王正妻所生的长子。④ 起居注：古代朝廷所设专门记录皇帝每日言行的史官。⑤ 中书省：古代总管国家政事的官署。元代至明初中书省兼管尚书省的职权，权更重。

二十五年春正月己巳，徐达下宝庆，湖湘平①。常遇春克赣州，熊天瑞降②。遂趋南安，招谕岭南诸路，下韶州、南雄。甲申，如南昌，执大都督朱文正以归③，数其罪，安置桐城。二月己丑，福建行省平章陈友定侵处州④，参军胡深击败之⑤，遂下浦城。丙午，士诚将李伯升攻诸全之新城，李文忠大败之⑥。

夏四月庚寅，常遇春徇襄、汉诸路。五月乙亥，克安陆。己卯，下襄阳。六月壬子，朱亮祖、胡深攻建宁⑦，战于城下，深被执，死之。

---

① 湖湘：泛指洞庭湖、湘江流域，相当于今湖南大部。 ② 熊天瑞：荆州（今湖北江陵）人，乐工出身。元末聚众从徐寿辉攻湘赣，后受陈友谅之命为参政，守赣州，兼统岭南诸路。 ③ 朱文正：朱元璋兄朱兴隆之子。元璋自立为吴王，命为大都督，节制中外诸军事。守江西时，所为多不法，且谋叛降张士诚。后死于桐城（今属安徽）。 ④ 陈友定（？—1368）：字安国，福清（今福建福清）人，初为驿卒。因袭击红巾军有功，授县尹。后屡败陈友谅，升任福建行省参知政事、平章，割据闽中。 ⑤ 胡深（1314—1365）：字仲渊，龙泉（今浙江龙泉）人。原为元朝将领石抹宜孙帐下元帅。降朱元璋后多有功，官至王府参军。 ⑥ 李文忠（1339—1384）：盱眙（今江苏盱眙）人，朱元璋甥。是明朝建国前后的著名将领。 ⑦ 朱亮祖（？—1380）：六安（今安徽六安）人。元末任义兵元帅，参与镇压起义。被朱元璋俘获，投降。征战有功，为朱元璋的战将之一。建宁：路名。治所在今福建建瓯。

秋七月，令从渡江士卒被创废疾者养之①，死者赡其妻子。九月丙辰，建国子学②。

冬十月戊戌，下令讨张士诚。是时，士诚所据，南至绍兴，北有通、泰、高邮、淮安、濠、泗，又北至于济宁。乃命徐达、常遇春等先规取淮东。闰月，围泰州，克之。十一月，张士诚寇宜兴，徐达击败之，遂自宜兴还攻高邮。

二十六年春正月癸未，士诚窥江阴，太祖自将救之，士诚遁，康茂才追败之于浮子门。太祖还应天。二月，明玉珍死，子升自立。三月丙申，令中书严选举。徐达克高邮。

夏四月乙卯，袭破士诚将徐义水军于淮安，义遁，梅思祖以城降。濠、徐、宿三州相继下，淮东平。甲子，如濠州省墓③，置守冢二十家④，赐故人汪文、刘英粟帛。置酒召父老饮极欢，曰："吾去乡十有余年，艰难百战，乃得归省坟墓，与父老子弟复相见。今苦不得久留欢聚为乐。父老幸教子弟孝弟力田⑤，毋远贾，滨淮郡县尚苦寇掠，父老善自爱。"令有司除租赋，皆顿首谢。辛未，徐达

① 废疾：肢体残废。 ② 国子学：古代朝廷所设的教育管理机构和最高学府。 ③ 省墓：扫墓。 ④ 守冢（zhǒng 肿）：守护坟墓的人。 ⑤ 孝弟：孝顺父母，敬爱兄长。力田：努力耕作农田。

克安丰，分兵败扩廓于徐州。

夏五月壬午，至自濠。庚寅，求遗书。

秋八月庚戌，改筑应天城，作新宫钟山之阳。辛亥，徐达为大将军，常遇春为副将军，帅师二十万讨张士诚。御戟门誓师曰①："城下之日，毋杀掠，毋毁庐舍，毋废丘垄。士诚母葬平江城外，毋侵毁。"既而召问达、遇春，用兵当何先。遇春欲直捣平江。太祖曰："湖州张天骐、杭州潘原明为士诚臂指②，平江穷蹙，两人悉力赴援，难以取胜。不若先攻湖州，使彼疲于奔命，羽翼既披，平江势孤，立破矣。"甲戌，败张天骐于湖州，士诚亲率兵来援，复败之于皂林。九月乙未，李文忠攻杭州。

冬十月壬子，遇春败士诚兵于乌镇。十一月甲申，张天骐降。辛卯，李文忠下余杭，潘原明降，旁郡悉下。癸卯，围平江。十二月，韩林儿卒。以明年为吴元年，建庙社宫室，祭告山川。所司进宫殿图，命去雕琢奇丽者。

是岁，元扩廓帖木儿与李思齐、张良弼构怨，屡相攻击，朝命不行，中原民益困。

---

① 戟门：古代宫门插戟，所以称宫门为戟门。 ② 臂指：手臂使唤手指，运用自如。

二十七年春正月戊戌，谕中书省曰："东南久罹兵革①，民生凋敝，吾甚悯之。且太平、应天诸郡，吾渡江开创地，供亿烦劳久矣②。今比户空虚③，有司急催科，重困吾民，将何以堪。其赐太平田租二年，应天、镇江、宁国、广德各一年。"二月丁未，傅友德败扩廓将李二于徐州，执之。三月丁丑，始设文武科取士。

夏四月，方国珍阴遣人通扩廓及陈友定，移书责之。五月己亥，初置翰林院④。是月，以旱减膳素食，复徐、宿、濠、泗、寿、邳、东海、安东、襄阳、安陆及新附地田租三年。六月戊辰，大雨，群臣请复膳。太祖曰："虽雨，伤禾已多，其赐民今年田租。"癸酉，命朝贺罢女乐⑤。

秋七月丙子，给府州县官之任费⑥，赐绮帛及其父母、妻、长子有差，著为令。己丑，雷震宫门兽吻⑦，赦罪囚。庚寅，遣使责方国珍贡粮。八月癸丑，圜丘、方丘、社稷坛成⑧。九月甲戌，太庙成⑨。朱亮祖帅师讨国珍。

---

① 罹（lí 离）：遭受。兵革：兵器甲胄，指战争。 ② 供亿：供应的东西。 ③ 比户：连户，每家。 ④ 翰林院：掌管著作、修史、图书等事务的官署。 ⑤ 女乐：歌女、舞女。 ⑥ 之任：赴官上任。 ⑦ 兽吻：门环上的饰物。 ⑧ 圜丘：圜（yuán 元），即圆。古代祭天的圆坛。方丘：古代祭地的方坛。社稷坛：古代祭土神、谷神的坛。 ⑨ 太庙：帝王的祖庙。

戊寅，诏曰："先王之政，罪不及孥①。自今除大逆不道，毋连坐。"辛巳，徐达克平江，执士诚，吴地平②。戊戌，遣使致书于元主，送其宗室神保大王等北还。辛丑，论平吴功，封李善长宣国公，徐达信国公，常遇春鄂国公。将士赐赉有差③。朱亮祖克台州。癸卯，新宫成。

冬十月甲辰，遣起居注吴琳、魏观以币求遗贤于四方④。丙午，令百官礼仪尚左。改李善长左相国，徐达右相国。辛亥，祀元臣余阙于安庆，李黼于江州。壬子，置御史台⑤。癸丑，汤和为征南将军，吴祯副之，讨国珍。甲寅，定律令。戊午，正郊社、太庙雅乐⑥。

庚申，召诸将议北征。太祖曰："山东则王宣反侧⑦，河南则扩廓跋扈，关、陇则李思齐、张思道枭张猜忌⑧，元祚将亡⑨，中原涂炭。今将北伐，拯生民于水火，何以决胜？"遇春对曰："以我百战之师，敌彼久逸之卒，直捣元都，破竹之势也。"太祖曰："元建国百年，守备必固，悬军深入，馈饷不前，援兵四集，危道也。吾欲先取山东，撤彼屏蔽，移兵两河，破其藩篱，拔潼关而守之，扼其户槛。

① 孥（nú 奴）：妻子及儿女。 ② 吴地：泛指今太湖流域一带。 ③ 赐赉（lài 赖）：赏赐。 ④ 币：古人用以馈赠或祭祀的礼物，如缯帛或车马玉帛等。 ⑤ 御史台：掌管监察、弹劾官吏的官署。 ⑥ 郊社：祭祀天地。 ⑦ 反侧：反复无常。 ⑧ 枭张：猖狂，放肆。 ⑨ 祚（zuò 做）：皇位。

天下形胜入我掌握，然后进兵，元都势孤援绝，不战自克。鼓行而西，云中、九原、关、陇可席卷也。”诸将皆曰“善”。

甲子，徐达为征虏大将军，常遇春为副将军，帅师二十五万，由淮入河，北取中原。胡廷瑞为征南将军，何文辉为副将军，取福建。湖广行省平章杨璟、左丞周德兴、参政张彬取广西。己巳，朱亮祖克温州。十一月辛巳，汤和克庆元，方国珍遁入海。壬午，徐达克沂州，斩王宣。己丑，廖永忠为征南副将军，自海道会和讨国珍。乙未，颁《大统历》。辛丑，徐达克益都。十二月甲辰，颁律令。丁未，方国珍降，浙东平。张兴祖下东平，兖东州县相继降。己酉，徐达下济南。胡廷瑞下邵武。癸丑，李善长帅百官劝进，表三上，乃许。甲子，告于上帝①……

【翻译】

太祖……名元璋，字国瑞，姓朱氏。他的先辈世代居住在沛县，后来迁徙到句容，再迁徙到泗州。父亲朱世珍这一代，才移居濠州的钟离。世珍生有四子，朱元

① 告于上帝：古代皇帝即位前要举行祭天的“类祭”，也称作“告类上帝”。

璋是其中最小的。母亲为陈氏。正当她怀孕的时候，梦见神仙给了她一颗药丸，放在手掌之中有光华，吞服下药丸醒来，口里还残留着香气。到分娩时，红光充满房间。从此，夜中屡屡有光芒发出。邻居望见，惊惶不已，以为起火了，就奔往抢救，到达时光芒却消失了。等到长成之时，他的身姿雄健、容貌超凡，头上的奇骨贯通着颅顶。他的志向宽宏广阔，是人们无法揣测的。

至正四年，旱灾、蝗灾相继发生，饥荒和疫病流行的情况十分严重。朱元璋时年十七岁，父母和兄长一个接一个地死去，却因为贫穷而不能下葬。只有同乡刘继祖给了他一块地，才得以安葬死去的亲人，这墓地就是（后来的）凤阳陵。朱元璋孤身一人，没有依靠，于是到皇觉寺做了和尚。过了一个月，他出游合肥，化缘求食。朱元璋在路途中病倒，有两位身穿紫衣的人来陪伴他，看护得十分周到。病愈之后，紫衣人就不见了。朱元璋游历光、固、汝、颍等州共达三年之久，又回到了皇觉寺。在这个时期，元朝的朝政纲纪丧失，到处发生民众造反。刘福通拥戴韩山童借宋朝后代的名义在颍州起事，徐寿辉僭称帝号在蕲州起事，李二、彭大、赵均用在徐州起事，部众各有几万人，并任命将帅，杀死官吏，进占郡县，而方国珍已经先期在海上起兵。其他的造反者拥兵据地，攻劫强夺的情况十分普遍，一时天下大乱。

至正十二年春季二月，定远人郭子兴与他的党羽孙德崖等在濠州起兵。元朝将领彻里不花畏惧他们，不敢发动进攻，却每天去抓捕安分的平民来向朝廷请赏。朱元璋时年二十五岁，为谋求逃避战乱，他对神占卦问卜，结果竟然是去留均不吉利。于是朱元璋问道："莫非我应当兴起大事吧？"结果占卜是吉利，朱元璋大喜，就在闰三月初一甲戌这一天进濠州见郭子兴。子兴认为他的身材相貌很奇特，留下他作为亲兵。朱元璋参加战斗都取胜，郭子兴便把自己抚养的马公的女儿嫁给他为妻，这就是后来的高皇后。郭子兴与孙德崖意见不合，朱元璋多次从中调解维护他们的关系。

秋季九月，元军夺回徐州，李二败逃死去，彭大、赵均用投奔濠州，孙德崖等收留了他们。郭子兴尊敬彭大而轻视赵均用，均用便对他不满。于是孙德崖与赵均用设下计谋，窥伺到郭子兴出了军营，就将他捕获并用枷锁铐着他押往孙德崖那里，还要杀掉他。朱元璋正在淮北，听到郭子兴落难，驰马奔回濠州，把情况讲给彭大听。彭大非常愤怒，呼唤着兵士出发；朱元璋也披甲持盾，打开房屋，放出郭子兴，砸破枷锁，派人背着他回营，郭子兴这才免于丢掉性命。

这年冬季，元将贾鲁包围濠州。朱元璋和郭子兴尽力抵御元军。

至正十三年春季，贾鲁身死，包围解去。朱元璋收罗家乡的士兵得到七百人。郭子兴欢欣喜悦，命令朱元璋代理镇抚的职务。当时，彭大、赵均用的部属凶狠粗暴，郭子兴软弱，朱元璋考虑到不足与他们共事，就把士兵交付给别的将领，自己仅仅和徐达、汤和、费聚等人往南夺取定远。先用计招降驴牌寨民兵三千，一起向东开拔。又在横涧山夜袭元将张知院，获得他的士兵二万人。行军途中，朱元璋遇见定远人李善长，与他交谈后十分高兴，于是和他一起攻取了滁州。

这一年，张士诚占据高邮府，自称诚王。

至正十四年冬季十月，元丞相脱脱在高邮大败张士诚，接着分兵包围了六合县城。朱元璋说道："六合若被攻下，滁州也将不免遭祸殃。"他与耿再成驻军瓦梁垒，救援六合，尽力奋战，护卫着老弱民众返回滁州。元军随即大批涌至，攻打滁州城。朱元璋设下伏兵，用诱兵之计打败了元军。然而，考虑到元军势力强盛，还会再来攻城，于是朱元璋送还所缴获的元军马匹，派遣地方上的长者备办牛酒酬谢元军将领说："我镇守滁州城是为了防备别的强盗而已，你们为什么舍弃巨寇不攻而来屠戮良民？"元军因此离去，滁州城赖以得到保全。本来，脱脱已经打败了张士诚，元军的声威正十分显赫，恰巧脱脱遭受陷害，突然被解除了兵权，江淮地区的动乱就更加厉害起来了。

至正十五年春季正月，郭子兴采用朱元璋的计谋，派遣张天佑等攻下了和州，用檄书通知朱元璋统领和州军队。朱元璋考虑到众将领相互之间都不会退让，就将檄书隐藏起来，与众将约定次日在办公的地方会面。当时席位以右边为上，众将领当先入内，都占据右座，朱元璋有意晚到，就座左边，到处置事务时，他分析决断如流水般明快，众将领瞠目结舌，一句话都说不出来，内心才稍稍有点服输。大家商讨分工修筑城墙，约定三日完成。朱元璋负责的工程如期告竣，众将领都落在了后边。于是朱元璋才出示郭子兴的檄书，面朝南方坐下说道："我奉命统领诸公的军队，现在大家筑城都延误了工期，依照军法该怎么办?"众将领惶恐不安，表示认错。于是，朱元璋检查搜集军中所掳掠的妇女，释放回家，老百姓无比欢悦。元军十万进攻和州，朱元璋率众抵御三月，粮食将要吃完了。而元太子秃坚、枢密副使绊住马、民兵元帅陈埜先分别屯驻新塘、高望、鸡笼山来阻绝粮饷运输线。朱元璋率众打败了他们，元军纷纷逃跑，全都渡过了长江。三月，郭子兴去世。当时刘福通把韩山童的儿子韩林儿迎接到亳县，立为小明王，国号宋，建立年号龙凤；发布檄书任命郭子兴的儿子郭天叙为都元帅，张天佑、朱元璋为左右副元帅。朱元璋感慨地说："大丈夫难道能接受别人的制约吗？"就没有接受任命。然而想到韩林儿的势头正盛，可以凭藉，便在军中采用他的年号来发布命令。

夏季四月，常遇春前来归附。五月，朱元璋打算南渡长江，但没有船只。正好巢湖水寨首领廖永安、俞通海率领水军战船千艘前来投靠，朱元璋非常欣喜，前去安抚廖、俞部众。而这时元御史中丞蛮子海牙扼住了铜城闸、马场河各要隘，使得巢湖水军无法驶出太湖。忽然天降大雨，朱元璋高兴地说："上天帮助我啊！"于是乘着湖水上涨，从狭小港口纵舟归返大营，还趁机在峪溪口攻击了蛮子海牙，大败了他的军队，终于确定了渡江的战略。众将领请求直接进攻集庆路。朱元璋说："夺取集庆必须从采石镇入手。采石是重要的军事据点，它的防线一定很稳固。牛渚圻前面临着大江，敌方很难配置守备力量，一定能够攻下来。"六月乙卯这一天，朱元璋率领战船，借助风势，直达朱渚圻。常遇春首先登岸，占领了牛渚。采石镇的驻军也溃散了，沿江一带的各个营垒便全都降附了朱元璋。

由于和州发生了饥荒，众将领都争着收取钱粮打算返回。朱元璋对徐达说："渡江作战幸运奏捷，如果舍弃战果撤回，江东一带就不会由我们控制了。”于是将战船的缆绳全部斩断，将战船置于急流中听任它们漂去，对众将领说：“太平离我们很近，我与你们一起去攻占它。”于是乘胜打下太平，俘获了元万户纳哈出。元军总管靳义投水自尽，朱元璋说：“这是义士啊！”按照礼仪安葬了他。又张贴榜文禁止抢劫行为，有的士兵违反了禁令，被斩首示众，军中也就紧张严肃起来。又把行政区“路”改为“府”。设立太平兴国翼元帅府，朱元璋自己兼管元帅事宜，把陶安召来参预幕府事务，李习任知府。这时太平府四面都是元军，右丞阿鲁灰、中丞蛮子海牙等整肃部众拦截姑孰口的出入，陈埜先的水军首领康茂才率数万部众攻城。朱元璋派遣徐达、邓愈、汤和迎战，别的将领暗中开拔到元军背后，夹击元军，擒获陈埜先并降服了他的部下，阿鲁灰等逃避而去。

秋季九月，郭天叙、张天佑进攻集庆，陈埜先反叛，二人均战死，于是郭子兴的部将全部投归了朱元璋。陈埜先随即被民兵所杀，他的侄儿陈兆先收拾他的部众，屯驻方山，与蛮子海牙成犄角之势而窥伺太平。

冬季十二月壬子日，朱元璋释放纳哈出回归北方。

至正十六年春季二月丙子日，朱元璋在采石大败蛮子海牙。三月癸未日，进攻集庆，擒获陈兆先，降服他的部众三万六千人，但这些降兵都惊疑畏惧，担心性命难保。朱元璋选择其中骁勇强健者五百人作卫队，自己脱去甲胄酣睡至天明，众人的情绪才安定下来。庚寅这天，朱元璋在蒋山又一次击败元军。元御史大夫福寿奋力作战而死，蛮子海牙逃遁，投靠了张士诚，康茂才则降附了朱元璋。朱元璋进入集庆城，悉数召集当地的官吏和长者，告诉他们说："元朝的政事轻慢纷扰，以致战乱蜂拥而起，我前来为民众解除灾祸，大家还是安居如故吧。对贤士我将尊重和任用他们，旧制度中不便利的内容要废掉，官吏们不可贪婪暴虐损害我的人民。"老百姓们这才大喜过望。朱元璋把集庆路改成应天府，召见夏煜、孙炎、杨宪等十余人并授以官职，安葬元御史大夫福寿以表彰他的忠诚。

正当此时，元军将领定定扼守镇江，别不华、杨仲英屯聚宁国，青衣军首领张明鉴据守扬州，八思尔不花驻扎徽州，石抹宜孙镇守处州，他的弟弟石抹厚孙守备婺州，宋伯颜不花驻守衢州，而池州已经被徐寿辉部将所占据，张士诚从淮东发兵攻陷了平江，转向浙西剽掠。朱元璋既已平定集庆，考虑到张士诚、徐寿辉势力强大，江东、浙西各府州都被他们吞并了，于是派遣徐达攻打镇江，夺取城池，元将定定战死。

夏季六月，邓愈攻陷广德。

秋季七月己卯日，众将领拥戴朱元璋为吴国公。朱元璋建置江南行中书省，自己总揽行省政事，配备下级官吏。致函张士诚，张士诚不作答复，还率军进攻镇江。徐达击败了张士诚，张士诚又进军围攻常州城，没有打下来。九月戊寅这一天，朱元璋前往镇江，拜谒孔子庙。又派遣儒学之士向地方长者宣布，鼓励农耕和种桑养蚕，随即返回应天。

至正十七年春季二月，耿炳文攻克长兴。三月徐达攻克常州。

夏季四月丁卯日，朱元璋率军攻打宁国，取得了它，元将别不华投降。五月，上元、宁国、句容进献瑞麦。六月，赵继祖攻下了江阴。

秋季七月，徐达攻克常熟，胡大海攻克徽州，元将八思尔不花逃走。

冬季十月，常遇春攻克池州，缪大亨攻克扬州，张明鉴投降。十二月己丑日，释放囚徒。

这一年，徐寿辉的将领明玉珍占据了重庆路。

至正十八年春季二月乙亥日，任命康茂才为营田使掌管屯田。三月己酉，省察记录囚徒的罪状。邓愈攻取建德路。

夏季四月，徐寿辉的将领陈友谅派遣赵普胜攻陷池州。这个月，陈友谅占据了龙兴路。五月，刘福通攻破汴梁城，迎接韩林儿建都汴梁。当初，刘福通派遣部将分路全面出击，突破山东，进犯秦晋，劫掠幽、蓟，中原十分混乱，因此朱元璋能逐一平定江南一带。他所过往之处不杀伤民众，招收英才，从此人心日益归向于他。

冬季十二月，胡大海攻打婺州，长期拿不下来，朱元璋便亲自领军前往攻击。石抹宜孙派部将率领战车部队从松溪来援婺州，朱元璋说："道路太窄，用战车打仗正好招致失败。"命令胡德济在梅花门迎击，大败元军，婺州投降，擒获了石抹厚孙。战斗的前一天，婺州城内的人望见城西有如同车盖般的五彩云霞，视为神异现象，至此才知道是朱元璋驻扎军队的地方。朱元璋进入城中，分发粮食赈济贫民，把婺州改成宁越府。召见范祖干、叶仪、许元等十三人授咨议之职，命十三人分别用白话讲解经史。戊子日，派遣使者劝谕方国珍投降。

至正十九年春季正月乙巳日，朱元璋谋划夺取浙东尚未攻占的各路，警戒众将说："攻陷城池靠勇武，戡平动乱用仁义。我近来攻入集庆时，秋毫无犯，因此一下子就在集庆站稳了脚跟。每当我听说各位将领取得一城而不妄杀戮，往往高兴得连自己都难以承受。大凡军队行进如同火焰，不加以控制将会燎原。作为将领，能够以不杀戮为勇武，何止是于国家有益的事，子孙后代也确实会得到它的福祉。”庚申日，胡大海攻克诸暨城。这个月，命令宁越知府王宗显设立府学。三月甲午日，赦免大逆罪以下的囚徒。丁巳日，方国珍献上温州、台州、庆元三路，派他的儿子方关来作人质，朱元璋不接受。

夏季四月，俞通海等收复池州。当时耿炳文把守长兴，吴良把守江阴，汤和把守常州，均多次击败张士诚的军队。朱元璋因此能久留宁越，攻取浙东。六月壬戌日，朱元璋班师返回应天。

秋季八月，元将察罕帖木儿夺回汴梁，刘福通带着韩林儿退守安丰。九月，常遇春攻克衢州，擒获宋伯颜不花。

冬季十月，朱元璋派遣夏煜任命方国珍为浙江行省平章，方国珍托病推辞。十一月壬寅日，胡大海攻克处州，石抹宜孙逃走。这时元守军势单力弱，又风闻中原变乱，军心离析涣散，所以朱元璋的军队一到江东、浙西各处，就都攻占下来了。于是，朱元璋控制的地域西边已与陈友谅的势力相邻。

至正二十年春季二月，元福建行省参政袁天禄由福宁州来降。三月戊子日，征聘刘基、宋濂、章溢、叶琛到应天。

夏季五月，徐达、常遇春在池州击败陈友谅。闰五月丙辰日，陈友谅攻陷太平城，守将朱文逊，院判花云、王鼎，知府许瑗等身死。不久，陈友谅杀死他的首领徐寿辉，自称皇帝，国号汉，完全控制了江西、湖广地域。陈友谅邀约张士诚联合进攻应天，应天军民深为震动。众将领建议先收复太平来牵制攻应天的敌军，朱元璋说："不可。他们处于上游，水军力量是我军的十倍，仓猝之间难以收复太平。"有的将领请求自率部众迎战，朱元璋说："不可。对方如果用偏师牵制我军，而全军直攻金陵，顺着江流半天就可到达，我步骑兵众在急难中退回，行军百里赶往战场，这是兵法上最忌讳的作法，不是策略啊。"随即派人驰骑去吩咐胡大海，攻入信州来牵制陈友谅的后方，而命令康茂才用书信骗陈友谅，让他速来攻金陵，陈友谅果然率兵向东。于是，常遇春在石灰山设下埋伏，徐达在南门外布下战阵，杨璟屯驻大胜港，张德胜等带领水军出龙江关，朱元璋亲自登上卢龙山督率全军。乙丑日，陈友谅到达龙湾，众将想要出战，朱元璋说："天将下雨，大家赶快去吃饭，然后乘下雨攻击敌人。"不久，果然天降大雨，士兵们竞相奋勉，雨停交战时，水陆夹击，大败陈友谅军。陈友谅乘坐别的战船逃掉了。于是，朱元璋收复了太平，攻下了安庆，而胡大海也攻陷了信州。

当初,朱元璋命令康茂才欺骗陈友谅,李善长表示怀疑。朱元璋说:“若两个盗寇合兵来攻,我方首尾受敌,只有让陈友谅迅速到来并首先打败他,那么张士诚就会丧胆失魂了。”过后张士诚的军队终究没有出动参战。丁卯日,设立儒学提举司,任命宋濂为提举,派儿子朱标前去学习经学。六月,耿再成在庆云打败石抹宜孙,石抹宜孙战死,朱元璋派出使者祭奠他。

秋季九月,徐寿辉旧将欧普祥由袁州来降。

冬季十二月,再次派遣夏煜送信告谕方国珍。

二十一年春季二月甲申日,设立盐税和茶税。己亥日,设置宝源局管理铸币。三月丁丑日,把枢密院改成大都督府。元军将领薛显由泗州来降。戊寅日,方国珍派遣使者前来谢罪,呈送装饰金玉的马鞍。朱元璋推辞说:“方今正致力于四方的军政事务,所需要的是人才,所动用的是粮食布帛,金银宝器玩物不是我所喜好的东西。”

秋季七月,陈友谅的大将张定边攻陷安庆,八月,朱元璋派出使者前往元朝平章察罕帖木儿那里。当时察罕帖木儿扫平山东、降服田丰,军队的声势大振,因此朱元璋与他联系友好。适逢察罕帖木儿正攻打益都未能取胜,朱元璋就自己率水军征伐陈友谅。戊戌日,攻克安庆，陈友谅的将领丁普郎、傅友德出迎归降。壬寅日，朱元璋把军队驻扎在湖口，追击陈友谅到江州，打败了他，并攻下江州城，陈友谅逃往武昌。接着分兵攻取南康、建昌、饶州、蕲州、黄州、广济，都打下来了。

冬季十一月己未日，攻克抚州。

至正二十二年春季正月，陈友谅任命的江西行省丞相胡廷瑞由龙兴投降。乙卯日，朱元璋前往龙兴，将它改为洪都府。拜谒孔子庙。向地方长者宣布，革除陈友谅的苛政，免掉各种军需物资的征调，慰问抚恤贫困而又无处求告的人们，老百姓欣喜万分。袁州、瑞州、临江、吉安也相继被攻下来了。二月，朱元璋班师回应天。邓愈留守洪都府。癸未日，归降之人蒋英杀害了金华守将胡大海，郎中王恺同时战死，蒋英叛变降附张士诚。处州归降的李佑之听到兵变的消息，也杀害行枢密院判官耿再成而反叛，都事孙炎、知府王道同、元帅朱文刚同时身死。三月癸亥日，归降之人祝宗、康泰反叛，攻陷洪都，邓愈逃回应天，知府叶琛，都事万思诚身死。这个月，明玉珍在重庆称帝，国号夏。

夏季四月己卯日，邵荣收复处州。甲午日，徐达收复洪都。五月丙午日，朱文正、赵德胜、邓愈奉命镇守洪都。六月戊寅日，察罕帖木儿送来书信作答复，还留下朱元璋的使者不予遣返。不久察罕帖木儿被田丰所杀。

秋季七月丙辰，平章邵荣、参政赵继祖策划兵变，被处死。

冬季十二月，元朝派遣尚书张昶航海到达庆元，授予朱元璋江西行省平章政事的官职，朱元璋不接受。察罕帖木儿的儿子扩廓帖木儿送来书信，归还使者。

至正二十三年春季正月丙寅日，朱元璋派遣汪河前去回复扩廓帖木儿。二月壬申日，命令将士屯田积粮。这个月，陈友谅的大将张定边攻陷饶州。张士诚的将领吕珍攻下安丰，杀了刘福通。三月辛丑日，朱元璋自己率军援救安丰，吕珍兵败逃走。朱元璋带着韩林儿归返滁州后，才回到应天。

夏季四月壬戌日，陈友谅出动大批军队包围洪都。乙丑日，诸全守将谢再兴反叛，投附到张士诚那边。五月，朱元璋建起了礼贤馆。陈友谅分兵攻陷吉安，参政刘齐、知府朱叔华身死；攻陷临江，同知赵天麟身死；攻陷无为州，知州董曾身死。

秋季七月癸酉日，朱元璋亲自率军解救洪都。癸未日，驻扎湖口，先在泾江口及南湖嘴设下伏兵，阻截陈友谅的归路，用檄书传令信州军队把守武阳渡。陈友谅获悉朱元璋到达，撤去对洪都的围困，在鄱阳湖上迎战朱元璋。陈友谅的军队号称六十万，把巨大的战船相连，摆开阵式，战船上架设高达十余丈的瞭望台，阵线绵延几十里，旗帜兵器，看上去如同山峰一般。丁亥日，两军在康郎山遭遇，朱元璋把军队分成十一队来抵挡陈友谅。戊子日，两军交战，徐达攻击陈友谅的前锋部队，俞通海用火炮轰焚陈友谅的战船数十艘，双方伤亡大略相等。陈友谅的骁勇大将张定边直逼朱元璋乘坐的战船，这时此战船在沙滩上搁浅，无法退避，危急万分。常遇春从一旁张弓射中张定边，俞通海又前来救援，舟船骤然开过来，湖水涌起，朱元璋的战船才得脱险。己丑日，陈友谅倾全部巨型战船出战，朱元璋的众将所乘战船较小，仰攻大船不利，便流露出畏惧的神情。朱元璋亲自指挥，部众仍不向前，便斩杀退缩者十余名，于是人人都拼着性命投入到战斗中。当天下午申时，东北方刮起了大风，朱元璋就命令敢死队士兵驾着七条船，满载火药芦苇，放火焚烧陈友谅的战船。风急火旺，烟焰漫天，湖水映得通红。陈友谅的军队一片混乱，众将领们击鼓呐喊乘机进攻，斩下陈友谅部众的首级二千多，烧死和淹死的无数，陈友谅的气势严重受挫。辛卯日，重新开战，陈友谅又一次大败。于是紧缩战船自保，不敢再战。壬辰日，朱元璋将军队转移，扼守左蠡山，陈友谅也收缩阵线，保障渚矶。双方相持了三天，陈友谅的左、右二金吾将军都投降了，他的处境更加窘迫，恼怒到了极点，将所俘获的将士全部杀死。而朱元璋却将所俘获者全部放还，受伤的用好药给他们敷上，并祭奠他们阵亡的亲戚诸将。八月壬戌日，陈友谅的粮食耗尽，直扑南湖嘴，被南湖的伏兵阻击，于是突击湖口。朱元璋进行拦截，顺江搏杀，到达泾江。泾江的伏兵再次截击，陈友谅中流矢身亡。张定边便带着他的儿子陈理逃奔回武昌。

九月，朱元璋班师应天，论功行赏。在此之前，朱元璋去援救安丰，刘基作过劝谏，他没有接受。到此时，朱元璋对刘基说："我不该有安丰之行，假使陈友谅乘虚直捣应天，我的大事业就完了。他却驻军南昌，不自取败亡还等什么。陈友谅死了，天下也就不难平定了。"壬午日，亲自率军征伐陈理。这个月，张士诚自称吴王。

冬季十月壬寅，朱元璋包围武昌，分兵夺取湖北各路，都攻下来了。十二月丙申日，朱元璋返回应天，常遇春留下督率各部军队。

至正二十四年春季正月丙寅初一日，李善长等率群臣劝进，朱元璋没有应允。大家又坚决恳请，朱元璋才即吴王位。建置各部门职官，任命李善长为右相国，徐达为左相国，常遇春、俞通海为平章政事，吩咐他们说："建国的初期，该先整顿国纪朝纲。元朝统治者昏庸懦弱，权势向下转移，渐渐形成动乱，现在我们应当用来作为鉴戒。”立儿子朱标为世子。二月乙未日，又亲自率军征伐武昌，陈理投降，将汉阳、沔阳、荆州、岳州一并攻占。三月乙丑日，班师回应天。丁卯日，设置起居注。庚午日，撤销各翼军队的元帅府，建置十七卫亲军指挥使司，命令中书省征召文武人才。

夏季四月，建筑祠堂，在康郎山和南昌祭祀了为国事捐躯的丁普郎、赵德胜。

秋季七月丁丑日，徐达攻克庐州。戊寅日，常遇春进攻江西。八月戊戌日，收复吉安，随即围攻赣州。徐达进攻荆、湘各路。九月甲申日，攻下江陵，夷陵、潭州、归州均降附。

冬季十二月庚寅日，徐达攻克辰州，派遣其他将领攻下了衢州。

至正二十五年春季正月己巳日，徐达攻占宝庆，湖湘地区平定。常遇春攻克赣州，熊天瑞投降。于是奔赴南安，号召劝谕五岭以南各路归附，攻占了韶州、南雄。甲申日，朱元璋前往南昌，捉拿大都督朱文正而归，指责他的罪过，安置桐城县内居住。二月己丑日，福建行省平章陈友定侵犯处州，参军胡深打败了他，接着攻下了浦城。丙午日，张士诚的将领李伯升攻诸全的新城，李文忠把他打得大败。

夏季四月庚寅日，常遇春进攻襄阳、汉川各路。五月乙亥日，攻克安陆。己卯日，夺取襄阳。六月壬子日，朱亮祖、胡深进攻建宁，在城下交战，胡深被俘身死。

秋季七月，朱元璋下令抚养跟随渡江作战受伤以致肢体残废的将士，死去的赡养他们的妻子儿女。九月丙辰日，建置国子学。

冬季十月戊戌，朱元璋下令讨伐张士诚。这时候，张士诚割据的地域，南至绍兴，北有通州、泰州、高邮、淮安、濠州、泗州，而且北边已到达济宁。于是让徐达、常遇春等先设法夺取淮东。闰十月，围攻泰州，攻占了它。十一月，张士诚进犯宜兴，徐达把他击败后，随即从宜兴回师，进攻高邮。

至正二十六年春正月癸未日，张士诚窥伺江阴，朱元璋亲自率部前去救援，张士诚逃遁，康茂才率部追击，在浮子门击败了他。朱元璋班师应天。二月，明玉珍死亡，儿子明升自立为夏皇帝。三月丙申日，朱元璋下令中书省整肃选拔官吏事宜。徐达攻克了高邮。

夏季四月乙卯日，徐达在淮安袭击并打败了张士诚的部将徐义率领的水军，徐义逃走，梅思祖率全城出降。又相继攻下濠州、徐州、宿州，淮东地区平定。甲子日，朱元璋前往濠州扫墓，设守墓人二十户，赏赐旧友汪文、刘英粮食和布帛。置办酒宴召来乡亲父老畅饮，尽情欢乐，他说道："我离开家乡十多年，历尽艰难百战，终于能回乡扫墓，与家乡父老子弟重逢。今日苦于不能长久留在这里欢聚享乐。希望父老们教导子弟孝敬父母，敬爱兄长，努力耕种农田，不要到远处经商，淮河沿岸州县还在为盗寇劫掠所困扰，请父老们善自珍重。"命令官府免除他们的租赋，大家都磕头谢恩。辛未日，徐达攻克安丰，分兵在徐州击败扩廓帖木儿。

夏季五月壬午日，朱元璋从濠州回到应天。庚寅日，下令访求收集散佚的典籍。

秋季八月庚戌日，改筑应天城，在钟山南面筑起新宫。辛亥日，任命徐达为大将军，常遇春为副将军，率领二十万军队征讨张士诚。朱元璋亲临宫门誓师说："攻下城池的时候，不许杀戮抢劫，不许毁坏房屋，不许挖掘坟墓。张士诚的母亲埋葬在平江城外，不许侵犯毁损。"后来又召来徐达、常遇春询问先应攻击何处。常遇春打算直捣平江城。朱元璋说："湖州张天骐、杭州潘原明是张士诚最得力的部下，若平江陷于困境，两人就会全力赴援，那么就难以取胜了。不如先攻打湖州，使他们疲于奔命；羽翼折损之后，平江的势力孤弱了，即刻就可攻下来。"甲戌日，在湖州打败张天骐，张士诚亲率军队前往救援，又在皂林打败张士诚。九月乙未日，李文忠进攻杭州。

冬季十月壬子日，常遇春在乌镇打败张士诚的军队。十一月甲申日，张天骐投降。辛卯日，李文忠攻下余杭，潘原明投降，周围各处也一并攻占。癸卯日，包围平江城。十二月，韩林儿去世。朱元璋命令以次年作为吴元年，建筑宗庙、社稷坛和宫室，向山川祭祀祷告。官吏进呈宫殿的图样，他命令除掉雕琢奇丽的部分。

这一年，元朝的扩廓帖木儿与李思齐、张良弼结仇，多次相互攻击，元朝政令不能施行，中原的老百姓更加困苦。

至正二十七年春季正月戊戌日，朱元璋吩咐中书省说："东南一带长期遭受战乱，老百姓的生计衰败，我非常怜悯他们。况且太平、应天各处，是我渡江开创的地方，烦劳他们供应物资时间已很久了。现在每家空虚，官府加紧催索租税，加重困扰我的人民，他们怎么承受得了。可免去太平府二年的田租，免去应天府、镇江府、宁国府、广德州各一年的田租。"二月丁未日，傅友德在徐州击败扩廓帖木儿的将领李二，俘获了他。三月丁丑日，开始举办文武科考录取应考学子。

夏季四月，方国珍暗地派人结交扩廓帖木儿和陈友定，朱元璋移送文书斥责他。五月己亥日，开始设置翰林院。这个月，由于发生旱灾，朱元璋节减膳食只吃素食，免除徐州、宿州、濠州、泗州、寿州、邳州、东海、安东、襄阳、安陆及新近归附的地区三年田租。六月戊辰日，天降大雨，群臣请求朱元璋恢复膳食的原来规格。朱元璋说："虽然降雨，但天旱损害禾苗太多，可免去老百姓今年的田租。"癸酉日，命令朝贺时撤销歌舞伎乐。

秋季七月丙子日，给予地方长官上任的费用，赐给他们及其父、母、妻和长子绮帛各有等级，发出诏令规定以后都照此办理。己丑日，雷霆震坏宫门上的兽吻，于是下令赦免获罪囚徒。庚寅日，派遣使者追索方国珍进贡粮食。八月癸丑日，圜丘、方丘、社稷坛筑成。九月甲戌日，太庙落成。朱亮祖率军讨伐方国珍。戊寅日，朱元璋下诏说："先王的制度，惩处罪犯不牵连他们的妻儿。从今以后，除了犯大逆不道罪的，一概不牵连其家人受罚。"辛巳日，徐达攻克平江城，俘虏了张士诚，吴地平定。戊戌日，派使者给元朝皇帝致信，遣送他的宗室神保大王等人返回北方。辛丑日，论平定吴地的功劳，封李善长为宣国公，徐达为信国公，常遇春为鄂国公，按等次给将士们以赏赐。朱亮祖攻克台州。癸卯日，新宫室建成。

冬季十月甲辰日，派出起居注吴琳、魏观带着缯帛到各地寻访隐逸的贤人。丙午日，下令各级职官的礼仪以左边为尊。改任李善长为左相国，徐达为右相国。辛亥日，分别在安庆、江州祭祀元朝臣子余阙、李黼。壬子日，设置御史台。癸丑日，任命汤和为征南将军，吴祯为副手，讨伐方国珍。甲寅日，制定法律。戊午日，考定祭祀天地的典雅乐曲。

庚申日，召集众将商讨北征事宜。朱元璋说："在山东则有王宣反复无常，在河南则有扩廓帖木儿飞扬跋扈，在关中、陇州则有李思齐、张思道猖狂放肆、猜嫌疑忌，元朝的皇位将要失去，中原大地正遭受涂炭。现在我将要北伐，从水火之中拯救老百姓，怎样决定胜负呢？"常遇春回答说："用我们久经战斗的军队，去对付元朝长期享受安乐的士卒，直捣元都，就如同破竹之势啊。"朱元璋说："元朝建国百年，元都的守备必定坚固，孤军深入，粮饷供应达不到前面，对方的救兵可以从各地调集，这是危险的方法。我打算先夺取山东，撤去元都的屏障，再将军队转移到河南、河北，打掉元都的外蔽，攻占并据守潼关，卡住元都的门槛。天下的战略要地都落入我的掌握之中，然后进军，元都势力孤单，外援断绝，不用作战，自然可以夺得。我们大张旗鼓西进，云中、九原、关中、陇州就可像卷席子一样全都卷进来。"众将领都纷纷表示赞同。

甲子日，命令徐达担任征虏大将军，常遇春担任副将军，率军二十五万，由淮河进入黄河，往北攻取中原；胡廷瑞担任征南将军，何文辉担任副将军，攻取福建；湖广行省平章杨璟、左丞周德兴、参政张彬攻取广西。己巳日，朱亮祖攻克温州。十一月辛巳日，汤和攻克庆元，方国珍逃入海中。壬午日，徐达攻克沂州，斩杀王宣。己丑日，廖永忠担任征南副将军，从海路会同汤和讨伐方国珍。乙未日，颁布《大统历》。辛丑日，徐达攻克益都。十二月甲辰日，颁布法律。丁未日，方国珍投降，浙东平定。张兴祖攻占东平，兖州以东的州县相继降附。己酉日，徐达夺取济南。胡廷瑞攻占邵武。癸丑日，李善长率众官员劝朱元璋即皇帝位，表文三次呈上，朱元璋才同意。甲子日，举行祭天仪式，向上帝报告即位的消息……

太祖孝慈高皇后传

朱元璋的皇后马氏，是他在贫贱中结合的元配妻子。她是一位十分贤慧的妇女，无论在贫贱时或贵为皇后时，都保持着中国妇女的美德，堪称朱元璋的贤内助。这在中国历史上众多的后妃中，是十分难能可贵的。

本传记述了马后一生的主要事迹，特别注重表彰她从生活上关心朱元璋，在政事上对朱元璋多所协助、匡补等突出事例，充分反映了她的卓越见识和高尚品格，也从一个侧面表现了朱元璋在开国创业时期的开明风度，对了解明初政治情状有很好的参考价值。

太祖孝慈高皇后马氏[①]，宿州人[②]。父马公，母郑媪，早卒。马公素善郭子兴[③]，遂以后托子兴。马公卒，子兴育之如己女。子兴奇太祖，以后归焉。

后仁慈有智鉴，好书史。太祖有札记，辄命后掌之，仓卒未尝忘。子兴尝信谗，疑太祖。后善事其妻，嫌隙得释。太祖既克太平[④]，后率将士妻妾渡江。及居江宁[⑤]，吴、汉接境[⑥]，战无虚日，亲缉甲士衣鞋佐军。陈友谅寇龙湾[⑦]，太祖率师御之，后尽发宫中金帛犒士。尝语太祖，定天下以不杀人为本。太祖善之。

洪武元年正月[⑧]，太祖即帝位，册为皇后。初，后从帝军中，值岁大歉，帝又为郭氏所疑，尝乏食。后窃炊

---

① 太祖：朱元璋。 ② 宿州：治所在今安徽宿州南。 ③ 郭子兴(？—1355)：元末江淮地区红巾军首领。元至正十一年(1351)，与农民孙德崖等率众起义，攻克濠州后，当农民军内部发生矛盾时，依靠朱元璋的支持，驻守滁州。后来在和县病死。 ④ 太平：元末太平路，治所在当涂县(今安徽当涂县)。 ⑤ 江宁：在今江苏南京。 ⑥ 吴：张士诚于元至正二十三年(1363)杀红巾军领袖刘福通之后，曾自称为吴王，不久即被朱元璋击败。朱元璋于龙凤二年(1356)攻下集庆(今南京)后称吴国公，后来又改称吴王。这里的吴当指朱元璋初建立的政权。汉：指陈友谅建立的政权。 ⑦ 龙湾：在今江苏南京市城区西北。 ⑧ 洪武：明太祖朱元璋的年号，洪武元年为公元1368年。

饼，怀以进，肉为焦。居常贮糗糒脯脩供帝①，无所乏绝，而己不宿饱。及贵，帝比之"芜蒌豆粥"②，"滹沱麦饭"③，每对群臣述后贤，同于唐长孙皇后④，退以语后，后曰："妾闻夫妇相保易，君臣相保难。陛下不忘妾同贫贱，愿无忘群臣同艰难。且妾何敢比长孙皇后也。"

后勤于内治，暇则讲求古训。告六宫，以宋多贤后，命女史录其家法⑤，朝夕省览。或言宋过仁厚，后曰"过仁厚，不愈于刻薄乎？"一日，问女史："黄老何教也，而窦太后好之⑥？"女史曰："清净无为为本。若绝仁弃义，民复孝慈，是其教矣。"后曰："孝慈即仁义也，讵有绝仁义

---

① 糗(qiǔ 囚去声)糒(bèi 备)：干粮。脩：干肉。 ② 芜蒌豆粥：东汉光武帝称帝前，曾被王郎追击，至饶阳(今河北饶阳县)芜蒌亭，饥寒疲困，冯异送上豆粥，光武等吃后饥寒俱解。光武称帝后对这顿芜蒌豆粥念念不忘。 ③ 滹沱麦饭：东汉光武抗击王郎，到了滹沱河附近的南宫县，正值大风雨，入路旁空舍中歇息，冯异、邓禹煮麦饭供食。这滹沱麦饭与芜蒌豆粥一样，解饥寒，振困乏，光武嘉称是冯异的厚意。 ④ 长孙皇后：唐太宗皇后长孙氏，洛阳人。其先世为魏拓跋氏。后知书传，明礼法，性俭约，劝太宗纳忠容谏，她是帝王后妃中的表率。 ⑤ 家法：旧时家长统制家族、训诫子弟的法规。 ⑥ 窦太后(？—前135)：西汉文帝皇后。清河观津(今河北衡水东)人。吕后时，为代王(文帝)姬。代王入为皇帝，她被立为后。景帝继位，尊为皇太后。好黄老之学。武帝即位初期，她曾罢逐大臣窦婴、田蚡、赵绾、王臧和儒生辕固生等。

而为孝慈者哉?”后尝诵《小学》[1],求帝表章焉。

帝前殿决事,或震怒,后伺帝还宫,辄随事微谏。虽帝性严,然为缓刑戮者数矣。参军郭景祥守和州,人言其子持矟欲杀父[2],帝将诛之。后曰:“景祥止一子,人言或不实,杀之恐绝其后。”帝廉之,果枉。李文忠守严州,杨宪诬其不法,帝欲召还。后曰:“严,敌境也,轻易将不宜。且文忠素贤,宪言讵可信。”帝遂已。文忠后卒有功。学士宋濂坐孙慎罪[3],逮至,论死。后谏曰:“民家为子弟延师,尚以礼全终始,况天子乎?且濂家居,必不知情。”帝不听。会后侍帝食,不御酒肉。帝问故。对曰:“妾为宋先生作福事也[4]。”帝恻然,投箸起。明日赦濂,安置茂州[5]。吴兴富民沈秀者,助筑都城三之一,又请犒军。帝怒曰:“匹夫犒天子军,乱民也,宜诛。”后谏曰:

① 小学:中国旧时的儿童教育课本。宋朝朱熹、刘子澄编。辑录符合封建道德的言行,共六卷,分内、外篇。内篇有《立教》、《明伦》、《敬身》、《稽古》,外篇有《嘉言》、《善行》。 ② 矟(shuò朔):长矛,即槊。 ③ 宋濂(1310—1381):明初文学家,字景濂,号潜溪,浦江(今属浙江)人。曾受业于吴莱、柳贯、黄溍。明初奉命主修《元史》,官至学士承旨知制诰。深得太祖宠信。其长孙慎因牵涉胡惟庸案入罪。 ④ 作福事:这里指斋戒,为将要死者致哀悯。俗习讳言死丧,送终丧殡有言做好事或作福事的。 ⑤ 安置茂州:指流徙到茂州。茂州,治所在汶山县(今四川茂汶羌族自治县)。

“妾闻法者，诛不法也，非以诛不祥。民富敌国，民自不祥。不祥之民，天将灾之，陛下何诛焉？”乃释秀，戍云南①。帝尝令重囚筑城②。后曰：“赎罪罚役，国家至恩。但疲囚加役，恐仍不免死亡。”帝乃悉赦之。帝尝怒责宫人，后亦佯怒，令执付宫正司议罪。帝曰：“何为？”后曰：“帝王不以喜怒加刑赏。当陛下怒时，恐有畸重。付宫正，则酌其平矣。即陛下论人罪亦诏有司耳。”

一日，问帝：“今天下民安乎？”帝曰：“此非尔所宜问也。”后曰：“陛下天下父，妾辱天下母，子之安否，何可不问？”遇岁旱，辄率宫人蔬食，助祈祷。岁凶，则设麦饭野羹。帝或告以振恤。后曰：“振恤不如蓄积之先备也。”奏事官朝散，会食廷中，后命中官取饮食亲尝之，味弗甘，遂启帝曰：“人主自奉欲薄，养贤宜厚。”帝为饬光禄官③。帝幸太学还④，后问生徒几何，帝曰：“数千。”后曰：“人才众矣。诸生廪食⑤，妻子将何所仰给？”于是立红板仓⑥，

---

① 戍：戍守。这里指罪罚充军戍守边险之地。 ② 重囚：犯了重罪的囚徒，已判死刑，即死囚。 ③ 光禄官：主管皇室膳食的官。 ④ 太学：传授儒家经典的最高学府，明初立国子监，也就是太学。 ⑤ 廪（lǐn 懔）食：官府发给的粮食。 ⑥ 红板仓：即红仓。由太祖马皇后筹集粮食于国子监中，建置红仓二十余舍，以供养太学生的妻子。少年举人选入太学读书者，另有婚聘钱粮。太学生省亲则给道途费用。

积粮赐其家。太学生家粮自后始。诸将克元都，俘宝玉至。后曰："元有是而不能守，意者帝王自有宝欤？"帝曰："朕知后谓得贤为宝耳。"后拜谢曰："诚如陛下言。妾与陛下起贫贱，至今日。恒恐骄纵生于奢侈，危亡起于细微，故愿得贤人共理天下。"又曰："法屡更必弊，法弊则奸生。民数扰必困，民困则乱生。"帝叹曰："至言也。"命女史书之册。其规正，类如此。

帝每御膳，后皆躬自省视。平居服大练浣濯之衣，虽敝不忍易。闻元世祖后煮故弓弦事①，亦命取练织为衾裯，以赐高年茕独。余帛纇丝，缉成衣裳，赐诸王妃公主，使知蚕桑艰难。妃嫔宫人被宠有子者，厚待之。命妇入朝②，待之如家人礼。帝欲访后族人官之，后谢曰："爵禄私外家，非法。"力辞而止。然言及父母早卒，辄悲哀流涕。帝封马公徐王，郑媪为王夫人，修墓置庙焉。

洪武十五年八月寝疾。群臣请祷祀，求良医。后谓帝曰："死生，命也，祷祀何益？且医何能活人？使服药不效，得毋以妾故而罪诸医乎！"疾亟，帝问所欲言。曰：

---

① 元世祖后煮故弓弦事：元世祖皇后名察必，性勤俭，率宫人收取旧的弓弦，加以煮练，紬绎丝缕，以缉丝布制作衣服，其韧密可比绫绮。 ② 命妇：古代妇女有封号的称谓。宫廷中妃嫔等称为内命妇，宫廷外臣下的母、妻称为外命妇。命妇享有各种仪节上的待遇。

"愿陛下求贤纳谏，慎终如始，子孙皆贤，臣民得所而已。"是月丙戌崩，年五十一。帝恸哭，遂不复立后。是年九月庚午葬孝陵，谥曰孝慈皇后。宫人思之，作歌曰："我后圣慈，化行家邦。抚我育我，怀德难忘。怀德难忘，于万斯年。毖彼下泉，悠悠苍天。"永乐元年上尊谥曰孝慈昭宪至仁文德承天顺圣高皇后。嘉靖十七年加上尊谥曰孝慈贞化哲顺仁徽成天育圣至德高皇后。

【翻译】

太祖孝慈高皇后马氏，宿州人。父亲马公，母亲郑媪，死得很早。马公历来与郭子兴关系很好，于是把皇后托付给郭子兴。马公死后，郭子兴养育马皇后如同自己的女儿。郭子兴认为太祖朱元璋是个奇人，就把皇后嫁给太祖。

皇后仁慈，有智谋和鉴察力，爱好读书读史。太祖有札记的字条，总是命皇后保管它们，仓促间从来没有忘记放在哪里。郭子兴曾经听信谗言，怀疑太祖。皇后好好地侍奉郭子兴的妻子，使嫌疑和隔阂得到消除。太祖攻克太平之后，皇后率领将士的妻妾渡过长江。到了住在江宁时，吴、汉边境相接，战争没有间断的日子，皇后亲自缝制战士的衣服鞋子以帮助军队。陈友谅攻克龙湾，太祖率领军队抵御陈友谅，皇后拿出宫中的全部金银布帛犒劳战士。曾经对太祖说，平定天下以不杀人作为根本原则。太祖认为这话很好。

洪武元年正月，太祖登上皇帝宝座，册封马氏为皇后。当初，马后跟随皇帝在军中，正遇到年成大歉收，皇帝又被郭子兴怀疑，常常没饭吃。马后偷了炊饼，藏在怀里送给他吃，致使皮肤被烫伤。平时经常贮存干粮干肉供应皇帝，没有缺食断粮的时候，而自己经常吃不饱。到了显贵时，皇帝把这些供给的食物比喻为“芜蒌亭的豆粥，滹沱河的麦饭”，常常对群臣讲述马后的贤惠，与唐代的长孙皇后一样。退朝回来告诉马后，马后说：“妾听说夫妇相保容易，君臣相保很难。陛下不忘记与我同受过贫贱，希望不要忘记与群臣共同经受过艰难。而且我哪里敢比长孙皇后呢？”

马后勤于治理内宫，有空就讲解学习古代的训典。告诉六宫的嫔妃，认为宋代多有贤惠的皇后，命令女史抄录宋代皇后的家法，早晚仔细阅览。有人说宋代过于仁厚，马后说：“过于仁厚，不就好过了刻薄吗？”一天，问女史：“黄老有什么教诲，而窦太后喜好它？”女史说：“黄老主张清静无为作为根本。比如弃绝仁，抛弃义，民众就恢复到孝慈，这就是它们的教诲。”马后说：“孝慈就是仁义，哪里有弃绝仁义才是孝慈的呢？”马后曾诵读“小学”，请求皇帝表彰宣传这部书。

皇帝在前殿处理政事，有时震怒，马后候着皇帝回到后宫，总是顺着事情委婉劝谏。虽然皇帝性子严烈，但是使皇帝减缓刑杀的事就有许多次。参军郭景祥守和州，有人说他儿子拿着长矛要杀父亲，皇帝将要诛杀他的儿子。马后说："景祥只有一个儿子，人们说的或许不真实，杀了他儿子恐怕就绝了景祥的后代。"皇帝核查这事，果然冤枉。李文忠守严州，杨宪诬告他不守法，皇帝打算召他回来。马后说："严州，是接近敌人的边境，随便更换守将不适宜。而且文忠向来贤良，杨宪的话岂可轻信？"皇帝于是停止了召回李文忠这事。文忠后来终于立下战功。学士宋濂因孙子宋慎的问题而涉罪，逮捕押送到京城，判定死刑。马后劝谏说："民家为子弟请老师，还按礼节有始有终，何况你身为天子呢？而且宋濂住在老家，必定不知情。"皇帝不听从。正好马后侍候皇帝进餐，不上酒肉，皇帝问原因。回答说："妾是为宋先生作福事。"皇帝心中悯恻，丢下筷子站起来。第二天赦了宋濂的死罪，流徙安置在茂州。吴兴的富民沈秀，资助修筑都城的三分之一，又请求犒劳军队。皇帝发怒说："匹夫犒劳天子的军队，这是乱民，应该诛杀。"马后劝谏说："妾听说，法就是诛杀不法的，不是用来诛杀不祥的。小民的富裕敌得上国家，小民自是不祥。不祥之民，天将给他灾害，陛下诛杀他做什么呢？"于是放了沈秀，充军到云南。皇帝曾令犯了重罪的死囚去筑城。马后说："赎罪罚作劳役，这是国家最大的恩典。但是疲惫的囚犯加上劳役，恐怕仍然不免死亡。"皇帝于是全部赦免了他们。皇帝曾经发怒责罚宫人，马后也佯装发怒，命令押她们交付宫正司定罪。皇帝说："为什么？"马后说："帝王不因为自己的喜怒来施加刑罚和赏赐。当陛下发怒时，恐怕有偏重。交付宫正，就可以斟酌刑罚的公平了。就是陛下治人的罪也要下诏令给官府的。"

一天，问皇帝："现在天下的百姓平安吗？"皇帝说："这不是你所应当问的。"马后说："陛下是天下的父亲，妾愧为天下的母亲，子女平安不平安，怎么可以不问？"遇到年岁干旱，总是率领宫人吃素菜饭，帮助祈祷。年岁有灾，就只吃麦饭野菜。皇帝有时告知进行救济。马后说："救济不如事先准备积蓄粮食。"奏报政事的官员们朝见之后，在宫廷中集中吃饭，马后命宫中的官员拿来饮食亲自尝一尝，滋味不好，于是报告皇帝说："人主自己服用的要菲薄，养育贤才的应该丰厚。"皇帝为此告诫光禄官。皇帝视察太学回宫，马后问："太学生有多少？"皇帝说："有数千人。"马后说："人才很多了。这些学生有国家发给的口粮，他们的妻子儿女靠哪里供给呢？"于是建立了红板仓，积蓄粮食赐给太学生的家族。太学生的家族给口粮是从马后这时开始。众将军攻克元朝首都，缴获了珍宝玉器来到南京。马后说："元朝有这些宝贝而不能守住，我想大概帝王自有独特的宝贝吧？"皇帝说："朕知道皇后是说只有得到贤才才是宝贝呢！"马后敬拜称谢说："正如陛下说的。我与陛下从贫贱中兴起，直到今天，常常担心骄傲放纵在奢侈中产生，危险灭亡在细微处产生，所以希望得到贤人共同治理天下。"又说："法令经常更改必然产生弊病，法令有了弊病则奸邪产生。百姓多次受到侵扰必然困穷，百姓困穷则乱子发生。"皇帝感叹说："这是最贤明的言论。"命令女史写在史册上。马后规劝皇帝做正确的事，都像这样。

皇帝每次吃饭，马后都亲自照料察看。平时穿粗布洗涤的衣服，虽然破旧也舍不得换。听说元世祖的皇后煮旧弓弦的事，也命人取来帛丝织成被子，以赐给孤独的老年人。剩下的布帛线丝，缝成衣裳，赐给各位王妃和公主，使他们知道养蚕种桑的艰难。妃嫔和宫女受到皇帝恩宠有孩子的，皇后都很厚道地对待她们。受有封号的官员夫人等进宫朝见，接待她们如同一家人的礼节。皇帝打算寻访马后的族人以便给他们官职，马后辞谢说："爵禄私自封给外家，不合法令。"极力推辞而停止了。但是一说到父母早死，总是悲哀哭泣。皇帝封马公为徐王，郑媪为徐王夫人，给他们修墓建庙。

洪武十五年八月，马后卧病。群臣请求祈祷祭神，寻求良医。马后对皇帝说:“死生,这是命,祈祷祭神有什么益处?而且医生哪能救人活命?假使吃药无效,岂能不因妾的缘故而怪罪那些医生吗?”病重,皇帝问想要说的话。马后说:“愿陛下寻求贤人,听纳劝谏,谨慎终节像开始建业时一样,子孙都贤明,臣民各得其所而已。”这月丙戌日逝世,年龄五十一岁。皇帝悲恸哭泣,于是不再册立皇后。这一年九月庚午日葬在孝陵,谥号称作孝慈皇后。宫人们怀念马后,作了一首歌说:“我们的皇后圣明仁慈,教化推行到家室和全国。抚养我们教育我们,怀念恩德永不忘记。怀念恩德永不忘记,直到那千秋万年。如流淌不止的泉水,如悠悠长久的苍天。”永乐元年加上尊称的谥号叫做孝慈昭宪至仁文德承天顺圣高皇后,嘉靖十七年又加上尊称的谥号叫做孝慈贞化哲顺仁徽成天育圣至德高皇后。

刘 基 传

刘基字伯温,是中国历史上一位富于传奇色彩的人物。人们把他看作张良、诸葛亮一类的军师式人物,又看作擅长神秘术数、料事如神的奇人,这在本篇传记中有充分反映。

本篇传记着力处是对刘基行为品格及才智的描写。读了此篇,使人们对刘基留下的印象是:刚直不阿、嫉恶如仇、宽宏大量、不记私怨、明于自知、清廉正直、执法严明、多谋善断、韬略过人等等,几乎是完美无缺的贤才风貌。诚然,刘基在辅佐朱元璋于农民战争中取胜、建立明朝方面有卓著的功绩,但我们不能不看到,其中某些记载,不免有夸张、渲染的成分。

这篇传记给予人们不少具体的历史知识，比如元末官吏的受贿枉法，农民战争各派势力的吞并争战，明初太史令的掌管历法，有关法令的制定，税粮数额多于宋代，为优待功臣减除其一县税粮的特殊政策等等。此外，朱元璋与陈友谅鄱阳湖大战的生动描写，也是一份关于古代战争场景的绝好资料。

从史书编纂方面看，本篇比之《明实录》中的刘基传记，删除了不少具体事例，显得较为简洁，为了要更多地了解刘基其人，读者可以再将《明实录》的刘基传记找来对照阅读。

刘基，字伯温，青田人①。曾祖濠，仕宋为翰林掌书。宋亡，邑子林融倡义旅。事败，元遣使簿录其党，多连染②。使道宿濠家，濠醉使者而焚其庐，籍悉毁。使者计无所出，乃为更其籍，连染者皆得免。

基幼颖异，其师郑复初谓其父爚曰："君祖德厚，此子必大君之门矣。"元至顺间③，举进士，除高安丞，有廉

---

① 青田：今浙江青田县。 ② 染：本指传染，这里指牵连，受株连。 ③ 至顺：元文宗年号(1330—1333)。

直声。行省辟之①,谢去。起为江浙儒学副提举②,论御史失职,为台臣所阻,再投劾归③。基博通经史,于书无不窥,尤精象纬之学④。西蜀赵天泽论江左人物,首称基,以为诸葛孔明俦也⑤。

方国珍起海上⑥,掠郡县,有司不能制。行省复辟基为元帅府都事。基议筑庆元诸城以逼贼⑦,国珍气沮。及左丞帖里帖木儿招谕国珍,基言方氏兄弟首乱,不诛无以惩后。国珍惧,厚赂基。基不受。国珍乃使人浮海至京,贿用事者。遂诏抚国珍,授以官,而责基擅威福,羁管绍兴,方氏遂愈横。亡何,山寇蜂起,行省复辟基剿捕,与行院判石抹宜孙守处州⑧。经略使李国凤上其功,执政以方氏故抑之,授总管府判,不与兵事。基遂弃官还青田,著《郁离子》以见志⑨。时避方氏者争依基,基稍为部署,寇不敢犯。

---

① 行省:元代中央之下的大行政区,全国分十大行省。 ② 儒学副提举:行省设儒学提举司,副提举为其副长官。 ③ 投劾:官员投呈,弹劾自己,请求去职。 ④ 象纬:日月五星,泛指星象。 ⑤ 俦(chóu 仇):同一类人。 ⑥ 方国珍:黄岩人,1348 年为逃避官府追捕与兄弟多人逃到海上,聚众抢劫。 ⑦ 庆元:在今浙江龙泉市。 ⑧ 处州:州治在今浙江丽水市。 ⑨《郁离子》:书名,以寓言故事表达思想,今存。

及太祖下金华，定括苍，闻基及宋濂等名[1]，以币聘。基未应，总制孙炎再致书固邀之，基始出。既至，陈时务十八策。太祖大喜，筑礼贤馆以处基等，宠礼甚至。

初，太祖以韩林儿称宋后[2]，遥奉之。岁首，中书省设御座行礼，基独不拜，曰："牧竖耳，奉之何为！"因见太祖，陈天命所在。太祖问征取计，基曰："士诚自守虏[3]，不足虑。友谅劫主胁下[4]，名号不正，地据上流，其心无日忘我，宜先图之。陈氏灭，张氏势孤，一举可定。然后北向中原，王业可成也。"太祖大悦曰："先生有至计，勿惜尽言。"会陈友谅陷太平[5]，谋东下，势张甚，诸将或议降，或议奔据钟山，基张目不言。太祖召入内，基奋曰："主降及奔者，可斩也。"太祖曰："先生计安出？"基曰："贼骄矣，待其深入，伏兵邀取之，易耳。天道后举者胜，取威制敌以成王业，在此举矣。"太祖用其策，诱友谅至，大破之，以克敌赏赏基。基辞。友谅兵复陷安庆，太祖欲自将讨之，以问基。基力赞，遂出师攻安庆。自旦及

---

① 宋濂（1310—1381）：金华人，朱元璋心腹谋士，参加制定明朝开国典章制度，后贬官病死。 ② 韩林儿：韩山童之子，山童起义战死，韩林儿被救出，建国号宋。 ③ 士诚：张士诚，反元军首领之一，在江苏、浙北一带。 ④ 友谅：陈友谅，反元军首领之一，在江西、湖广一带。 ⑤ 太平：今安徽当涂。

暮不下，基请径趋江州[1]，捣友谅巢穴，遂悉军西上。友谅出不意，帅妻子奔武昌，江州降。其龙兴守将胡美遣子通款[2]，请勿散其部曲。太祖有难色。基从后踢胡床[3]。太祖悟，许之。美降，江西诸郡皆下。

基丧母，值兵事未敢言，至是请还葬。会苗军反，杀金、处守将胡大海、耿再成等，浙东摇动。基至衢[4]，为守将夏毅谕安诸属邑，复与平章邵荣等谋复处州，乱遂定。国珍素畏基，致书唁。基答书，宣示太祖威德，国珍遂入贡。太祖数以书即家访军国事，基条答悉中机宜。寻赴京，太祖方亲援安丰[5]。基曰："汉、吴伺隙[6]，未可动也。"不听。友谅闻之，乘间围洪都[7]。太祖曰："不听君言，几失计。"遂自将救洪都，与友谅大战鄱阳湖，一日数十接。太祖坐胡床督战，基侍侧，忽跃起大呼，趣太祖更舟。太祖仓卒徙别舸，坐未定，飞炮击旧所御舟立碎。友谅乘高见之，大喜。而太祖舟更进，汉军皆失色。时湖中相持，三日未决，基请移军湖口扼之，以金木相犯日

---

① 江州：今江西九江市。 ② 龙兴：今江西南昌市。通款：讲和，谈判。 ③ 胡床：一种可以折叠的轻便坐具。 ④ 衢：今衢州市。 ⑤ 安丰：治所在今安徽寿县西南。 ⑥ 汉、吴：汉是陈友谅的名号，吴是朱元璋的名号。 ⑦ 洪都：南昌的别称。

决胜①,友谅走死。其后,太祖取士诚,北伐中原,遂成帝业,略如基谋。

吴元年②,以基为太史令,上《戊申大统历》。荧惑守心③,请下诏罪己。大旱,请决滞狱,即命基平反,雨随注。因请立法定制,以止滥杀。太祖方欲刑人,基请其故,太祖语之以梦④。基曰:“此得土得众之象,宜停刑以待。”后三日,海宁降。太祖喜,悉以囚付基纵之。寻拜御史中丞兼太史令。

太祖即皇帝位,基奏立军卫法。初定处州税粮,视宋制亩加五合,惟青田命毋加,曰:“令伯温乡里世世为美谈也。”帝幸汴梁,基与左丞相善长居守⑤。基谓宋、元宽纵失天下,今宜肃纪纲。令御史纠劾无所避,宿卫宦侍有过者,皆启皇太子置之法,人惮其严。中书省都事李彬坐贪纵抵罪,善长素昵之,请缓其狱。基不听,驰奏。报可。方祇雨,即斩之。由是与善长忤。帝归,愬基僇人坛壝下⑥,不敬。诸怨基者亦交谮之。会以旱求

---

① 金木相犯:按五行相生克的关系,吴属金,汉属木。以五行推算在金克木的日子决战,吴可胜汉。 ② 吴元年:朱元璋自称吴王之年,为公元 1367 年。 ③ 荧惑守心:荧惑,火星。心,心宿。火星在心宿的方位,是不祥之兆。 ④ 据《明实录》:太祖梦见三人头上有血,以土傅之。 ⑤ 善长:李善长,朱元璋的辅臣。 ⑥ 壝(wěi 伟):古代围绕祭坛或行宫的矮墙。

言，基奏："士卒物故者，其妻悉处别营，凡数万人，阴气郁结。工匠死，胔骸暴露，吴将吏降者皆编军户，足干和气。"帝纳其言。旬日仍不雨，帝怒。会基有妻丧，遂请告归。时帝方营中都[①]，又锐意灭扩廓[②]。基濒行，奏曰："凤阳虽帝乡，非建都地。王保保未可轻也。"已而定西失利，扩廓竟走沙漠，迄为边患。其冬，帝手诏叙基勋伐，召赴京，赐赉甚厚，追赠基祖、父皆永嘉郡公。累欲进基爵，基固辞不受。

初，太祖以事责丞相李善长，基言："善长勋旧，能调和诸将。"太祖曰："是数欲害君，君乃为之地耶[③]？吾行相君矣。"基顿首曰："是如易柱，须得大木。若束小木为之，且立覆。"及善长罢，帝欲相杨宪。宪素善基，基力言不可，曰："宪有相才无相器。夫宰相者，持心如水，以义理为权衡，而己无与者也，宪则不然。"帝问汪广洋，曰："此褊浅殆甚于宪。"又问胡惟庸，曰："譬之驾，惧其偾辕也[④]。"帝曰："吾之相，诚无逾先生。"基曰："臣疾恶太甚，又不耐繁剧，为之且孤上恩，天下何患无才，惟明主悉心求之，目前诸人诚未见其可也。"后宪、广洋、惟庸皆败。

---

① 中都：在今安徽凤阳。 ② 扩廓：即王保保，元军首领。 ③ 地：余地，这里指开脱。 ④ 偾（fèn 奋）：败坏，破坏。辕：指车，比喻国家大事。

三年，授弘文馆学士。十一月，大封功臣，授基开国翊运守正文臣、资善大夫、上护军，封诚意伯，禄二百四十石。明年，赐归老于乡。

帝尝手书问天象。基条答甚悉而焚其草。大要言霜雪之后，必有阳春，今国威已立，宜少济以宽大。基佐定天下，料事如神，性刚嫉恶，与物多忤。至是还隐山中，惟饮酒弈棋，口不言功。邑令求见不得，微服为野人谒基。基方濯足，令从子引入茆舍，炊黍饭令。令告曰："某青田知县也。"基惊起称民，谢去，终不复见。其韬迹如此，然究为惟庸所中。

初，基言瓯、括间有隙地①，曰谈洋，南抵闽界，为盐盗薮，方氏所由乱，请设巡检司守之，奸民弗便也。会茗洋逃军反②，吏匿不以闻。基令长子琏奏其事，不先白中书省。胡惟庸方以左丞掌省事，挟前憾，使吏讦基，谓谈洋地有王气，基图为墓，民弗与，则请立巡检逐民。帝虽不罪基，然颇为所动，遂夺基禄。基惧入谢，乃留京，不敢归。未几，惟庸相，基大戚曰："使吾言不验，苍生福也。"忧愤疾作。八年三月，帝亲制文赐之，遣使护归。

① 隙地：荒地。瓯：温州，古称东瓯，因地处瓯越东部而得名。括：括苍山。 ② 茗洋：其地在谈洋。谈洋或作"淡洋"，在今浙江青田县南。

抵家，疾笃，以《天文书》授子琏曰："亟上之，毋令后人习也。"又谓次子璟曰："夫为政，宽猛如循环。当今之务，在修德省刑，祈天永命。诸形胜要害之地，宜与京师声势连络。我欲为遗表，惟庸在，无益也。惟庸败后，上必思我，有所问，以是密奏之。"居一月而卒，年六十五。基在京病时，惟庸以医来，饮其药，有物积腹中如拳石。其后中丞涂节首惟庸逆谋，并谓其毒基致死云。

基虬髯，貌修伟，慷慨有大节，论天下安危，义形于色。帝察其至诚，任以心膂。每召基，辄屏人密语移时。基亦自谓不世遇，知无不言。遇急难，勇气奋发，计画立定，人莫能测。暇则敷陈王道，帝每恭己以听，常呼为老先生而不名，曰："吾子房也。"又曰："数以孔子之言导予。"顾帷幄语秘莫能详，而世所传为神奇，多阴阳风角之说①，非其至也。所为文章，气昌而奇，与宋濂并为一代之宗。所著有《覆瓿集》、《犁眉公集》传于世……

正德八年，加赠基太师，谥文成。嘉靖十年，刑部郎中李瑜言，基宜侑享高庙，封世爵，如中山王达。下廷臣议，佥言："高帝收揽贤豪，一时佐命功臣并轨宣猷。而帷幄奇谋，中原大计，往往属基，故在军有子房之称，剖

---

① 阴阳风角：根据阴阳二气和四方四隅的风气的变化、形象来占吉凶的迷信术数。

符发诸葛之喻……基宜侑享太庙，其九世孙瑜宜嗣伯爵，与世袭。”制曰：“可。”……

【翻译】

刘基，字伯温，青田人。曾祖父刘濠，在宋朝作官当翰林掌书。宋朝灭亡后，同县的人林融带头组织义军，起义失败，元朝派来使者用簿册登记林融的同党，牵涉株连了很多人。使者半路借宿刘濠家，刘濠灌醉使者又焚烧了他的房子，簿册全部烧毁。使者想不出办法，于是更换了簿册，牵涉株连的人都得以免害。

刘基幼时聪颖出众，他的老师郑复初对他父亲刘爚说：“您祖上积德很厚，这孩子一定会光大您的家门。”元朝至顺年间，刘基考中进士，授官高安县丞，有清廉正直的名声。行省征召刘基，辞官而去。又举用为江浙儒学副提举，他批评御史失职，被谏官阻止，他再次投呈，弹劾自己，辞官回家。刘基博学精通经书史书，没有不看的书籍，特别精通占星术。西蜀的赵天泽评论长江下游东部的人物，把刘基排在首位，认为刘基是与诸葛孔明同类人物。

方国珍在海上起事，抢掠郡县，官府不能制服。行省又征召刘基为元帅府都事。刘基建议修筑庆元等地的城墙来逼住强盗，方国珍气势沮丧。到了左丞帖里帖木儿招安方国珍时，刘基说方氏兄弟带头作乱，不诛死就不能惩戒以后的人。方国珍害怕了，厚厚地贿赂刘基。刘基不接受。方国珍就派人从海上乘船到京城，贿赂管事的官吏。结果下诏招抚方国珍，授给官职，并斥责刘基擅权作威作福。把刘基约束管制在绍兴，方氏于是更加猖狂。没多久，土匪到处出现，行省又征召刘基剿灭捕杀，与行院判石抹宜孙镇守处州。经略使李国凤向上汇报他们的功劳，京城当权的官员由于方氏的事故意压低刘基的功劳，只授官为总管府判，不准过问军事。刘基于是弃官返回青田，写作《郁离子》，来表明志向。当时躲避方氏的人争着依附刘基，刘基稍加部署安排，强盗不敢来犯。

等到太祖朱元璋攻下金华，平定括苍山，听到刘基和宋濂等人的名声，就用礼物聘请他。刘基没有答应，总制孙炎再三写信坚持邀请刘基，刘基才出来效力。到了太祖这里，陈述关于当时时务的十八条建议。太祖大喜，修建礼贤馆，用来安顿刘基等人，恩宠、礼仪做得十分周到。

当初，太祖因为韩林儿自称是宋王朝的后代，虽自己远在南方还尊奉他。一年之初，中书省摆下御座，让众人向韩林儿行礼，只有刘基一人不下拜，说："不过一个放牛小子，尊奉他干什么？"于是去见太祖，讲明天命所在。太祖询问征讨攻取的计策,刘基说:“张士诚是个自守的家伙,不足担心。陈友谅劫持他们的首领胁迫部下,他的汉王的名号也不正,地盘处于长江上游,他的心里没有一天忘了我们,应该先谋划攻击他。陈氏灭亡后,张氏势力孤单,出兵就可平定。然后向北方中原进兵,帝王大业可以成功。”太祖十分高兴,说:“先生有妙计,不要吝惜,都讲出来。”正巧这时陈友谅攻下太平,计划沿江东下,声势十分嚣张。将领们或提议投降,或建议逃跑去占据钟山,刘基瞪着眼不说话。太祖召他入内,刘基奋然说道:“主张投降和逃跑的人,应该砍头。”太祖说:“先生的计策怎样?”刘基说:“陈氏贼军已经骄傲了,等着他们深入,埋伏兵力拦击打败他们,很容易了。按照天理,后行动者得胜,夺取威势,制服敌人,以成功帝王大业,就在此次行动了。”太祖采用他的计策,引诱陈友谅前来,大破陈军,用克敌制胜的奖赏赏赐刘基。刘基推辞。陈友谅的军队又攻陷了安庆,太祖打算亲自带领部队讨伐他,来询问刘基。刘基极力赞成,于是出兵进攻安庆。从早上到傍晚攻不下安庆,刘基请求派兵直接攻向江州,捣毁陈友谅的巢穴。于是全部军队西上。陈友谅出于意料之外,带着妻妾子女逃到武昌,江州投降。陈友谅守龙兴的大将胡美派儿子来求情,请求不要解散他的私人军队。太祖现出难以同意的脸色。

刘基从后边踢太祖坐的胡床，太祖醒悟，允许了胡美。胡美投降，江西各郡都随之投降。

刘基母亲死了，遇上战事激烈没敢说出来，到这时才请求回家安葬。正值苗军反叛，杀了金华、处州的守将胡大海、耿再成等，浙东震动。刘基来到衢州，替守将夏毅告示安抚各下属县邑，又和平章邵荣等人谋划收复处州，动乱于是平定。方国珍一向害怕刘基，写信来吊唁，刘基回信，宣示太祖的威势德望，方国珍于是来进贡。太祖屡次写信到刘基家征求军政大事，刘基一条条回答全合乎时宜。不久，回到南京，太祖正亲自支援安丰。刘基说："汉陈友谅与吴张士诚正在窥伺机会，不可出动。"太祖不听。陈友谅听说太祖离开南京，乘机包围洪都。太祖说："不听您的话，差点失算。"于是亲自率军救援洪都，与陈友谅大战于鄱阳湖，一天接战数十次。太祖坐着胡床督战，刘基在侧旁侍候，忽然跳起大叫，催促太祖换船。太祖仓促地转移到别的船上，还没坐定，飞炮击中原来乘坐的船，立刻粉碎。陈友谅站在高处看见这个情况，十分高兴。可是太祖的船又再前进，汉军将士都大惊失色。当时两军在湖中相持，三天还未决出胜负。刘基请求转移军队到湖口，扼守要道，到金克木的日子才决战胜负。战后，陈友谅逃跑而死。其后，太祖攻取张士诚，北伐中原，终于完成帝业，大略都像刘基谋划的那样。

吴元年，让刘基当太史令，刘基献上《戊申大统历》。看到火星走到心宿的位置不动，刘基请求太祖下责咎自己的诏令。天大旱，又请求判决积压的案子，太祖就命令刘基平反冤案，大雨随即瓢泼而下。于是请求制定法律制度，用来制止滥杀。太祖正要用刑杀人，刘基请问其原因。太祖告诉他自己做了个梦。刘基说："这个梦是得土得众的象征，应该停止刑杀，等待征验。"之后三天，海宁投降。太祖高兴，把要杀的囚犯全部交给刘基放掉。不久，拜刘基为御史中丞兼太史令。

太祖登上皇帝宝座后，刘基上书请求建立军卫法。开始确定处州的粮税时，照宋代制度每亩增加五合，只有对青田县命令不要增加，说："让刘伯温家乡人世世代代当作美谈。"皇帝到汴梁去，刘基和左丞相李善长留守南京。刘基说宋元二代宽容放纵而丧失了天下，现在应该整肃纪纲。命令御史纠察弹劾不要有所避忌，皇宫值宿人员及宦官侍从有罪过的，都要报告皇太子依法处置，人们都害怕刘基的严厉。中书省都事李彬因贪污放纵治罪，李善长平素亲昵李彬，请求宽缓李彬的案子。刘基不听，驰马上奏，批准同意执行。当时正在设坛求雨，立即斩杀李彬。因此事与李善长不合。皇帝回来，李善长告刘基在求雨的坛下杀人，是不敬天。那些怨恨刘基的人也交相谮毁他。正巧这时因天旱求人进言，刘基上奏：“士卒已战死的，他们的妻子都住在别营里，共有数万人，阴气太盛，凝结在一起。工匠死了，其尸体骸骨暴露在野外。吴将吏投降的，都编为军户。这些都足以侵犯和气。”皇帝采纳了他的意见，但十几天仍不下雨，皇帝生气。正巧这时刘基有妻子的丧事，于是请求告老回乡。这时皇帝正在营建中都，又一心要消灭扩廓。刘基临行，上奏说：“凤阳虽是皇帝的家乡，但不是建都的地方。王保保不可轻视。”过后定西一战失利，扩廓终于逃到沙漠中，一直是边境的祸害。这年冬天，皇帝亲笔诏书表彰刘基的功勋，召刘基赴京，赏赐很丰厚，追赠刘基的祖父和父亲为永嘉郡公。皇帝多次打算晋升刘基的爵位，刘基坚决辞让不接受。

当初，太祖因事斥责丞相李善长。刘基说：“善长是有功的旧臣，能协调和洽诸将。”太祖说：“这人数次打算害你，你还这样为他开脱吗？我将要让你作丞相。”刘基叩头说：“这就像换柱子，必须得到大木。如果捆束小木头当柱子，房屋将立刻倾覆。”到了李善长罢相时，皇帝打算让杨宪当丞相。杨宪一直与刘基相处很好，刘基极力说不可以，说：“杨宪有丞相的才能但没有丞相的器量，宰相这官，持心要像水一样平，用正义真理作为标准，而私心不参与其中。杨宪则不是这样。”皇帝问汪广洋这人怎么样，刘基说："这人狭隘浅薄，恐怕比杨宪还差。"又问胡惟庸可否为相，刘基说："譬如用马驾车，就怕他弄翻了车子。"皇帝说："我要的丞相，实在没有人超过先生。"刘基说："臣痛恨邪恶太过分，又受不了繁忙事务多，要我当丞相将辜负皇上的恩宠。天下之大，还怕没有有才能的人，只有明主尽心寻求，眼前这些人实在看不出他们可以胜任。"后来杨宪、汪广洋、胡惟庸都被诛杀。

三年，授刘基为弘文馆学士。十一月，大封功臣，授刘基为开国翊运守正文臣、资善大夫、上护军、封爵为诚意伯，俸禄为二百四十石。次年，赐准刘基告老还乡。

皇帝曾经写信问天象。刘基一条条回答得很详备，并且把信的草稿烧了。大体的意思是说，霜雪之后，必定有阳春，现在国家的威势已经建立，应稍微用宽大的政策加以补救。刘基辅佐太祖平定天下，料事如神。性子刚烈，嫉恨邪恶，与他人多有触犯。到这时还乡隐居山中，只饮酒弈棋，口头不提功劳。当地县令请求见刘基而不成，换了便衣装成农夫进见刘基。刘基正在洗脚，命令侄子引进茅舍，做米饭招待县令。县令告诉道："我是青田知县。"刘基吃惊起立自称为小民，县令辞谢离去，终不再见人。他隐晦行迹就像这样，但是终究被胡惟庸所害。

当初，刘基说温州和括苍山之间有荒地叫做谈洋，向南直延伸到福建省界，成为盐盗聚集的地方，方国珍兄弟就是据此开始作乱的，请求设立巡检司守备这块荒地。作恶的家伙们不便利用。正巧这时茗洋逃军反叛，官吏隐匿实情不让上司知道。刘基派长子刘琏上奏这件事，不先报告中书省。胡惟庸正以左丞相掌管中书省的事务，挟怀以前的愤恨，使官吏攻击刘基，说：谈洋地方有帝王之气，刘基企图作为墓地，民众不同意，就请求设立巡检司驱赶民众。皇帝虽然不责罪刘基，但很为官吏的说词打动，于是剥夺了刘基的俸禄。刘基害怕，进京谢罪，于是留在京城，不敢归乡。不久，胡惟庸当了丞相，刘基大为忧伤，说："假使我的话不应验，那就是苍生百姓的福分。"忧愤之下发了病。八年三月，皇帝亲自写了文章赐给他，派使者护送回乡。到了家，病情加重，把《天文书》传给儿子刘琏，说："赶快献给皇帝，不要让后人学习。"又对次子刘璟说："处理国政，宽大和严厉就如循环一样。当今要做的在于修习恩德减轻刑罚，求天延长明朝的命数。各形胜要害之地，应与京师在声势上相互连络。我想写个遗书，但胡惟庸在朝，没有用处。等到胡惟庸身败之后，皇上必定想念我，有所询问，把这表秘密奏上去。"住了一个月就死了，年龄六十五。刘基在京城生病时，胡惟庸派医生来，喝了他的药，就有东西积在腹中像拳头般大的石块。后来，中丞涂节告发胡惟庸反叛的阴谋，并说胡惟庸毒害了刘基使他病死的上述情节。

刘基的胡须蜷曲，相貌修长伟岸，为人胸襟开阔，有宏大的气节，议论到天下的安危，义形于色，皇帝明白他极为忠诚，任用做心腹重臣。每次召见刘基，总是要别人走开，秘密谈话很长时间。刘基自己也认为这是世代难有的知遇，因此对皇帝知无不言。遇到危急艰难，刘基总是勇气奋发，谋划立刻拿定，人们不能测知。有空暇就陈述谈论以仁义治天下的道理。皇帝每次都恭敬地听他讲，常常称他作老先生而不直呼刘基的名字，说："这是我的张子房啊。"又说："他多次用孔子的话引导我。"但这些帷幄内的话没有人能详细知道，而世上流传的关于刘基的事都很神奇，大多是阴阳风角之类的说法，这都不是他最高妙的。刘基所写的文章，气势盛大而奇特，和宋濂都是一个时代最杰出的人物。他的著作《覆瓿集》、《犁眉公集》在世间流传……

正德八年，加赠刘基为太师，谥号为文成。嘉靖十年，刑部郎中李瑜建议，刘基应陪享在高皇帝朱元璋的神庙，封其子孙世代袭爵位，像中山王徐达一样。皇上把这个建议下给朝廷大臣讨论，都说："高皇帝收揽贤才豪杰，一时之内辅佐王命的功臣竞相贡献谋略。而在帷幄中策划的奇谋，夺取中原的大计，往往是刘基所出，所以在军中有张子房的称呼，分封功臣时有诸葛孔明的比喻……刘基应该配享在高皇帝的神庙里，他的九世孙刘瑜应承袭他的伯爵爵位，并且世袭。”皇帝下诏书说：“可以。”……

方孝孺传

本篇是明朝文学家方孝孺的传记。他早年师事宋濂，以文章、理学闻名于世，人称“正学先生”。其文风纵横豪放，词气雄迈锋利。他本以文学见长，却“恒以明王道、致太平为己任”。洪武中被推荐擢汉中教授。惠帝即位，他累官翰林侍讲学士，后改文学博士。朝廷议事，常咨询其见解。燕王朱棣率军入南京，取代惠帝，命他起草即位诏书。他穿着丧服哭于殿陛，拒命被杀。朱棣还诛其十族(包括九族和他的学生)，死者达八百七十余人。方孝孺的悲剧，凸显出封建统治阶级内部争夺权利的惨烈程度，同时也说明他盲目愚忠、不识时务的作法不可取。

方孝孺，字希直，一字希古，宁海人①。父克勤，洪武中循吏②，自有传。孝孺幼警敏，双眸炯炯，读书日盈寸，乡人目为"小韩子"。长从宋濂学，濂门下知名士皆出其下。先辈胡翰、苏伯衡亦自谓弗如。孝孺顾末视文艺，恒以明王道、致太平为己任。尝卧病，绝粮。家人以告，笑曰："古人三旬九食，贫岂独我哉。"父克勤坐"空印"事诛③，扶丧归葬，哀动行路。既免丧，复从濂卒业。

洪武十五年，以吴沉、揭枢荐，召见。太祖喜其举止端整，谓皇太子曰："此庄士，当老其才④。"礼遣还。后为仇家所连，逮至京，太祖见其名，释之。二十五年，又以荐召至。太祖曰："今非用孝孺时。"除汉中教授，日与诸生讲学不倦。蜀献王闻其贤，聘为世子师。每见，陈说道德。王尊以殊礼，名其读书之庐曰"正学"。

及惠帝即位⑤，召为翰林侍讲。明年迁侍讲学士，国家大政事辄咨之。帝好读书，每有疑即召使讲解。临朝

① 宁海：县名，今属浙江。 ② 洪武：明太祖朱元璋年号(1368—1398)。循吏：奉职守法的官吏。 ③ 空印事：明初，地方官吏依例每年须前往户部核对钱粮军需等事。由于道远而预带空印文书，部驳即改，变为不成文的制度。后朱元璋疑有欺瞒虚弊，追究穷治，杀主印官数百。 ④ 老其才：让其经受磨炼，使才能臻于老道。 ⑤ 惠帝(1377—?)：即朱允炆，太祖所立皇太孙，洪武三十一年即位。

奏事，臣僚面议可否，或命孝孺就扆前批答衾[1]。时修《太祖实录》及《类要》诸书，孝孺皆为总裁。更定官制，孝孺改文学博士。燕兵起[2]，廷议讨之，诏檄皆出其手。

建文三年[3]，燕兵掠大名。王闻齐、黄已窜[4]，上书请罢盛庸、吴杰、平安兵。孝孺建议曰："燕兵久顿大名，天暑雨，当不战自疲。急令辽东诸将入山海关攻永平[5]，真定诸将渡卢沟捣北平[6]，彼必归救。我以大兵蹑其后，可成擒也。今其奏事适至，宜且与报书，往返逾月，使其将士心懈。我谋定势合，进而蹴之[7]，不难矣。"帝以为然，命孝孺草诏，遣大理寺少卿薛岩驰报燕，尽赦燕罪，使罢兵归藩。又为宣谕数千言授岩，持至燕军中，密散诸将士。比至，岩匿宣谕不敢出，燕王亦不奉诏。

五月，吴杰、平安、盛庸发兵扰燕饷道。燕王复遣指挥武胜上书伸前请。帝将许之。孝孺曰："兵罢，不可复聚，愿毋为所惑。"帝乃诛胜以绝燕。未几，燕兵掠沛县，

---

① 扆（yǐ 椅）：古代的一种屏风。 ② 燕兵起：惠帝定策削藩，燕王朱棣以"清君侧"为由起兵"靖难"。 ③ 建文：明惠帝年号（1399—1402）。 ④ 王：燕王朱棣。齐、黄：兵部尚书齐泰和太常寺卿黄子澄，二人主张削藩。惠帝因讨伐军败而被迫罢免齐、黄，使人致书朱棣，称二人"已窜"。 ⑤ 永平：今河北省卢龙县。 ⑥ 真定：今河北正定县。 ⑦ 蹴（cù 醋）：践踏，引申为消灭。

烧粮艘。时河北师老无功，而德州又馈饷道绝，孝孺深以为忧。以燕世子仁厚，其弟高煦狡谲，有宠于燕王，尝欲夺嫡，谋以计间之，使内乱。乃建议白帝，遣锦衣卫千户张安赍玺书往北平赐世子，世子得书不启封，并安送燕军前，间不得行。

明年五月，燕兵至江北，帝下诏征四方兵。孝孺曰："事急矣。遣人许以割地，稽延数日，东南募兵渐集，北军不长舟楫，决战江上，胜负未可知也。"帝遣庆成郡主往燕军，陈其说。燕王不听。帝命诸将集舟师江上，而陈瑄以战舰降燕，燕兵遂渡江，时六月乙卯也。帝忧惧，或劝帝他幸，图兴复。孝孺力请守京城以待援兵，即事不济，当死社稷。乙丑，金川门启，燕兵入，帝自焚。是日，孝孺被执下狱。

先是，成祖发北平，姚广孝以孝孺为托[①]，曰："城下之日，彼必不降，幸勿杀之。杀孝孺，天下读书种子绝矣。"成祖颔之。至是欲使草诏。召至，悲恸声彻殿陛。成祖降榻劳曰："先生毋自苦，予欲法周公辅成王耳。"孝孺曰："成王安在？"成祖曰："彼自焚死。"孝孺曰："何不立成王之子？"成祖曰："国赖长君。"孝孺曰："何不立成

① 姚广孝（1335—1418）：长洲（今江苏苏州）人，出家为僧，选侍燕王朱棣。与朱棣密谋定策"靖乱"起兵，参决军机。

王之弟？”成祖曰：“此朕家事。”顾左右授笔札，曰：“诏天下，非先生草不可。”孝孺投笔于地，且哭且骂曰：“死即死耳，诏不可草。”成祖怒，命磔诸市①，孝孺慨然就死，作绝命词曰：“天降乱离兮孰知其由，奸臣得计兮谋国用犹②。忠臣发愤兮血泪交流，以此殉君兮抑又何求。呜呼哀哉兮庶不我尤。”时年四十有六。其门人德庆侯廖永忠之孙镛与其弟铭检遗骸瘗聚宝门外山上③。

孝孺有兄孝闻，力学笃行，先孝孺死。弟孝友与孝孺同就戮，亦赋诗一章而死。妻郑及二子中宪、中愈先自经死，二女投秦淮河死。

孝孺工文章，醇深雄迈。每一篇出。海内争相传诵。永乐中④，藏孝孺文者罪至死。门人王稌潜录为《侯城集》，故后得行于世。

仁宗即位，谕礼部：“建文诸臣，已蒙显戮⑤，家属籍在官者，悉宥为民，还其田土。其外亲戍边者，留一人戍所，余放还。”万历十三年三月释坐孝孺谪戍者后裔⑥，浙江、江西、福建、四川、广东凡千三百余人。而孝孺绝无后，惟克勤弟克家有子曰孝复。洪武二十五年尝上书阙

① 磔(zhé 哲)：分裂肢体的酷刑，又名“车裂”。 ② 犹：计谋。 ③ 瘗(yì 义)：埋葬。 ④ 永乐：明成祖朱棣年号(1403—1424)。 ⑤ 显戮：明正典刑，处决示众。 ⑥ 万历：明神宗年号(1573—1620)。

下，请减信国公汤和所加宁海赋，谪戍庆远卫，以军籍获免。孝复子琬，后亦得释为民。世宗时，松江人俞斌自称孝孺后，一时士大夫信之，为纂《归宗录》。既而方氏察其伪，言于官，乃已。神宗初，有诏褒录建文忠臣，建表忠祠于南京，首徐辉祖、次孝孺云。

【翻译】

方孝孺，字希直，另一字希古，宁海县人。父亲方克勤，是洪武年间的一名奉公守法的官吏，在《明史·循吏》中自有传记。方孝孺幼年机敏聪慧，一对眸子炯炯有神，读起书来每天厚达一寸有余，乡亲们把他视为“小韩愈”。成年后跟着宋濂学习，宋濂的门生中的知名文人都不及他。行辈在先的胡翰、苏伯衡也自认不如方孝孺。方孝孺反而轻视文辞写作的学问，常以宣明仁义治天下之道、达到时世太平为己任。他曾因病卧床，家中粮食断绝。仆人将情况向他报告，他笑着说：“古人三十天仅进食九次，贫穷困扰何止我家啊！”父亲方克勤因“空印”事获罪而被处死，他扶持灵柩归乡安葬，哀情感动了行路的人们。丧期既完毕，他再次随宋濂学习，修完了全部学业。

洪武十五年，由于吴沉、揭枢的推荐，朝廷召他进见。太祖皇帝爱他的举止端正庄重，对皇太子说：“这是位庄重严肃的读书人，应当使他的才能经受磨练而达于老成。”对方孝孺以礼相待，遣送回乡。后来，曾被仇家连带举发，逮捕到京，太祖在案卷上看到他的名字，便释放了他。洪武二十五年，又受到推荐被召至朝廷。太祖说：“现在不是任用方孝孺的时候。”授予汉中教授之职，每天给众儒学生员讲学，毫不倦怠。蜀献王朱椿听说方孝孺的贤名，聘请他当世子的教师。他每次见面，就向世子陈说道德。蜀献王以特殊的礼遇表示对他的敬重，把他读书的庐舍命名为“正学”。

到惠帝登上皇位的时候，他被召入朝廷做了翰林院侍讲官。次年升任侍讲学士，国家重大政事往往要咨询他的意见。惠帝喜好读书，每当有疑问就召见他，并让他讲解。惠帝临朝，百官奏事，决定群臣的面议可否施行时，惠帝有时命令方孝孺趋身屏风之前批答文书。当时修撰《太祖实录》以及《类要》诸多典籍，方孝孺都担任总裁。更定职官制度时，方孝孺的官职改为文学博士。燕王朱棣起兵南下，朝廷议定讨伐，诏令、檄文皆出于方孝孺的手笔。

建文三年，燕军攻掠大名府。燕王听到齐泰、黄子澄已经奔窜的消息，上书请求惠帝命盛庸、吴杰、平安诸将停止军事行动。方孝孺建议：“燕军长期驻扎在大名府，天气暑热降雨，他们应该会不战自疲。火速命令辽东诸将进入山海关，进攻永平府，真定府诸将过卢沟桥直捣北平，燕王他一定回军救援。我方以大量军队追随燕王之后，可以取得擒拿他的结局。现在他的奏事文书恰好送到，应暂且给以答复，文书往返时间超出一月，就会使得他的将士心意懈怠。我方商定合击的态势，进而消灭燕军，就不会很费事了。”惠帝表示赞同，命令方孝孺起草诏书，派遣大理寺少卿薛岩乘车马疾行，答复燕王，完全赦免燕王的罪行，让他罢兵回归自己的属地。又写下传布的谕旨数千字交给薛岩，拿到燕军之中，秘密散发给众将士。薛岩到燕军中，他将谕旨藏匿起来，不敢出示给将士们，燕王也没有尊奉诏令。

五月，吴杰、平安、盛庸派遣军队扰乱燕军粮饷运输线。燕王又派遣指挥武胜上书惠帝，申诉以前的请求。惠帝想要应允，方孝孺说：“此时若停止军队作战，以后就难以再次调动集中了，愿皇上不要被燕王所迷惑。”惠帝便杀了武胜来拒绝燕王。不久，燕兵抢掠了沛县，烧毁粮船。这时候，讨伐河北的军队疲乏无功，而德州运送粮饷的道路又被断绝，方孝孺以此深感忧虑。由于燕王的世子朱高炽性情仁厚，他的弟弟朱高煦则狡狯谲诈，又得到燕王的宠爱，曾想夺取世子的地位，方孝孺谋划用计策离间他们，造成他们内部变乱。于是将这一建议禀报惠帝，派遣锦衣卫千户张安携带着有皇帝玺印的书信，前往北平赐予燕世子，世子收到书信没有启封，连同张安一起送往燕王军前，方孝孺的离间计谋无法实行。

第二年五月，燕军到达江北，惠帝下诏征集各地军队。方孝孺说："事情太紧迫了。派人前去以割地向燕王作许诺，拖延几天，东南一带征募的军队会渐渐汇集，北方军队不善于驾舟操楫，决战于江上，胜负还是难见分晓的。"惠帝派遣燕王的堂姐庆成郡主前往燕王军中，陈述割地议和的条件，燕王不听。惠帝命众将调集水军于江上，而陈瑄率战舰投降了燕王，燕军便渡过了长江，时间是六月乙卯日。惠帝忧虑畏惧，有人劝他前往别的地方，图谋复兴。方孝孺坚决请求守卫南京城池以待援军，即使事不成功，也应为社稷而死。乙丑日，金川门大开，燕军入城，惠帝自焚。这一天，方孝孺被捉拿入狱。

当初，明成祖朱棣率军从北平出发时，姚广孝把方孝孺托付给明成祖，说："南京城攻下之日，他一定不投降，希望不要杀他。杀了方孝孺，天下的读书种子就灭绝了。"成祖点头应承。至此，成祖想要方孝孺起草即位诏书。方孝孺被召到朝廷，悲切哀恸的声息响遍大殿的台上台下。成祖走下卧榻慰问他说："先生不要自取忧苦，我的打算只是想要仿效周公辅佐成王的方式。"方孝孺问："周成王在哪里？"成祖答："他自焚而死。"方孝孺又问:“为什么不立成王的儿子?”成祖说:“国家有赖于成年的君王。”方孝孺说:“为什么不立成王的弟弟?”成祖答道:“这是我们朱家的事。”回头示意左右侍者授予方孝孺纸笔,说道:“诏示天下,非得由先生您来起草不可。”方孝孺把笔掷到地上,边哭边骂道:“死就死了罢,诏书我绝不能起草。”成祖发怒,命令将方孝孺车裂于街市。方孝孺慷慨赴死,作绝命之词说道:“上天降下战乱忧患啊,谁知道其中的缘由;奸邪的臣子如了愿啊,求取国柄要弄计谋。忠正的臣子愤怒悲怨啊,血泪淌流;以此血泪为君殉葬啊,或者另有什么企求。呜呼哀哉的悲鸣啊,大概不是我的怨尤。”时年四十六岁。他的门生、德庆侯廖永忠的孙子廖镛与其弟廖铭收拾他的遗骨,掩埋在聚宝门外的山上。

方孝孺有位兄长方孝闻,他致力学问,举止惇厚,先于方孝孺去世。弟弟方孝友与方孝孺一同赴刑场,也赋诗一首而死。妻子郑氏及两个儿子中宪、中愈事先自缢身亡,两个女儿跳进秦淮河溺死。

方孝孺擅长写作文章,文风醇厚深沉、雄劲超脱。他的每一篇作品写出后,全国便争相传诵。永乐年间,收藏方孝孺的文章判罪至死。方孝孺的门生王稌暗地里把他的文章编录成为《侯城集》,因此他的作品后来得以流传于世。

仁宗皇帝即位，吩咐礼部："建文朝众臣，已遭处决示众。其家属，籍没于官府为奴婢的，要全部宽宥为民，发还他们田地。他们家族女系的亲属，流放守边的，只留下一人于戍守之处，其余释放还乡。"万历十三年三月，释放因方孝孺获罪而被贬谪守边者的后裔，浙江、江西、福建、四川、广东共有一千三百多人。然而方孝孺一家死绝，无后代，惟有方克勤之弟方克家有儿子名孝复。洪武二十五年，方孝复曾上书皇帝，请求减损信国公汤和增收的宁海县的赋税，被贬谪戍守庆远卫，因编入军籍，在诛灭方孝孺"十族"时得以免死。方孝复的儿子方琬，后来也获释为民。世宗皇帝时，松江人俞斌自称是方孝孺的后裔，一时士大夫们都相信了他的话，还为此纂成《归宗录》。不久方氏觉察到其中的虚假，告到官府，才了结此事。神宗皇帝初年，有诏旨褒扬、编录建文朝的忠臣，在南京建起表忠祠，被旌表者，徐辉祖为首，其次就是方孝孺。

戚继光传

明代中期，南北边患日益严重。在东南沿海，倭寇猖獗；在北方，蒙古部落时常骚扰河北、辽宁，威胁京城。在保家卫国的战争中，涌现出一位杰出的民族英雄戚继光。

戚继光(1528—1578)，字元敬，号南塘，晚号孟诸，祖籍山东牟平。嘉靖年间，他袭世职，任登州卫指挥佥事，又受推荐为都指挥佥事，在山东御倭。不久，调浙江充参将，他招募三千多名金华、义乌兵，组成戚家军，屡败倭寇。嘉靖四十一年(1562)，他率军往援福建，大破倭寇巢穴，第二年又与巡抚谭纶、总兵官俞大猷等会兵在平海卫大败倭寇，提拔为总兵官。隆庆初年，召为神机营副将，不久，以都督同知总理蓟州、昌平、保定三镇军事，修建城堡、训练军队，有力地打击了入犯之寇，使边塞安宁。在长期的戎马生涯中，他注意总结经验，撰写了《纪效新书》和《练兵纪实》这两部不朽的军事名作。

戚继光，字元敬，世登州卫指挥佥事①。父景通②，历官都指挥③，署大宁都司④，入为神机坐营⑤，有操行。继光幼倜傥负奇气⑥，家贫，好读书，通经史大义。嘉靖中嗣职⑦，用荐擢署都指挥佥事，备倭山东。改佥浙江都司，充参将⑧，分部宁、绍、台三郡。

三十六年⑨，倭犯乐清、瑞安、临海⑩，继光援不及，

① 登州：明洪武九年升为府，治所在今山东蓬莱市。 ② 景通（1472—1544）：戚宁之子，平生勤奋好学，武艺精熟，为人正直。 ③ 都指挥：明代在全国省区及要地设立了十六个都司，都司的主管官为都指挥使，正二品。 ④ 大宁都司：当时的治所在今河北保定市。 ⑤ 神机坐营：戚景通任神机营副将，此营使用火器，随皇帝出征。 ⑥ 倜（tì替）傥（tǎng淌）：洒脱不拘束。 ⑦ 嘉靖：明世宗朱厚熜年号。 ⑧ 参将：次于副总兵的武将，负责分守各路。 ⑨ 三十六年：嘉靖三十六年（1557）。 ⑩ 乐清：今浙江乐清市。瑞安：今浙江瑞安市。临海：今浙江临海市。

以道阻不罪。寻会俞大猷兵①，围汪直余党于岑港②，久不克，坐免官，戴罪办贼。已而倭遁，他倭复焚掠台州。给事中罗嘉宾等劾继光无功，且通番。方按问，旋以平汪直功复官，改守台、金、严三郡③。

继光至浙时，见卫所军不习战④，而金华、义乌俗称慓悍⑤，请召募三千人，教以击刺法⑥，长短兵迭用，由是继光一军特精。又以南方多薮泽⑦，不利驰逐，乃因地形制阵法，审步伐便利，一切战舰、火器、兵械精求而更置之。"戚家军"名闻天下。

四十年⑧，倭大掠桃渚、圻头⑨。继光急趋宁海⑩，扼桃渚，败之龙山⑪，追至雁门岭⑫。贼遁去，乘虚袭台州。

---

① 俞大猷：抗倭名将。字志辅，号虚江，晋江（今福建泉州）人。 ② 汪直：明代海寇。徽州（今安徽歙县）人，勾结倭寇，横行海上，后受诱降，斩于杭州。岑港：在浙江舟山市西北，舟山岛西面。 ③ 台、金、严：即台州府、金华府、严州府，治所分别在今浙江临海市、金华市、建德市。 ④ 卫所：明代在京师和各地设卫所，数府合设一卫，下设千户所和百户所。 ⑤ 义乌：今浙江义乌市。 ⑥ 击刺法：用戈之类的击器和矛之类的刺器作战的方法。 ⑦ 薮（sǒu 叟）泽：湖泽。 ⑧ 四十年：嘉靖四十年（1561）。 ⑨ 桃渚、圻头：地名，都是浙江台州府海边的村子。 ⑩ 宁海：今浙江省宁海县。 ⑪ 龙山：卫所名，在今浙江镇海西的状龙山下。 ⑫ 雁门岭：在今浙江镇海西北六十里。

继光手歼其魁，蹙余贼瓜陵江尽死①，而圻头倭复趋台州，继光邀击之仙居②，道无脱者。先后九战皆捷，俘馘一千有奇③，焚溺死者无算。总兵官卢镗④、参将牛天锡又破贼宁波、温州。浙东平，继光进秩三等。闽、广贼流入江西。总督胡宗宪檄继光援⑤，击破之上坊巢⑥，贼奔建宁。继光还浙江。

明年，倭大举犯福建。自温州来者，合福宁、连江诸倭攻陷寿宁、政和、宁德⑦。自广东南澳来者⑧，合福清、长乐诸倭攻陷玄钟所⑨，延及龙岩、松溪、大田、古田、莆田⑩。是时宁德已屡陷。距城十里有横屿⑪，四面皆水路险隘，贼结大营其中。官军不敢击，相守逾年。其新

① 蹙(cù促)：迫促。 ② 仙居：今浙江省仙居县。 ③ 馘(guó国)：古代战争中以割取敌人左耳计数献功。 ④ 卢镗：汝宁卫(今河南汝南)人，初由世荫任福建都指挥佥事，因抗倭有功，官至都督同知。 ⑤ 胡宗宪：绩溪(今安徽绩溪)人，曾任浙江巡按御史。 ⑥ 上坊：今江西贵溪东南的小镇。 ⑦ 福宁：治所在今福建省霞浦县。连江：今福建连江县。寿宁：今福建寿宁县。政和：今福建政和县。宁德：今福建宁德县。 ⑧ 南澳：今广东省南澳岛。 ⑨ 福清：今福建福清市。长乐：今福建长乐市。玄钟所：在今福建诏安县。 ⑩ 龙岩：今福建龙岩市。松溪：今福建松溪县。大田：今福建大田县。古田：今福建古田县。莆田：今福建莆田市。 ⑪ 横屿：海中的小岛名。

至者营牛田①，而酋长营兴化②，东南互为声援。闽中连告急，宗宪复檄继光剿之。先击横屿贼。人持草一束，填壕进。大破其巢，斩首二千六百。乘胜至福清，捣败牛田贼，覆其巢，余贼走兴化。急追之，夜四鼓抵贼栅，连克六十营，斩首千数百级。平明入城，兴化人始知，牛酒劳不绝。继光乃旋师。抵福清，遇倭自东营澳登陆③，击斩二百人。而刘显亦屡破贼④，闽宿寇几尽⑤，于是继光至福州饮至，勒石平远台⑥。

及继光还浙后，新倭至者日益众，围兴化城匝月⑦，会显遣卒八人赍书城中⑧，衣刺"天兵"二字。贼杀而衣其衣，绐守将得入⑨，夜斩关延贼。副使翁时器、参将毕高走免，通判奚世亮摄府事⑩，遇害，焚掠一空。留两月，破平海卫⑪，据之。初兴化告急，时帝已命俞大猷为福建总兵官，继光副之。及城陷，刘显军少，壁城下不敢击。

---

① 牛田：在福清市东南三十里。② 兴化：明代府名，治所在今莆田市。③ 东营澳：在今福清市境内。④ 刘显：抗倭名将，官至都督同知。⑤ 宿寇：原有的倭寇。⑥ 平远台：在今福州市内的于山。⑦ 匝（zā 扎）：整整。⑧ 赍（jī 基）：送。⑨ 绐（dài 怠）：欺骗。⑩ 奚世亮：黄冈（今湖北黄冈）人。历南京户部主事、延平府同知。守卫兴化城时，身被数创而死。⑪ 平海卫：在今福建莆田市东南海滨。

大猷亦不欲攻，需大军合以困之。四十二年四月①，继光将浙兵至。于是巡抚谭纶令将中军②，显左，大猷右，合攻贼于平海。继光先登，左右军继之，斩级二千二百，还被掠者三千人。纶上功，继光首，显、大猷次之。帝为告谢郊庙③，大行叙赉④，继光先以横屿功，进署都督佥事，及是进都督同知⑤，世荫千户，遂代大猷为总兵官。

明年二月，倭余党复纠新倭万余，围仙游三日⑥，继光击败之城下，又追败之王仓坪⑦，斩首数百级，余多坠崖谷死，存者数千奔据漳浦蔡丕岭⑧。继光分五哨⑨，身持短兵缘崖上，俘斩数百人，余贼遂掠渔舟出海去。久之，倭自浙犯福宁，继光督参将李超等击败之。乘胜追永宁贼，斩馘三百有奇。寻与大猷击走吴平于南澳⑩，遂击平余孽之未下者。

---

① 四十二年：嘉靖四十二年（1563）。 ② 谭纶：宜黄（今江西宜黄）人，曾任台州知府、巡抚福建、总督蓟辽。 ③ 告谢郊庙：到郊外向天地神祇和祖先祭告，感谢他们的保佑。 ④ 叙赉（lài 赖）：按功劳大小确定奖励、赏赐。 ⑤ 都督同知：五军都督府中次于都督的官员。 ⑥ 仙游：今福建省仙游县。 ⑦ 王仓坪：在今福建厦门同安境内。 ⑧ 漳浦：今福建漳浦县。 ⑨ 哨（shào 绍）：明代军队的编制单位。 ⑩ 吴平：福建诏安人。嘉靖四十三年，他挟残倭流窜，次年被戚继光击走远遁。南澳：福建和广东交界的一个小岛，吴平在此岛上修建了土堡。

继光为将号令严，赏罚信，士无敢不用命。与大猷均为名将。操行不如，而果毅过之。大猷老将务持重，继光则飙发电举①，屡摧大寇，名更出大猷上。

隆庆初②，给事中吴时来以蓟门多警③，请召大猷、继光专训边卒。部议独用继光，乃召为神机营副将。会谭纶督师辽、蓟④，乃集步兵三万，征浙兵三千，请专属继光训练。帝可之。二年五月命以都督同知总理蓟州、昌平、保定三镇练兵事，总兵官以下悉受节制。至镇，上疏言：

"蓟门之兵，虽多亦少。其原有七。营军不习戎事，而好末技⑤，壮者役将门，老弱仅充伍，一也。边塞逶迤，绝鲜邮置⑥，使客络绎，日事将引，参游为驿使，营垒皆传舍，二也。寇至，则调遣无法，远道赴期，卒罷马僵，三也。守寨之卒约束不明，行伍不整，四也。临阵马军不用马，而反用步，五也。家丁盛而军心离，六也。乘隙卒不择冲缓⑦，备多力分，七也。七害不除，边备曷修⑧？

---

① 飙(biāo 标)：暴风。 ② 隆庆：明穆宗朱载垕年号。 ③ 蓟门：蓟州镇，镇守东起山海关，西至居庸关及天津以北一带。 ④ 辽：辽东。明置辽蓟总督，管辖顺天、保定、辽东三巡抚。 ⑤ 末技：不以农桑为本的细小技艺。 ⑥ 邮置：传递文书的交通设置。 ⑦ 乘障：乘是攀登，障为障碍。意为攀登障碍。 ⑧ 曷(hé 河)：通"何"，疑问词"怎么"。

“而又有士卒不练之失六，虽练无益之弊四。何谓不练？夫边所藉惟兵，兵所藉惟将。今恩威号令不足服其心，分数形名不足齐其力①，缓急难使，一也。有火器不能用，二也。弃土著不练，三也。诸镇入卫之兵，嫌非统属，漫无纪律，四也。班军民兵数盈四万，人各一心，五也。练兵之要在先练将。今注意武科，多方保举似矣②，但此选将之事，非练将之道，六也。何谓虽练无益？今一营之卒，为炮手者常十也。不知兵法五兵迭用③，当长以卫短，短以救长，一也。三军之士各专其艺，金鼓旗帜④，何所不蓄，今皆置不用，二也。弓矢之力不强于寇，而欲藉以制胜，三也。教练之法，自有正门。美观则不实用，实用则不美观，而今悉无其实，四也。

“臣又闻兵形象水，水因地而制流，兵因地而制胜。蓟之地有三。平原广陌，内地百里以南之形也。半险半易，近边之形也。山谷仄隘⑤，林薄蓊翳⑥，边外之形也。寇入平原，利车战。在近边，利马战。在边外，利步战。三者迭用，乃可制胜。今边民惟习马耳，未娴山战、林

① 形名：名分。齐：整齐。 ② 似：与，给。 ③ 五兵：旧指矛、戟、钺、楯、弓矢五种兵器。此处意为各种兵器。 ④ 金鼓：军中用器。金指金钲，用以传布停止的命令，鼓用以传布发动进攻的命令，执金鼓可以号令三军。 ⑤ 仄（zè 泽去声）：狭窄。⑥ 蓊（wěng 翁上声）：草木茂盛。翳（yì 易）：遮盖。

战、谷战之道也，惟浙兵能之。愿更予臣浙东杀手、炮手各三千①，再募西北壮士，足马军五支，步军十支，专听臣训练，军中所需，随宜取给，臣不胜至愿。”

又言：“臣官为创设，诸将视为缀疣②，臣安从展布。”

章下兵部，言蓟镇既有总兵，又设总理，事权分，诸将多观望，宜召还总兵郭琥③，专任继光。乃命继光为总兵官，镇守蓟州、永平、山海诸处④，而浙兵止弗调。录破吴平功，进右都督。寇入青山口⑤，拒却之。

自嘉靖以来，边墙虽修，墩台未建。继光巡行塞上，议建敌台⑥。略言：“蓟镇边垣，延袤二千里⑦，一瑕则百坚皆瑕⑧。比来岁修岁圮⑨，徒费无益。请跨墙为台，睥睨四达⑩。台高五丈，虚中为三层，台宿百人，铠仗糗粮具备⑪。令戍卒画地受工，先建千二百座。然边卒木强⑫，律以军法将不堪，请募浙人为一军，用倡勇敢。”督

---

① 杀手：精于武器技艺的士卒。 ② 缀疣（zhuì yóu 赘尤）：同“赘瘤”，无用的东西。 ③ 郭琥：明永昌卫（今甘肃）人，字宗器，官至大同总兵。 ④ 永平：府名，治所在今河北卢龙县。山海：卫名，在河北与辽宁接壤处。 ⑤ 青山口：在今河北蓟县东北长城边。 ⑥ 敌台：碉堡。 ⑦ 延袤（mào 冒）：绵延连续。 ⑧ 瑕（xiá 狭）：斑点。 ⑨ 圮（pǐ 痞）：毁。 ⑩ 睥睨（bì nì 币腻）：侧目窥察。 ⑪ 铠：铁甲。仗：刀戟等兵器。糗（qiǔ 求上声）：炒熟的谷物，干粮。 ⑫ 木强（jiāng 将）：质直刚强。

抚上其议，许之，浙兵三千至，陈郊外。天大雨，自朝至日昃①，植立不动。边军大骇，自是始知军令。五年秋②，台功成。精坚雄壮，二千里声势联接。诏予世荫，赉银币。

继光乃议立车营。车一辆用四人推輓③，战则结方阵，而马步军处其中。又制拒马器④，体轻便利，遏寇骑冲突。寇至，火器先发，稍近则步军持拒马器排列而前，间以长枪、筤筅⑤。寇奔，则骑军逐北。又置辎重营随其后⑥，而以南兵为选锋，入卫兵主策应，本镇兵专戍守。节制精明，器械犀利，蓟门军容遂为诸边冠。

当是时，俺答已通贡⑦，宣、大以西⑧，烽火寂然。独小王子后土蛮徙居插汉地⑨，控弦十余万⑩，常为蓟门忧。而朵颜董狐狸及其兄子长昂交通土蛮⑪，时叛时服。

---

① 昃(zè 仄)：日西斜。 ② 五年：隆庆五年(1571)。 ③ 輓："挽"的异体字。 ④ 拒马器：防御骑兵的障碍器。 ⑤ 筤筅(láng xiǎn 郎显)：用大毛竹制成的掩护士兵前进的器具。 ⑥ 辎(zī 资)重：行军时携带的器械、粮草、材料等物资。 ⑦ 俺答：即俺答汗，鞑靼部右翼土默特万户的首领。 ⑧ 宣：宣府镇，在今河北省张家口市。大：大同府，在今山西省大同市。 ⑨ 小王子：鞑靼首领达延汗的子孙。土蛮：明朝人对东蒙古的左翼图们扎萨克图汗的称呼。插汉：蒙古族的插汉儿部。 ⑩ 控弦：拉弓，此代称士兵。 ⑪ 朵颜：蒙古部落之一，当时南移到河北东北部长城外。

万历元年春①，二寇谋入犯。驰喜峰口②，索赏不得，则肆杀掠，猎傍塞，以诱官军。继光掩击，几获狐狸。其夏，复犯桃林③，不得志去。长昂亦犯界岭④，官军斩获多，边吏讽之降⑤，狐狸乃款关请贡。廷议给以岁赏。明年春⑥，长昂复窥诸口不得入⑦，则与狐狸共逼长秃令入寇。继光逐得之以归⑧。长秃者，狐狸之弟，长昂叔父也。于是二寇率部长亲族三百人，叩关请死罪，狐狸服素衣叩头乞赦长秃。继光及总督刘应节等议⑨，遣副将史宸、罗端诣喜峰口受其降。皆罗拜，献还所掠边人，攒刀设誓⑩。乃释长秃，许通贡如故。终继光在镇，二寇不敢犯蓟门。

寻以守边劳，进左都督。已，增建敌台，分所部十二区为三协⑪，协置副将一人，分练士马。炒蛮入犯⑫，汤

---

① 万历元年：公元1573年。 ② 喜峰口：在今河北迁西县和宽城县的长城界上。 ③ 桃林：在今河北迁安市北长城边。 ④ 界岭：在桃林口稍东。 ⑤ 讽（fěng 冯上声）：用委婉的语言暗示。 ⑥ 明年：万历二年。 ⑦ 诸口：长城沿线的界岭口、喜峰口、冷口等关隘。 ⑧ 逐：追逐。 ⑨ 刘应节：字子和，隆庆中以兵部右侍郎总督蓟辽保定军务。 ⑩ 攒（cuán 窜阳平）：凑集，拼凑。 ⑪ 协：明中叶新设立的军队编制单位，清代沿袭。 ⑫ 炒蛮：蒙古泰宁部，其酋长炒花于万历四年掠古北口。

克宽战死[①]，继光被劾，不罪。久之，炒蛮偕妻大嬖只袭掠边卒[②]，官军追破之。土蛮犯辽东，继光急赴，偕辽东军拒退之。继光已加太子太保，录功加少保。

自顺义受封[③]，朝廷以八事课边臣：曰积钱谷、修险隘、练兵马、整器械、开屯田、理盐法、收塞马、散叛党。三岁则遣大臣阅视，而殿最之[④]。继光用是频荫赉。南北名将马芳[⑤]、俞大猷前卒，独继光与辽东李成梁在[⑥]。然蓟门守甚固，敌无由入，尽转而之辽，故成梁擅战功。

自嘉靖庚戌俺答犯京师[⑦]，边防独重蓟。增兵益饷，骚动天下。复置昌平镇[⑧]，设大将，与蓟相唇齿。犹时躏内地，总督王忬、杨选并坐失律诛[⑨]。十七年间，易大将十人，率以罪去。继光在镇十六年，边备修饬，蓟门宴

---

① 汤克宽：抗倭名将。万历初调至蓟镇，追寇出塞，战死。 ② 大嬖只：蒙古部落首领顺义王乞庆哈的弃妾，见《明史》卷二三九。 ③ 顺义受封：指在此之前，俺答汗受封为顺义王事。 ④ 殿最：上等功绩称最，下等功绩称殿。意为评定功绩的先后次序。 ⑤ 马芳：字德馨，曾镇守蓟镇、宣府，多有战功，万历九年卒。 ⑥ 李成梁：时任辽东镇总兵，师出必捷，威震边镇。 ⑦ 嘉靖庚戌：嘉靖二十九年(1550)。 ⑧ 昌平镇：在今北京市昌平区。 ⑨ 王忬：字民应，因战功历官至右都御史，嘉靖三十九年，因得罪严嵩及边事失利，被杀。杨选：字以公，累官蓟辽总督，以功进兵部右侍郎。后坐守备不设律，戮于市。

然。继之者，踵其成法，数十年得无事。亦赖当国大臣徐阶、高拱、张居正先后倚任之。居正尤事与商确，欲为继光难者，辄徙之去。诸督抚大臣如谭纶、刘应节、梁梦龙辈咸与善①，动无掣肘，故继光益发舒。

居正殁半岁，给事中张鼎思言继光不宜于北，当国者遽改之广东。继光悒悒不得志②，强一赴。逾年即谢病。给事中张希皋等复劾之，竟罢归。居三年，御史傅光宅疏荐，反夺俸。继光亦遂卒。

继光更历南北，并著声。在南方战功特盛，北则专主守。所著《纪效新书》、《练兵纪实》③，谈兵者遵用焉。

【翻译】

戚继光，字元敬，世袭登州卫指挥佥事。父亲戚景通，历官都指挥，代职署理大宁都司，调入神机营治事，品行好。戚继光从小洒脱不拘，有突出的抱负。家庭贫寒，喜好读书，通晓儒家经典、历史和社会生活的大道

---

① 谭纶(1520—1577)：字子理，号二华，宜黄(今江西宜黄)人。嘉靖进士，历官至兵部尚书。梁梦龙：字乾吉，嘉靖进士，历官至兵部尚书。 ② 悒(yì 异)：愁闷。 ③《纪效新书》：此书是戚继光在浙江沿海抗击倭寇的经验总结，也是他训练和教育戚家军的教本。《练兵纪实》：此书是戚继光在蓟州镇时训练士兵的书，是一部很实用的军事著作。

理。嘉靖年间继承官职，因被推荐而提升代理都指挥佥事，在山东防御倭寇，改任为浙江都指挥佥事，充任参将，分兵部署在宁波、绍兴、台州三府。

嘉靖三十六年，倭寇侵犯乐清、瑞安、临海，戚继光援救不及时，是由于道路受阻，不加罪责。不久他会合俞大猷的军队，在岑港围剿汪直残余势力，长时间不能取胜，定罪被免官，戴罪办理倭寇事宜。不久，倭寇逃走了，其他的倭寇又焚掠台州府。给事中罗嘉宾等人弹劾戚继光没有功劳，还勾结外国人。刚要审讯他，随即因讨平汪直有功，恢复官职，改为守备台州府、金华府、严州府。

戚继光到浙江时，发现卫所军队不善于作战，而金华、义乌的民众向来矫捷勇猛，请求招募三千人，教给他们用戈矛作战的技术训练，轮流运用长兵器和短兵器，因此，戚继光的一支部队特别精良。又因为南方有许多湖泽，不利于驱车马追逐，于是依照地形，制定军事阵法，从便利行进考虑，所有的战舰、火器、兵械加以精选，重新置备。“戚家军”名闻天下。

嘉靖四十年，倭寇大掠桃渚、圻头。戚继光急忙赶到宁海，扼守桃渚，在龙山打败他们，追到雁门岭。倭寇逃走，便乘空虚袭击台州。戚继光亲手杀掉倭寇首领，逼迫残余的倭寇逃往瓜陵江全部丧生，而圻头的倭寇重新窜到台州，戚继光到仙居拦截歼击，路上没有一个逃脱掉的。先后九次战斗都打胜了，俘获一千多人，烧死淹死的不计其数。总兵官卢镗、参将牛天锡又消灭了宁波、温州的倭寇。浙江东部平定了，戚继光晋升三级。福建、广东的倭寇流散到江西。总督胡宗宪传告戚继光支援，他攻破上坊的据点，倭寇奔往建宁。戚继光回到浙江。

第二年，倭寇大举侵犯福建。从温州来的倭寇，会合福宁、连江的众倭攻陷了寿宁、政和、宁德。从广东南澳来的倭寇会合福清、长乐的众倭寇攻陷了玄钟所，波及龙岩、松溪、大田、古田、莆田。这时，宁德已被屡次攻陷。距县城十里有横屿岛，四周都是水道和险隘，倭寇在里面设有大营。明官军不敢攻击，相持一年多。那些新来的倭寇在牛田建营，而他们的酋长在兴化建营，东南两方互相接应支援。福建频频告急，胡宗宪又传令戚继光剿灭他们。先攻击横屿的倭寇。每人携带一捆儿草，填壕沟前进。大破倭寇的据点，斩杀二千六百人。乘胜到了福清，直捣牛田的倭寇并击败了他们，倾覆了他们的据点，残余的倭寇奔往兴化。戚继光率部急忙追赶他们，夜深四更天抵达倭贼的栅寨，接连攻克六十个营寨，斩杀一千几百人。天大亮的时候入城，兴化居民才知道打了胜仗，杀牛敬酒，慰劳不断。戚继光于是回师。抵达福清，遇到倭寇从东营澳登陆，击杀倭寇二百多人。而刘显也屡次攻破倭寇，滞留福建多年的倭寇几乎消灭干净，于是戚继光到福州饮酒庆贺，在平远台刻石纪功。

待戚继光回到浙江后，到达的新倭寇一天天多起来，包围兴化城整整一个月。适逢刘显派遣八名士兵进城送信，衣服上绣有“天兵”二字。倭贼杀了这八个兵，并且穿上他们的衣服，欺骗守将，混进兴化城，夜晚砍开城门延纳倭寇。副使翁时器、参将毕高逃出而免死，通判奚世亮代理府事，遇害，兴化城被焚烧抢劫一空。倭寇滞留了两个月，攻破平海卫，占据此地。起初，兴化城告急，明世宗当时已经任命了俞大猷为福建总兵官，戚继光任副总兵官。等到城被攻破，反攻的官兵中，刘显的军队人少，在城下建筑营垒，不敢攻击。俞大猷也不准备进攻，等待大军会合以便围困倭寇。嘉靖四十二年四月，戚继光率领浙江军队到达。于是，巡抚谭纶命令戚继光率中军，刘显率左军，俞大猷率右军，在平海围攻倭寇。戚继光打头阵，左右两军随即进攻，斩杀二千二百人，救还被掠去的三千人。谭纶向朝廷报功，戚继光获得首功，刘显、俞大猷其次。明世宗向天地及祖庙告谢，大加奖励和赏赐。戚继光先前因横屿破倭功，升任代理都督佥事，至此又升为都督同知，世代受封千户官职，于是接替俞大猷的总兵官。

第二年二月，残存的倭寇又纠集新到的倭寇上万人，包围仙游县城三天。戚继光在城下击败他们，又追到王仓坪击败他们，斩杀了数百人，残余的倭寇多半掉下山崖摔死，逃脱的数千倭寇逃到漳浦蔡丕岭盘踞。戚继光把军队分成五哨，随身携带短兵器攀上山崖，俘获和斩杀数百人，倭寇残余于是掠夺海船逃到海上去了。过了很久，倭寇从浙江侵犯福宁，戚继光督促参将李超等人击败了他们。乘胜追赶永宁的倭寇，斩杀三百多人。不久与俞大猷在南澳攻击倭寇首领吴平，吴平战败逃走，于是去攻打还未攻下的吴平的残部。

戚继光作为将领，号令严明，赏罚有信，作战中，士卒没有人敢不出死力。他与俞大猷都是名将。戚继光在操守方面不如俞大猷，但比俞大猷果敢刚毅。俞大猷是老将，处事讲求稳重，戚继光办事如暴风闪电般迅猛，屡次击败重要的倭寇，名声更在俞大猷之上。

隆庆初年，给事中吴时来以蓟门多次报警，请求召任俞大猷、戚继光专门训练戍边的士兵。兵部意见只用戚继光，于是把戚继光召回任命为神机营副将。适逢谭纶在辽东、蓟镇总督军队，就集结了三万步兵，招募了三千浙江兵，请让戚继光专门统辖和训练。明穆宗同意了。隆庆二年五月，任命戚继光为都督同知，总理蓟州、昌平、保定三镇的军事训练，总兵官以下的人都受他指挥管理。到了蓟州镇，戚继光上疏说：

“蓟门的军队，看起来人数多，实际是人数少。原因有七个方面。军营的士兵不练习军事，而喜好不是本职的技艺，强壮的人到将门服役，老弱的人仅在军队充数，这是原因之一。边疆设防之处弯弯曲曲、延续不绝，驿递却很少，使臣客人又络绎不断，每天都从事送往迎来的工作，参将和游击将军成了驿使，营垒成了客舍，这是原因之二。敌寇到来，则没办法调兵遣将，军队从远道按时间赶来，士兵毙命，军马僵仆，这是原因之三。守备营塞的士卒没有明确的管理规章，军队不严整，这是原因之四。临到打仗时，骑兵不用马，反而步行，这是原因之五。家丁盛行而军心涣散，这是原因之六。攀登越城堡的士兵不会选择方向和时机，后备多，军力分散，这是原因之七。不消除这七害，怎么能够加强边防。

“而又有士兵不训练的六条过失，虽然训练而没有益处的四条弊端。什么叫不训练？边防所依靠的在于士兵，士兵所依靠的在于将领。现在恩德威望、发号施令都不足以服人心，资历和名分不足以整治军力，宽缓急迫都难调遣，这是一失。有火器而不能用，这是二失。不训练土著百姓，这是三失。各个军镇派到京师拱卫的军队，嫌弃他们不是自己直接统属的，缺乏纪律约束，这是四失。轮番分派到军营的民兵超过四万，各人有各人的心思，这是五失。练兵的关键在先练将，现在注重从科举中选拔武官，经各个方面荐举就给武官之职，然而这是选将之事，不是练将的办法，这是六失。什么是虽然训练了而没有益处呢？现在每营士兵，当炮手的常有十人。不知道作战的规则，各种武器交替使用，拿着长器械是来护卫短器械的，短器械是来救护长器械的，这是一弊。三军士卒各以自己的技艺自专，金鼓旗帜，没有不准备的，现在都搁置一旁而不用，这是二弊。在弓箭方面不比敌寇强，而想靠此取胜，这是三弊。教练的方法，自有正当的途径。美观的东西不实用，实用的东西不美观，而现在全没有实用的东西，这是四弊。

“我又听说军事形势像水一样，水的流向是：依据地势而确定，军事方面要依据地理形势来取胜。蓟州的地形有三种情况。蓟州治所内地百里以南是广阔平坦的原野。邻近蓟州治所边境的地形，一半是险峻的山区，一半是平坦地带。蓟州边境外的地理形势是山谷险峻狭窄，林木密集遮蔽。敌寇进入平原，利于用车战。在边塞附近，利于用骑兵作战。在边塞外面，利于用步兵作战。三种战术交相运用，就可以制敌取胜。现在边镇士卒只知道练习骑马作战，不能熟练地掌握山地作战、树林作战、谷地作战的战术，只有浙江士兵能够掌握这些战术。请求另外给我浙江的职业士兵、炮兵各三千人，再招募西北地区的壮士，充足五支骑兵、十支步兵的人数，专门由我训练，军事中所需要的物品，随时领取发给，这是我最大的愿望。”

又说：“我是朝廷特别设立的官员，众将认为是多余，我怎样才能开展工作？”

奏本转到兵部，兵部说蓟镇既然已有总兵，又设立总理，权力分散，众将多采取观望态度，应当召还总兵郭琥，专任戚继光。于是任命戚继光为总兵官，镇守蓟州、永平、山海关等地方，而浙江兵不调动。又根据攻破倭寇吴平的战功，把戚继光升为右都督。这时敌寇进犯青山口，抗拒并击退了敌寇。

自嘉靖年间以来，虽然修建了边塞城墙，但没有修建高台。戚继光往来视察边塞，建议修建敌台。大致说：“蓟镇的边境垣墙，绵延两千里，一有缺陷则整个坚固的长城都成废物。近年来，每年修，每年垮，白费力役而无益处。请求把毁坏的墙口修筑为台，可观察四方。每台高五丈，中间是空的，有三层，一个台上可住一百人，备足铠甲、器械、干粮。划出地段，命令守兵接受分配的建台任务，先建台一千二百座。然而边卒性格质直刚强，将不能接受军法处治，请求招募浙江人为一军，以他们倡导勇敢。”督抚奏上戚继光的建议，朝廷允许执行，浙江的三千士兵到达，在郊外设阵。天下大雨，从清晨到日西斜，浙兵像树木一样站着不动。边塞军队都很惊骇，这时才知道军令严明。隆庆五年秋天，修台大功告成。精良、坚固、雄伟、壮观，两千里声势相连。下诏赐予世代受荫，奖给银币。

戚继光遂主张设立战车部队。每辆车用四人推拉，临战时集结成方阵，骑兵和步兵处在中间。又制造拒马器，体积小巧便利，用以遏制敌寇骑兵的冲击。敌寇一到，先发火器，与敌寇接近时则以步兵拿着拒马器排列向前，其中也有长枪、筤筅。敌寇逃奔时，由骑兵追击逃军。又安排辎重营跟在后面，而以南方兵为突击队，各镇派来入卫的兵作为策应，本镇兵专门负责戍卫驻守。调度管束，精细明察，器械锐利，蓟镇的军容在所有边镇中号称第一。

就在那时，俺答已经通好纳贡，宣府和大同以西，没有边警。只有小王子的后裔土蛮迁徙居住到插汉部落的牧地，有十几万军队，常常威胁蓟门。而朵颜部的董狐狸和他的侄子长昂与土蛮勾结，时叛时服。万历元年春季，狐狸与长昂图谋内犯，奔到喜峰口，没有得到所索取的赏赐，就大肆杀掠，践踏沿边的塞口，引诱明朝官军。戚继光乘对方不备进行袭击，几乎捉住狐狸。这年夏天，他们又骚扰桃林，没得逞而离去。长昂也骚扰界岭。官军斩杀俘获了许多人，守边官吏劝告他们降服，狐狸就叩关请求纳贡。朝廷的意见是每年给予赏赐。第二年春季，长昂又窥视各个关隘，无法入犯，就与狐狸一起逼迫长秃，要他入犯寇掠。戚继光追捕了长秃，押解回来。长秃，狐狸的弟弟，长昂的叔父。于是狐狸和长昂率领部族首领及亲属三百人，叩关请求处以死罪，狐狸身穿素白丧服叩头，乞求赦免长秃。戚继光与总督刘应节等人商议，派遣副将史宸、罗端到喜峰口接受他们的投降。他们罗列下拜，献还了他们掠去的边塞百姓，整齐地举刀发誓。于是释放了长秃，允许像过去那样通贡。一直到戚继光离开边镇，狐狸与长昂不敢骚扰蓟门。

不久，戚继光因守边功劳，升为左都督。这时，增建敌台，将原有的十二区部众分成三协，每协设置一名副将，分别训练军队。炒蛮内犯，汤克宽战死，戚继光被弹劾，免于罪责。过了一段时间，炒蛮偕同妻子大嬖只侵袭掠夺边塞士卒，官军追逐攻破了他们。土蛮骚扰辽东，戚继光急忙赴援，偕同辽东军队打退他们。戚继光已经加太子太保衔，根据战功又加少保衔。

自从顺义王受封以来，朝廷以八件事考核边臣，这八件事是积蓄钱谷、修建险隘、训练军队、整顿装备、开荒屯田、清理盐法、收买塞上马匹、消散叛党。每三年派遣大臣检阅考察，分别评定功劳大小。戚继光由此连续获得朝廷荫护和赏赐。南北名将马芳、俞大猷先前已死，只有戚继光和辽东总兵李成梁还活着。然而蓟门的防守很坚固，敌寇无法入犯，全都转移到辽东，所以李成梁独据战功。

自从嘉靖二十九年俺答侵犯京师，边防独重视蓟州镇。增兵添饷，举国骚动。又设置昌平镇，任命大将，与蓟镇相互依靠。俺答还时常蹂躏并骚扰内地，总督王忬、杨选都因为防守失利被刑律诛杀。十七年间，调换了十员大将，都因为防守失利的罪过免职。戚继光在边镇十六年，修整边防，蓟门安靖。后继的人按照戚继光既定的方法，使边塞几十年无事端。也多亏了主持国政的大臣徐阶、高拱、张居正先后信任戚继光。尤其是张居正，事事与他商讨，那些想要刁难戚继光的人，就设法调走。众督抚大臣，如谭纶、刘应节、梁梦龙等人都与戚继光相好，有所举动时没人牵制，所以戚继光能发挥自己的才干。

张居正死了半年，给事中张鼎思说戚继光不适宜在北方任职，主持国政的人急忙把他调到广东。戚继光忧郁不得志，勉强赴任一趟，过了一年就托病自请退职。给事中张希皋等人又弹劾他，竟然罢免了他，让他回家。过了三年，御史傅光宅上疏荐举戚继光，反而被削减俸禄。戚继光也就死了。

戚继光经历了南北征战，都有突出的声誉。在南方的战功特别大，在北方则专心致力于防守。他著有《纪效新书》、《练兵纪实》，谈论军事的人都遵从运用。

张居正传

张居正是明代后期杰出的政治家和理财家。他一生经历了嘉靖、隆庆、万历三朝，这正是明朝社会矛盾空前严重的时期，统治集团内部的斗争也日趋尖锐。从张璁、夏言、严嵩、徐阶、高拱到张居正，都是经过激烈的斗争才取得首辅的地位。本篇记述了张居正的生平事迹、为政情况和改革成就，由此我们可以看出，张居正的变法改革，对安定社会，发展生产，起到了一定积极的作用，社会经济有了较快发展。但是，张居正的改革措施遭到顽固势力的拼命反对。在他死后，官僚、豪强立即反攻，实行报复。张居正被抄家，改良措施被废弃。形势急转直下，明朝的统治终于在无可挽回的危机中迅速走上灭亡的道路。

张居正，字叔大，江陵人①。少颖敏绝伦，十五为诸生。巡抚顾璘奇其文，曰："国器也。"未几，居正举于乡，璘解犀带以赠，且曰："君异日当腰玉，犀不足溷子②。"嘉靖二十六年，居正成进士，改庶吉士。日讨求国家典故。徐阶辈皆器重之③。授编修，请急归，亡何还职。

居正为人，颀面秀眉目，须长至腹。勇敢任事，豪杰自许。然沉深有城府，莫能测也。严嵩为首辅，忌阶，善阶者皆避匿。居正自如，嵩亦器居正。迁右中允，领国子司业事。与祭酒高拱善④，相期以相业。寻还理坊事⑤，迁侍裕邸讲读⑥。王甚贤之，邸中中官亦无不善居正者。而李芳数从问书义，颇及天下事。寻迁右谕德兼侍读，进侍讲学士，领院事。

阶代嵩首辅，倾心委居正。世宗崩，阶草遗诏，引与

---

① 江陵：今湖北荆州。 ② 溷：原意为混浊、侮辱，此处意为配称。 ③ 徐阶(1503—1583)：字子升，松江华亭人，历官礼部尚书、建极殿大学士等职，后逐严嵩，任首辅。 ④ 高拱(1512—1578)：字肃卿，新郑人。嘉靖二十年进士，官至大学士。后因劾宦官冯保被逐。 ⑤ 理坊事：担任太子官署的职务。 ⑥ 裕邸：明世宗第三子(后为穆宗)裕王载垕的住所。

共谋。寻迁礼部右侍郎兼翰林院学士。月余，与裕邸故讲官陈以勤俱入阁，而居正为吏部左侍郎兼东阁大学士。寻充《世宗实录》总裁，进礼部尚书兼武英殿大学士，加少保兼太子太保，去学士五品仅岁余。时徐阶以宿老居首辅，与李春芳皆折节礼士①。居正最后入，独引相体②，倨见九卿，无所延纳。间出一语辄中肯，人以是严惮之，重于他相。

高拱以很躁被论去③，徐阶亦去，春芳为首辅。亡何赵贞吉入，易视居正。居正与故所善掌司礼者李芳谋，召用拱，俾领吏部，以扼贞吉，而夺春芳政。拱至，益与居正善。春芳寻引去，以勤亦自引，而贞吉、殷士儋皆为所构罢，独居正与拱在，两人益相密。拱主封俺答④，居正亦赞之，授王崇古等以方略。加柱国、太子太傅。六年满，加少傅、吏部尚书、建极殿大学士。以辽东战功，加太子太师。和市成，加少师，余如故。

初，徐阶既去，令三子事居正谨。而拱衔阶甚⑤，嗾言路追论不已⑥，阶诸子多坐罪。居正从容为拱言，拱稍

---

① 折节：原意为弯折腰肢，此处喻为谦恭待人，屈己下人。 ② 引相体：显示宰相的器识和风度。 ③ 很：同"狠"。④ 俺答(1507—1582)，鞑靼部首领，为元室之后。隆庆四年受封为"顺义王"。 ⑤ 衔：怨恨。 ⑥ 嗾：唆使。

心动。而拱客构居正纳阶子三万金，拱以诮居正①。居正色变，指天誓，辞甚苦。拱谢不审②，两人交遂离。拱又与居正所善中人冯保郄③。穆宗不豫④，居正与保密处分后事，引保为内助，而拱欲去保。神宗即位，保以两宫诏旨逐拱，事具《拱传》，居正遂代拱为首辅。帝御平台⑤，召居正奖谕之，赐金币及绣蟒斗牛服。自是赐赉无虚日。

帝虚己委居正，居正亦慨然以天下为己任，中外想望丰采。居正劝帝遵守祖宗旧制，不必纷更，至讲学、亲贤、爱民、节用皆急务。帝称善。大计廷臣⑥，斥诸不职及附丽拱者。复具诏召群臣廷饬之，百僚皆惕息。帝当尊崇两宫。故事，皇后与天子生母并称皇太后，而徽号有别。保欲媚帝生母李贵妃，风居正以并尊⑦。居正不敢违，议尊皇后曰仁圣皇太后，皇贵妃曰慈圣皇太后，两宫遂无别。慈圣徙乾清宫，抚视帝，内任保，而大柄悉以委居正。

居正为政，以尊主权、课吏职、信赏罚、一号令为主。虽万里外，朝下而夕奉行。黔国公沐朝弼数犯法，当逮，

① 诮：责备。 ② 谢不审：为自己不慎重而道歉。 ③ 中人：即宦官。郄：通“隙”，不和。 ④ 不豫：身体不适，有病。 ⑤ 平台：明代紫禁城内皇帝召见群臣之所。 ⑥ 大计：每三年一次对官吏的考绩。 ⑦ 风：微言劝告，暗示。

朝议难之。居正擢用其子，驰使缚之，不敢动。既至，请贷其死①，锢之南京。漕河通②，居正以岁赋逾春，发水横溢，非决则涸，乃采漕臣议，督艘卒以孟冬月兑运③，及岁初毕发，少罹水患。行之久，太仓粟充盈，可支十年。互市饶马，乃减太仆种马④，而令民以价纳，太仆金亦积四百余万。又为考成法以责吏治⑤。初，部院复奏行抚按勘者，尝稽不报。居正令以大小缓急为限，误者抵罪。自是，一切不敢饰非，政体为肃。南京小奄醉辱给事中⑥，言者请究治。居正谪其尤激者赵参鲁于外以悦保，而徐说保裁抑其党，毋与六部事。其奉使者，时令缇骑阴诇之⑦。其党以是怨居正，而心不附保。

居正以御史在外，往往凌抚臣，痛欲折之。一事小不合，诟责随下，又敕其长加考察。给事中余懋学请行宽大之政。居正以为风己，削其职。御史傅应祯继言之，尤切。下诏狱⑧，杖戍。给事中徐贞明等群拥入狱，视具橐饘⑨，亦逮谪外。御史刘台按辽东，误奏捷。居正

① 贷：宽免。 ② 漕河：运送粮食至京师的水道。 ③ 孟冬：冬季的第一个月，即农历十月。兑运：以军队运送民粮。④ 太仆：官署名，掌管舆马及畜牧之事。 ⑤ 考成法：考核官吏成绩的办法。 ⑥ 小奄：小太监。 ⑦ 缇骑：负责皇帝安全、京师治安的官员。阴诇之：暗中监视他。 ⑧ 诏狱：奉诏令关押犯人的监狱。 ⑨ 橐饘：衣食。

方引故事绳督之，台抗章论居正专恣不法，居正怒甚。帝为下台诏狱，命杖百，远戍。居正阳具疏救之，仅夺其职。已，卒戍台。由是，诸给事御史益畏居正，而心不平。

当是时，太后以帝冲年①，尊礼居正甚至，同列吕调阳莫敢异同。及吏部左侍郎张四维入，恂恂若属吏，不敢以僚自处。

居正喜建竖②，能以智数驭下，人多乐为之尽。俺答款塞③，久不为害。独小王子部众十余万，东北直辽左④，以不获通互市，数入寇。居正用李成梁镇辽，戚继光镇蓟门。成梁力战却敌，功多至封伯，而继光守备甚设。居正皆右之，边境晏然。两广督抚殷正茂、凌云翼等亦数破贼有功。浙江兵民再作乱，用张佳胤往抚即定，故世称居正知人。然持法严。核驿递，省冗官，清庠序⑤，多所澄汰。公卿群吏不得乘传⑥，与商旅无别。郎署以缺少⑦，需次者辄不得补⑧。大邑士子额隘，艰于进取。亦多怨之者。

时承平久，群盗猬起，至入城市劫府库，有司恒讳

---

① 冲年：幼小，明神宗十岁即位。 ② 建竖：提拔中下级官吏。 ③ 款塞：指塞外部族来通好或内附。 ④ 直：到达。 ⑤ 清庠序：整顿学校。 ⑥ 乘传：乘坐驿站的马车。 ⑦ 郎署：朝廷各部衙门内的属官。 ⑧ 需次者：候补官吏。

之，居正严其禁。匿弗举者，虽循吏必黜。得盗即斩决，有司莫敢饰情，盗边海钱米盈数，例皆斩，然往往长系或瘐死。居正独亟斩之，而追捕其家属，盗贼为衰止。而奉行不便者，相率为怨言，居正不恤也。

慈圣太后将还慈宁宫，谕居正谓："我不能视皇帝朝夕，恐不若前者之向学、勤政，有累先帝付托。先生有师保之责，与诸臣异。其为我朝夕纳诲，以辅台德①，用终先帝凭几之谊②。"因赐坐蟒、白金、彩币。未几，丁父忧。帝遣司礼中官慰问，视粥药，止哭，络绎道路，三宫赙赠甚厚。

户部侍郎李幼孜欲媚居正，倡夺情议③，居正惑之。冯保亦固留居正。诸翰林王锡爵、张位、赵志皋、吴中行、赵用贤、习孔教、沈懋学辈皆以为不可，弗听。吏部尚书张瀚以持慰留旨④，被逐去。御史曾士楚、给事中陈三谟等遂交章请留。中行、用贤及员外郎艾穆、主事沈思孝、进士邹元标相继争之。皆坐廷杖，谪斥有差。时彗星从东南方起，长亘天。人情汹汹，指目居正⑤。至悬谤书通衢。帝诏谕群臣，再及者诛无赦，谤乃已。于是

① 台德：我德。 ② 凭几之谊：帝王临终前对大臣的期望和托付。 ③ 夺情：服丧期间朝廷强令出仕。 ④ 持慰留旨：扣住慰问并挽留张居正的圣旨不发。 ⑤ 指目：在旁边议论。

使居正子编修嗣修与司礼太监魏朝驰传往代司丧，礼部主事曹诰治祭，工部主事徐应聘治丧。居正请无造朝，以青衣、素服、角带入阁治政，侍经筵讲读，又请辞岁俸。帝许之。及帝举大婚礼，居正吉服从事。给事中李涞言其非礼，居正怒，出为佥事。时帝顾居正益重，常赐居正札，称“元辅张少师先生”，待以师礼。

居正乞归葬父，帝使尚宝少卿郑钦、锦衣指挥史继书护归，期三月，葬毕即上道。仍命抚按诸臣先期驰赐玺书敦谕。范“帝赉忠良”银印以赐之①，如杨士奇、张孚敬例，得密封言事。戒次辅吕调阳等“有大事毋得专决，驰驿之江陵，听张先生处分”。居正请广内阁员，诏即令居正推。居正因推礼部尚书马自强、吏部右侍郎申时行入阁。自强素迕居正，不自意得之，颇德居正，而时行与四维皆自昵于居正，居正乃安意去。帝及两宫赐赉慰谕有加礼，遣司礼太监张宏供张饯郊外②，百僚班送。所过地，有司饬厨传③，治道路。辽东奏大捷，帝复归功居正。使使驰谕，俾定爵赏。居正为条列以闻。调阳益内惭，坚卧，累疏乞休不出。

居正言母老不能冒炎暑，请俟清凉上道。于是内

---

① 范：铸造。 ② 供张：即供帐。供设帷帐。 ③ 厨传：即驿站。

阁、两都部院寺卿、给事、御史俱上章，请趣居正亟还朝[1]。帝遣锦衣指挥翟汝敬驰传往迎，计日以俟；而令中官护太夫人以秋日由水道行。居正所过，守臣率长跪，抚按大吏越界迎送，身为前驱。道经襄阳，襄王出候，要居正宴。故事，虽公侯谒王执臣礼，居正具宾主而出。过南阳，唐王亦如之。抵郊外，诏遣司礼太监何进宴劳，两宫亦各遣大珰李琦、李用宣谕[2]，赐八宝金钉川扇、御膳、饼果、醪醴，百僚复班迎。入朝，帝慰劳恳笃，予假十日而后入阁，仍赐白金、彩币、宝钞、羊酒，因引见两宫。及秋，魏朝奉居正母行，仪从煊赫，观者如堵。比至，帝与两宫复赐赍加等，慰谕居正母子，几用家人礼。

时帝渐备六宫，太仓银钱多所宣进。居正乃因户部进御览数目陈之，谓每岁入额不敌所出，请帝置坐隅时省览，量入为出，罢节浮费。疏上，留中。帝复令工部铸钱给用，居正以利不胜费止之。言官请停苏、松织造，不听。居正为面请，得损大半。复请停修武英殿工，及裁外戚迁官恩数，帝多曲从之。帝御文华殿，居正侍讲读毕，以给事中所上灾伤疏闻，因请振。复言："上爱民如子，而在外诸司营私背公，剥民罔上，宜痛钳以法。而皇

---

① 趣：催促。 ② 大珰：宦官中居高位者。

上加意撙节①，于宫中一切用度、服御、赏赉、布施，裁省禁止。"帝首肯之，有所蠲贷②。居正以江南贵豪怙势及诸奸猾吏民善逋赋③，选大吏精悍者严行督责。赋以时输，国藏日益充，而豪猾率怨居正。

居正服将除，帝召吏部问期日，敕赐白玉带、大红坐蟒、盘蟒。御平台召对，慰谕久之。使中官张宏引见慈庆、慈宁两宫，皆有恩赉，而慈圣皇太后加赐御膳九品，使宏侍宴。

帝初即位，冯保朝夕视起居，拥护提抱有力，小扞格，即以闻慈圣。慈圣训帝严，每切责之，且曰："使张先生闻，奈何！"于是帝甚惮居正。及帝渐长，心厌之。乾清小珰孙海、客用等导上游戏，皆爱幸。慈圣使保捕海、用。杖而逐之。居正复条其党罪恶，请斥逐，而令司礼及诸内侍自陈，上裁去留。因劝帝戒游宴以重起居，专精神以广圣嗣，节赏赉以省浮费，却珍玩以端好尚，亲万几以明庶政④，勤讲学以资治理。帝迫于太后，不得已，皆报可，而心颇嗛保、居正矣⑤。

帝初政，居正尝纂古治乱事百余条，绘图，以俗语解

① 撙节：节制，节约。 ② 蠲（juān 捐）贷：减免，免除。 ③ 逋赋：拖欠赋税。 ④ 万几：也作"万机"，指帝王日常纷繁的政务。 ⑤ 嗛：怨恨。

之，使帝易晓。至是，复属儒臣纪太祖列圣《宝训》、《实录》分类成书，凡四十：曰创业艰难，曰励精图治，曰勤学，曰敬天，曰法祖，曰保民，曰谨祭祀，曰崇孝敬，曰端好尚，曰慎起居，曰戒游佚，曰正宫闱，曰教储贰①，曰睦宗藩，曰亲贤臣，曰去奸邪，曰纳谏，曰理财，曰守法，曰儆戒②，曰务实，曰正纪纲，曰审官，曰久任，曰重守令，曰驭近习③，曰待外戚，曰重农桑，曰兴教化，曰明赏罚，曰信诏令，曰谨名分，曰裁贡献，曰慎赏赉，曰敦节俭，曰慎刑狱，曰褒功德，曰屏异端，曰饬武备，曰御戎狄。其辞多警切，请以经筵之暇进讲。又请立起居注，纪帝言动与朝内外事，日用翰林官四员入直，应制诗文及备顾问。帝皆优诏报许。

居正自夺情后，益偏恣。其所黜陟，多由爱憎。左右用事之人多通贿赂。冯保客徐爵擢用至锦衣卫指挥同知，署南镇抚。居正三子皆登上第。苍头游七入赀为官④，勋戚文武之臣多与往还，通姻好。七具衣冠报谒⑤，列于士大夫。世以此益恶之。

亡何，居正病。帝频颁敕谕问疾，大出金帛为医药

---

① 储贰：即储君，君主的继承者。 ② 儆戒：戒备。 ③ 近习：君主所接近亲幸的人。 ④ 苍头：奴仆。 ⑤ 谒：名刺，名帖。

资。四阅月不愈[①]，百官并斋醮为祈祷。南都[②]、秦、晋、楚、豫诸大吏，亡不建醮。帝令四维等理阁中细务，大事即家令居正平章[③]。居正始自力，后惫甚不能遍阅，然尚不使四维等参之。及病革[④]，乞归。上复优诏慰留，称“太师张太岳先生”。居正度不起，荐前礼部尚书潘晟及尚书梁梦龙，侍郎余有丁、许国、陈经邦，已，复荐尚书徐学谟、曾省吾、张学颜，侍郎王篆等可大用。帝为黏御屏。晟，冯保所受书者也，强居正荐之。时居正已昏甚，不能自主矣。及卒，帝为辍朝，谕祭九坛，视国公兼师傅者。居正先以六载满，加特进中极殿大学士；以九载满，加赐坐蟒衣，进左柱国，荫一子尚宝丞；以大婚，加岁禄百石，录子锦衣千户为指挥佥事；以十二载满，加太傅；以辽东大捷，进太师，益岁禄二百石，子由指挥佥事进同知。至是，赠上柱国，谥文忠，命四品京卿、锦衣堂上官、司礼太监护丧归葬。于是四维始为政，而与居正所荐引王篆、曾省吾等交恶。

初，帝所幸中官张诚见恶冯保斥于外，帝使密诇保及居正[⑤]。至是，诚复入，悉以两人交结恣横状闻，且谓其宝藏逾天府。帝心动。左右亦浸言保过恶，而四维门

---

① 阅：经历，经过。 ② 南都：即南京。 ③ 平章：商量处理。 ④ 病革：病重。 ⑤ 诇：侦察、刺探。

人御史李植极论徐爵与保挟诈通奸诸罪。帝执保禁中,逮爵诏狱。谪保奉御居南京,尽籍其家金银珠宝巨万计。帝疑居正多蓄,益心艳之。言官劾篆、省吾并劾居正,篆、省吾俱得罪。新进者益务攻居正。诏夺上柱国、太师,再夺谥。居正诸所引用者,斥削殆尽。召还中行、用贤等,迁官有差。刘台赠官,还其产。御史羊可立复追论居正罪,指居正构辽庶人宪㸅狱①。庶人妃因上疏辩冤,且曰:"庶人金宝万计,悉入居正。"帝命司礼张诚及侍郎丘橓偕锦衣指挥、给事中籍居正家。诚等将至,荆州守令先期录人口,锢其门,子女多遁避空室中。比门启,饿死者十余辈。诚等尽发其诸子兄弟藏,得黄金万两,白金十余万两。其长子礼部主事敬修不胜刑,自诬服寄三十万金于省吾、篆及傅作舟等②,寻自缢死。事闻,时行等与六卿大臣合疏,请少缓之;刑部尚书潘季驯疏尤激楚。诏留空宅一所、田十顷,赡其母。而御史丁此吕复追论科场事,谓高启愚以舜、禹命题,为居正策禅受③。尚书杨巍等与相驳。此吕出外,启愚削籍。后言者复攻居正不已。诏尽削居正官秩,夺前所赐玺书、四

---

① 宪㸅:太祖第十五子辽王朱植的后裔,隆庆初年因犯罪被废为庶人。张居正家与之有隙,居正死,朱宪㸅翻案,并籍没张氏家产。 ② 诬服:无辜服罪。 ③ 禅受:逼君主退位以取而代之。

代诰命，以罪状示天下，谓当剖棺戮尸而姑免之。其弟都指挥居易、子编修嗣修，俱发戍烟瘴地。

终万历世，无敢白居正者。熹宗时，廷臣稍稍追述之。而邹元标为都御史，亦称居正。诏复故官，予葬祭。崇祯三年，礼部侍郎罗喻义等讼居正冤。帝令部议，复二荫及诰命。十三年，敬修孙同敞请复武荫，并复敬修官。帝授同敞中书舍人，而下部议敬修事。尚书李日宣等言："故辅居正，受遗辅政，事皇祖者十年。肩劳任怨，举废饬弛，弼成万历初年之治。其时中外乂安①，海内殷阜，纪纲法度莫不修明。功在社稷，日久论定，人益追思。"帝可其奏，复敬修官。

【翻译】

张居正，字叔大，江陵人。年少时聪颖敏捷超过普通人，十五岁时成为县学的生员。巡抚顾璘惊异他的文章，说："这是可以主持国政的人才。"不久，张居正乡试时得中举人，顾璘解下犀带赠送给居正，并且说："君以后当腰缠玉带，犀带不足配你。"嘉靖二十六年，居正考中进士，改为翰林院庶吉士。每天研讨国家典章和掌故。徐阶等人都器重他。又授职编修，因急事请假归

① 乂安：天下太平无事。

乡，不久又回到朝廷任职。

居正的相貌，面孔颀长，眉目秀气，胡须长长的直到腹部。承担工作勇敢无畏，以豪杰自许。但又深沉有城府，没人能测知他的心思。严嵩当首辅时，疑忌徐阶，与徐阶友善的人都躲避藏匿。居正仍像平常一样，严嵩也器重居正。后迁官为右中允，掌管国子司业的职事。与祭酒高拱友善，互相约定要做一番宰相的事业。不久重又担任太子官署的职务，升迁为裕王府邸的讲读。裕王很赏识他，王邸中的宦官也没有不与居正友善的人。而李芳多次随从居正询问经书的义理，较多地谈及天下大事。不久擢升为右谕德兼侍读，晋级为侍讲学士，掌领院事。

徐阶代替严嵩当首辅，竭尽心力任用居正。世宗驾崩，徐阶起草遗诏，叫居正和他一起商议。不久被提拔为礼部右侍郎兼翰林院学士。一个多月后，和裕王府邸的前任讲官陈以勤共同入阁，而居正当了吏部左侍郎兼东阁大学士。不久又担任《世宗实录》的总裁，升任礼部尚书兼武英殿大学士，加衔少保兼太子太保，这时，离当五品学士时仅一年多。当时徐阶以素有名望的老前辈占居首辅的位置，和李春芳都谦恭屈己礼待贤士。居正最后进入内阁，只他一人显示出宰相的器识风度，与九卿相见时态度倨傲，并不引进纳用一个人。偶尔说句话总是正中要害，因此人们敬畏他，在程度上比对其他内阁大学士要厉害些。

高拱因狠心急躁而被弹劾离开了内阁，徐阶也离去，李春芳当了首辅。不久，赵贞吉入阁，轻视居正。居正与素来友善的掌司礼监的李芳谋划，召用高拱，使他掌领吏部，以此来扼制赵贞吉，而剥夺李春芳的大权。高拱进了内阁，更加与居正关系密切。李春芳不久引退离去，陈以勤也自己引退，而赵贞吉、殷士儋都被构陷罪名而罢官，只有居正与高拱在内阁，两人相互关系更密切。高拱主张封俺答，居正也赞成这个主张，向王崇古等人面授计谋。张居正被加封柱国、太子太傅。六年任满之后，又加封少傅、吏部尚书、建极殿大学士等官衔。因辽东的战功，加封太子太师。议和互市成功，加封少师，其余官衔如以前一样。

当初，徐阶离开内阁之后，嘱咐三个儿子奉事居正要恭敬。而高拱怨恨徐阶很深，嗾使谏官追究不止，徐阶的儿子们多获罪被判刑。居正从容地向高拱说情，高拱稍稍有些心动。但高拱的手下人诬告居正接受了徐阶儿子的三万金钱，高拱拿这个罪名责备居正。居正变了脸色，指天发誓，言辞很苦楚。高拱为自己的不慎重向居正道歉，两人的交情于是疏远。高拱又和居正所友善的太监冯保有嫌隙。穆宗生病，居正与冯保秘密处置穆宗的后事,拉拢冯保作为宫内的助手,而高拱打算去掉冯保。神宗即位,冯保以两宫太后的名义下诏赶走高拱,详情具在《高拱传》,居正于是代替高拱当了首辅。皇帝驾临平台,召见居正通告奖励他,赐给金钱礼物和绣蟒的斗牛服。从此接二连三地赏赐,没有空闲的日子。

皇帝谦恭,将大权委任居正,居正也慨然把治理天下作为自己的责任,朝廷内外思慕居正的丰采风范。居正劝皇帝遵守祖宗旧有的制度,不必多加改动,至于进讲儒学、亲近贤士、爱护民众、节省开支都是急迫要做的事。皇帝称赞他的主张很好。全面考核朝廷大臣,斥逐那些不尽职和奉承追随高拱的人。又下诏召集群臣到朝廷整治他们,百官都敬畏不敢出大气。皇帝应当尊崇两宫皇后。按照惯例,皇后和天子的生身母亲都称皇太后,但在徽号上有区别。冯保打算讨好皇帝的生身母亲李贵妃,暗示居正提议使贵妃和皇后同等尊贵。居正不敢违抗,上议尊称皇后为"仁圣皇太后",皇贵妃称为"慈圣皇太后",于是,两宫太后的徽号不再有区别了。慈圣皇太后迁居到乾清宫,抚养看护皇帝,在宫内重用冯保,而朝廷大权全都委托给居正。

居正主持政务,以尊重君主的权威、考课官吏的政绩、赏罚严明无欺、统一发号施令为主。虽在万里之外,早上颁下法令，黄昏就能奉命施行。黔国公沐朝弼屡次犯法，应当逮捕治罪，朝廷大臣商议这事时一直感到为难。居正提拔任用了沐朝弼的儿子，再让使节驰骑赶去逮捕他，他便不敢轻举妄动了。押解到朝廷之后，居正又请求宽免了他的死罪，把他禁锢在南京。漕河开通，居正因为每年的田赋过了春天才启运，这时洪水泛滥充溢运河，不是决口就是干涸没水，于是采纳了漕臣的建议，催督船只和兵卒在孟冬之月运送漕粮，到年初就全部发运完毕，很少遭受水害。这样实行了很久，太仓里的粮食满满当当，可用十年。与鞑靼互相贸易，换来的马匹太多，于是减少太仆寺畜养的种马，而令百姓出价买去，太仆寺里的金钱也积蓄了四百多万。又制定考成法，用来督责官吏的工作。当初，中央各部院在回复上报往还地方巡抚、巡按间的勘核文书时，常常滞留不上报。居正下令按文书内容的大小缓急为限度，过期不报的抵罪。从此之后，所有部门都不敢掩饰过错，政治体制为之肃然。南京有小宦官喝醉了酒侮辱给事中，谏官请求追究治罪。居正贬斥其中最为激奋的赵参鲁到外当差，以此来取悦冯保。而又缓缓地劝说冯保抑制他的党徒的行动，不要过问六部的事务。冯保派出的使节，居正时常命令缇骑暗中监视他们。冯保的党徒因此怨恨居正，而内心不再附从冯保。

居正因御史在地方上，往往凌辱巡抚，而痛恨他们，打算挫挫他们的气焰。一件事稍有点不对，诟骂斥责便随之而下，又命令他们的长官加以考察。给事中余懋学请求施行宽大的政策，居正以为这是讽刺自己，就撤销了他的官职。御史傅应祯接着上书议论这个问题，言辞特别激动。居正把他关进诏狱，施以杖刑之后充军边疆。给事中徐贞明等人成群拥入监狱，探望而供给衣食，也都被捕治罪，贬官到外地。御史刘台按察辽东，超越权限奏报胜利，居正援引惯例绳治督责他，刘台却上书反驳，说张居正专权恣意不合法度，居正气极了。皇帝为居正把刘台关进诏狱，命杖击一百，充军远方。居正表面上呈递奏疏挽救他，请求仅剥夺他的官职。最终还是将刘台充军到边远地区。因此，诸给事中和御史们更加畏惧居正，而内心并不服气。

当时，太后因为皇帝年幼，尊敬礼遇居正非常周到，与居正同列首辅的吕调阳凡事不敢表示不同的意见。等到吏部左侍郎张四维进入内阁，对居正谦恭谨慎得就像下属的官吏一样，不敢以同僚自居。

居正喜欢提拔中下级官吏，能以智谋权术驾驭下级，人们大多乐意为他尽力。俺答已在边塞议和，长期不做危害边疆的事。只有小王子的部落有军兵十几万，其部落东北直达辽东，由于得不到与内地来往贸易，多次入塞侵扰抢劫。居正任用李成梁镇守辽东，戚继光镇守蓟门。李成梁奋力作战打退敌人，功劳很多，以至封为伯爵，而戚继光防守备战十分周密。居正都抬举他们，于是边境地区太平无事。两广督抚殷正茂、凌云翼等人也多次攻破贼寇建有功劳。浙江兵卒与民众再次作乱。任用张佳胤前往安抚，立刻平定。所以世人称张居正了解人才。但居正持法很严。核查驿站和递铺，削减多余的官吏，整顿各级学校，多所清洗。公卿及众官吏不准乘坐驿站的马车，官吏出差到外地与商旅没有差别。朝廷各部门的官吏出现空缺，等待候补的人总不能补上去。大都市儒生的名额很少，很难在仕途上有所作为。这些也增加了一些怨恨他的人。

当时承续太平的时间长久，众多的盗贼纷纷出现，甚至进入城市抢劫仓库。各级官员常隐讳这些事不向上汇报，居正严格规定有关的禁令，隐瞒实情不举报的人，虽是循法守规矩的官吏也必须废黜，捉获盗贼立即斩首处决，没有官吏敢掩饰真情。盗窃边防海防钱粮达到一定数量，依例都要斩首，但是往往长期关押致使有人死在狱中。居正偏偏要立即将他们斩首，并且追捕他们的家属，盗贼因此减少以至几乎绝迹。而对奉行这些规定感到有所不便的人，互相附和着散布怨言，居正并不以此为顾虑。

慈圣太后将要搬回慈宁宫，告谕居正说："我不能早晚照顾皇帝，担心皇帝不能像以前那样用心学习、操劳政务，对先帝的托付有所辜负。先生负有做皇帝师傅的责任，和诸位大臣不同。请为我早晚进纳劝谏、勤加教诲，用来辅助皇帝的德行，以实现先帝临终嘱托的情谊。"于是赐给张居正绣有坐蟒的官服、白金、彩币。不久，张居正父亲死了。皇帝派遣司礼监的太监慰问，照顾他的饭食和服药，劝止哭泣，太监们络绎不绝地往返于路途上，三宫送给张居正的丧事礼品非常优厚。

户部侍郎李幼孜想讨好居正，首先提出夺情的建议。居正对此感到疑虑不定。冯保也坚持挽留居正。各位翰林王锡爵、张位、赵志皋、吴中行、赵用贤、习孔教、沈懋学等人都认为不行，不同意李幼孜的建议。吏部尚书张瀚因此扣住慰问挽留张居正的圣旨不发，被斥逐罢官。于是御史曾士楚、给事中陈三谟等人相继上书请居正留任。吴中行、赵用贤及员外郎艾穆、主事沈思孝、进士邹元标相继争执，不同意居正夺情，都被治罪，受到廷杖的惩罚，贬谪斥逐不等。当时彗星在东南方出现，长长地横贯天空。世人的情绪喧扰不定，私下指责议论张居正，甚至张贴攻击他的书信在大街上。皇帝下诏告谕群臣，再有议论张居正的人诛杀不赦，攻击才停息。于是让居正的儿子翰林编修张嗣修与司礼太监魏朝乘驿马飞驰前往居正家乡代居正主持丧事，礼部主事曹诰主持祭祀，工部主事徐应聘办理丧事。居正请求不上朝，穿着丧服和牛角带进内阁治理政事，侍奉皇帝学习于御前讲席，又请求辞去一年的俸禄。皇帝应允了这些请求。等到皇帝举行大婚典礼时，居正穿着吉服参加并办理事务。给事中李涞说他这样做不合礼制，居正发怒，把李涞贬出朝廷降为佥事。此时皇帝对居正更加尊重，常赐给居正书信，称他为"元辅张少师先生"，以师傅的礼节对待他。

张居正请求回家安葬父亲，神宗派尚宝少卿郑钦、锦衣指挥史继书护送回家，期限三个月，葬事结束就登程返京。还命令巡抚巡按等官在此之前就疾驰前往赐予玺书，催促告谕居正回返。铸造了"帝赉忠良"银印赐给他，依照对待杨士奇、张孚敬的旧例，让他能用密封奏章向皇帝议论政事。告诫次辅吕调阳等："有事不得专断，由驿传急速送达江陵，听凭张先生处理。"张居正请求扩大内阁成员，神宗就下诏让居正推举。张居正于是推举礼部尚书马自强、吏部右侍郎申时行入阁。马自强向来违忤居正，出乎意外而入阁，很感激居正。而申时行和张四维都亲近居正，居正回去很放心。神宗和两宫太后的赏赐和慰谕有超出常规的礼仪，派遣司礼太监张宏在郊外供设帷帐饯别，百官排列送行。所过地方，官吏整顿驿站，修治道路。辽东报告大捷，神宗又归功于居正。派遣使臣速往告谕，使他能确定爵禄赏赐。居正依次排列官吏的奖赏，报告给神宗。吕调阳更加内心惭愧，坚持称病，反复上疏请求辞官，不理事。

张居正称母亲年迈，受不了炎暑，请等到天凉后启程回京。于是，内阁、两都部院寺卿、给事、御史都上疏，请催促居正赶快回京。神宗派遣锦衣指挥翟汝敬驾驿车急速往迎，计日以待；而命令中官护送张居正的母亲在秋季由水道行进。居正所过之地，地方官吏都长久拜跪，抚按大臣越过所管地带迎送，亲自作为向导。途经襄阳，襄王出城迎候，宴请居正。明朝的惯例，即使是公侯谒见藩王时，都得行人臣之礼，张居正只行宾主之礼出城而去。经过南阳，唐王的情况也像这样。张居正到达京城郊外，神宗派遣司礼太监何进赐宴慰劳，两宫太后也各自派遣大太监李琦、李用宣谕，赏赐八宝金钉川扇、御膳、饼果、酒浆、百官又排列相迎。入朝，神宗殷切地慰劳他，准许他休息十天后进内阁办事，还赐予白金、彩币、宝钞、羊酒，接着派人引导居正拜见两宫太后。到了秋季，魏朝侍奉张居正母亲进京，随从仪仗声势浩大，观看的人夹道如同城墙。到了京城，神宗和两宫太后又越级增加赏赐，传谕慰劳居正母子，几乎采用了对待家人一样的礼仪。

当时神宗逐渐备齐了六宫，国家仓库的银钱多被无节制地大量支用。张居正根据户部上报皇帝审查的数字陈述，说每年入不敷出，请神宗放在座案边，经常看一看，根据收入支出削减不必要的开支。疏文奏上，留在宫中。神宗又命令工部铸钱以供给用度，张居正认为铸钱利益不及耗费，加以制止。言官请求停止苏、松织造，神宗不采纳。居正亲自请求神宗，得以减去大半。又请停修武英殿工程以及裁减外戚迁官的恩准数目，神宗多违心地听从。神宗到文华殿，张居正侍奉讲读结束后，将给事中陈上的灾伤奏疏告诉神宗，乘机请求赈济。又如："皇上爱民如子，而在外面的官吏们营私背公，剥削人民，欺骗皇上，应当依法严加约束。皇上要注意节制，对宫中的一切用度、衣服车马、赏赐、布施，裁减禁止。"神宗点头同意，有所减免。张居正以江南贵豪仗势作恶和那些奸狡的吏民善于拖欠赋税，派遣精悍的大臣严加督责。赋税按时缴纳，国库日益充足，而贵豪狡民都怨恨居正。

张居正将要解除服丧，神宗召吏部官员问日期，敕命颁赐白玉带、大红坐蟒服、盘蟒服。前往平台召见张居正谈话，慰问了好久。派中官张宏引居正晋见慈庆、慈宁两宫太后，都有恩赏，而慈圣太后加赐九品御膳，派张宏侍宴。

神宗初即位，冯保朝夕侍奉起居，扶助保护、提挈抚育有功劳。稍有抵触，冯保就告诉慈圣太后。慈圣太后对神宗管束很严，每每痛加责备，并且说："要让张先生知道了，看你怎么办！"于是，神宗很害怕张居正。等到神宗长大了，心里厌烦他。乾清宫小太监孙海、客用等引导神宗嬉笑娱乐，都受到宠幸。慈圣太后派冯保抓捕孙海、客用，杖责后驱赶出宫。张居正又条列他们的罪恶，请斥逐他们，命令司礼太监及那些内侍自陈，由神宗决定他们的去留。乘机劝说神宗戒除游宴而注重起居，精力专一以扩大帝业的后代，节省赏赐以免除不必要的开支，罢却珍玩以端正爱好崇尚，亲理政事以刷新政务，勤奋读书以帮助治理。神宗迫于太后的压力，不得已，都同意了，而心里却颇怨恨冯保、张居正。

神宗初理政事时，张居正曾纂辑古代治世和乱世的史事百余条资料，绘成图，以通俗的语言解释，使神宗容易了解。至此，又嘱托文臣记录太祖以来各位皇帝的《宝训》、《实录》分类成书，共有四十篇，内容是：创业艰难，励精图治，勤学，敬天，效法祖宗，保民，谨祭祀，崇孝敬，端好尚，慎起居，戒游佚，正宫闱，教储君，睦宗藩，亲贤臣，去奸邪，纳谏，理财，守法，儆戒，务实，正纪纲，审官，久任，重守令，驭近习，待外戚，重农桑，兴教化，明赏罚，信诏令，谨名分，裁贡献，慎赏赉，敦节约，慎刑狱，褒功德，屏异端，饬武备，御戎狄。这些内容多是警诫之语，请在开御前讲席时抽空讲解。又请求设立起居注，记录神宗的言谈及行动、朝廷内外的事情，每天由翰林院的官员四人入宫廷值班，根据要求撰写诗文及作为顾问。神宗都特下诏令表示完全同意。

张居正自从夺情后，更加偏执放肆。他所罢免升迁的人，都根据他的爱憎而定。身边管事的人大多在交往中获取贿赂。冯保的门客徐爵被提拔至锦衣卫指挥同知，代理南衙禁军镇抚。居正的三个儿子都在科举中取为上等。奴仆游七出钱得官，勋戚和文武大臣多与游七交结，通婚通好。游七穿着官服通报名帖，与士大夫同列。世人因此更加厌恶张居正。

不久，张居正生病。神宗频频颁敕慰问他的病情，花了许多金帛作为医药费用。经过四个月不见好转，百官全都请僧道设坛为他祈祷。南京、秦、晋、楚、豫的大臣们，没有不设坛祈祷的。神宗命令张四维等处理内阁中的小事，大事就到居正家中让他商量处理。居正开始能独立处理，后来病得不能全部阅读文书，但还不让张四维等参与处理。等到病重，请求回籍。神宗又特别下诏慰问挽留，称“太师张太岳先生”。张居正考虑自己的病情不会好，推荐前礼部尚书潘晟和尚书梁梦龙、侍郎余有丁、许国、陈经邦，接着，又推荐尚书徐学谟、曾省吾、张学颜，侍郎王篆等人可以重用。神宗把名单贴在御屏上。潘晟是冯保的老师，冯保强迫居正推荐他。当时张居正已经严重昏迷，不能自作主张了。等到居正死了，神宗为他罢朝，谕令以九坛祭奠，比照国公兼师傅的规格。张居正先前以任职满六年，加官特进中极殿大学士；以任职满九年，加赐坐、蟒衣，升为左柱国，荫封一子为尚宝丞；以皇帝大婚，每年俸禄加为百石，录用任锦衣千户的儿子为指挥佥事；以任职满十二年，加衔太傅；以辽东大捷，晋升太师，每年俸禄增加二百石，儿子由指挥佥事升为同知。至此，赠张居正为上柱国，谥号文忠，命令四品京官、锦衣卫的长官、司礼太监护送灵柩回籍安葬。于是，张四维开始理政，而与张居正荐举的王篆、曾省吾等人互相怀恨在心。

当初，神宗所宠幸的太监张诚得罪了冯保，而被排斥到宫外，神宗派他秘密侦探冯保及张居正。至此，张诚又入宫，将张居正与冯保两人勾结专横的情况都报告了神宗，并且说他们收藏的珍宝超过了宫廷库存。神宗的思想产生动摇。身边的人也渐渐说冯保的罪恶，而张四维的门人御史李植激烈地陈述徐爵与冯保心怀诡诈勾结作恶等罪状。神宗在宫中逮捕冯保，逮捕徐爵关押在诏狱。贬冯保为奉御，到南京去住，查抄他家里数以万计的金银财宝。神宗怀疑张居正有许多积蓄，心中更为羡慕。言官弹劾王篆、曾省吾并弹劾张居正，王篆、曾省吾都获罪。新任事的官吏更加致力于攻击张居正。神宗下诏免去张居正的上柱国、太师衔，又下诏免去谥号。居正引荐的人，几乎全被斥逐削职。召还吴中行、赵用贤等人，分别予以升官。刘台赠给官职，归还他的家产。御史羊可立又追究张居正的罪责，指出张居正制造了辽庶人朱宪㸅的冤案。庶人的妃子于是上疏辩白冤屈，说："庶人的金宝以万计，都被张居正掠去。"神宗命令司礼监张诚和侍郎丘橓偕同锦衣指挥、给事中抄没张居正家。张诚等人将到江陵，荆州的守臣先到张家清查登记人口，封闭张宅大门，子女多躲避到空屋里。等到打开宅门，家中有十多人饿死。张诚等彻底搜查张居正诸子、兄弟的私藏，得到黄金万两，白银十余万两。居正的长子礼部主事张敬修忍受不了刑讯逼供，无辜服罪，自供有三十万金存放在曾省吾、王篆和傅作舟等处，接着就自杀了。事情上报朝廷后，申时行等人与六卿大臣一同上疏，请从缓处理；刑部尚书潘季驯上疏尤为激切。神宗下诏留空宅一所、田十顷赡养居正的母亲。御史丁此吕又追论科场事，说高启愚以舜和禹的故事命题，为张居正策划逼君退位而取代之。尚书杨巍等人反驳了丁此吕。此吕出任外官，启愚从官籍中除名。后来发难的人仍不断地攻击张居正。神宗下诏完全削除居正的官衔，夺去以前颁赐的玺书和四代诰命，将罪状向天下人公布，说本当剖棺戮尸，姑且免之。居正的弟弟都指挥张居易、儿子翰林院编修张嗣修，都发配到烟瘴地带戍守。

整个万历一朝，没有人敢称道张居正的。熹宗时，朝廷臣僚才逐渐追述起张居正的功劳。而邹元标任都御史，也称道张居正。熹宗下诏恢复居正的原官，给予祭葬。崇祯三年，礼部侍郎罗喻义等为居正讼冤。思宗命令部里议论，恢复了二荫和诰命。十三年，张敬修的孙子张同敞请复武荫，并恢复敬修的官职。思宗授予同敞中书舍人，而下达部里讨论敬修复官的事情。尚书李日宣等说："已故辅臣张居正受遗诏辅政。事奉皇祖十年，任劳任怨，复兴整顿废弛的朝政，辅弼成就了万历初年之治。当时中外太平，国家殷富，纲纪法度无不整肃清明。有功于国家，时间长久可以做结论、定论，人们更加追念他。"思宗同意他的奏疏，恢复了敬修的官职。

海 瑞 传

海瑞是中国历史上著名的“清官”之一。他具有一般“清官”的特征，即政治上忠君，恪守封建法令、条例和封建道德；经济上不贪婪，为人处事，皆以清廉刚正为准则。如果说在封建社会里也曾有一些官吏在上述的某一方面，表现得清正廉洁，具备“清官”的某一特征的话，那么，通过本篇的记载，可以看出，海瑞是比较全面的在政治、经济、伦理道德诸方面有着突出的表现和作为，从而构成了海瑞与众清官不同的独特之处。四百多年来，海瑞的名字代代传颂，其原因也在于此。

当然，应该指出，海瑞的作为虽曾诱发百姓

的美好愿望，但并未也不可能把这种美好愿望变成现实，这是由海瑞的阶级属性和封建社会制度所决定的。

海瑞，字汝贤，琼山人①。举乡试。入都，即伏阙上《平黎策》，欲开道置县，以靖乡土。识者壮之。署南平教谕②。御史诣学宫，属吏咸伏谒，瑞独长揖，曰："台谒当以属礼，此堂，师长教士地，不当屈。"迁淳安知县③。布袍脱粟，令老仆艺蔬自给。总督胡宗宪尝语人曰："昨闻海令为母寿，市肉二斤矣。"宗宪子过淳安，怒驿吏，倒悬之。瑞曰："曩胡公按部，令所过毋供张。今其行装盛，必非胡公子。"发橐金数千，纳之库，驰告宗宪，宗宪无以罪。都御史鄢懋卿行部过，供具甚薄，抗言邑小不足容车马。懋卿恚甚。然素闻瑞名，为敛威去，而属巡盐御史袁淳论瑞及慈溪知县霍与瑕。与瑕，尚书韬子，亦抗直不谄懋卿者也。时瑞已擢嘉兴通判④，坐谪兴国州判官⑤。久之，陆光祖为文选⑥，擢瑞户部主事。

---

① 琼山：在今海南省东北部，南渡河下游。 ② 南平：福建延平府南平县。教谕：县学的最高官吏。 ③ 淳安：浙江严州府淳安县。 ④ 嘉兴通判：嘉兴府通判，嘉兴府属浙江布政司。 ⑤ 兴国州：江西赣州府兴国县。 ⑥ 文选：吏部文选清吏司的简称。

时世宗享国日久，不视朝，深居西苑，专意斋醮。督抚大吏争上符瑞，礼官辄表贺。廷臣自杨最、杨爵得罪后，无敢言时政者。四十五年二月，瑞独上疏曰[1]：

臣闻君者，天下臣民万物之主也，其任至重。欲称其任，亦惟以责寄臣工，使尽言而已。臣请披沥肝胆。为陛下陈之。

昔汉文帝贤主也，贾谊犹痛哭流涕而言[2]。非苛责也，以文帝性仁而近柔，虽有及民之美，将不免于怠废，此谊所大虑也。陛下天资英断，过汉文远甚。然文帝能充其仁恕之性，节用爱人，使天下贯朽粟陈，几致刑措。陛下则锐精未久，妄念牵之而去，反刚明之质而误用之。至谓遐举可得，一意修真，竭民脂膏，滥兴土木，二十余年不视朝，法纪弛矣。数年推广事例，名器滥矣。二王不相见，人以为薄于父子。以猜疑诽谤戮辱臣下，人以为薄于君臣。乐西苑而不返，人以为薄于夫妇。吏贪官横，民不聊生，水旱无时，盗贼滋炽。陛下试思今日天下，为何如乎？

---

① 后人所说的“海瑞骂皇帝”，就是指的这篇《治安疏》。

② 贾谊（前200—前168）：西汉著名思想家、文学家。汉文帝前元六年（前174）冬十月，贾谊上《陈政事疏》，论治安之策。

迩者严嵩罢相[①]，世蕃极刑，一时差快人意。然嵩罢之后犹嵩未相之前而已，世非甚清明也，不及汉文帝远甚。盖天下之人不直陛下久矣。古者人君有过，赖臣工匡弼。今乃修斋建醮，相率进香，仙桃天药，同辞表贺。建宫筑室，则将作竭力经营[②]；购香市宝，则度支差求四出[③]。陛下误举之，而诸臣误顺之，无一人肯为陛下正言者，谀之甚也。然媿心馁气，退有后言，欺君之罪何如！

夫天下者，陛下之家。人未有不顾其家者，内外臣工皆所以奠陛下之家而磐石之者也。一意修真，是陛下之心惑。过于苛断，是陛下之情偏。而谓陛下不顾其家，人情乎？诸臣徇私废公，得一官多以欺败，多以不事事败，实有不足当陛下意者。其不然者，君心臣心偶不相值也。而遂谓陛下厌薄臣工，是以拒谏。执一二之不当，疑千百之皆然，陷陛下于过举，而恬不知怪，诸臣之罪大矣。《记》曰“上人疑则百姓惑，下难知则君长劳”，此之谓也。

---

① 迩(ěr 尔)：近来。严嵩(1480—1569)：明朝权臣，在内阁凡二十一年，以子严世蕃等人为爪牙，专擅国事，使国家几不能支，后明世宗下令诛杀其子严世蕃，他亦致仕归，居家二年卒。 ② 将作：将作司。明代中期后改称营缮所，隶工部。 ③ 度支：户部。

且陛下之误多矣，其大端在于斋醮。斋醮所以求长生也。自古圣贤垂训，修身立命曰“顺受其正”矣，未闻有所谓长生之说。尧、舜、禹、汤、文、武圣之盛也，未能久世。下之亦未见方外士自汉、唐、宋至今存者。陛下受术于陶仲文，以师称之。仲文则既死矣，彼不长生，而陛下何独求之？至于仙桃天药，怪妄尤甚。昔宋真宗得天书于乾祐山，孙奭曰①“天何言哉？岂有书也”。桃必采而后得，药必制而后成。今无故获此二物，是有足而行耶？曰“天赐者”，有手执而付之耶？此左右奸人，造为妄诞以欺陛下，而陛下误信之，以为实然，过矣。

陛下又将谓悬刑赏以督责臣下，则分理有人，天下无不可治，而修真为无害已乎？太甲曰：“有言逆于汝心，必求诸道；有言逊于汝志，必求诸非道。”用人而必欲其唯言莫违，此陛下之计左也。既观严嵩，有一不顺陛下者乎？昔为同心，今为戮首矣。梁材守道守官，陛下以为逆者也，历任有声，官户部者至今首称之。然诸臣宁为嵩之顺，不为材之逆，得非有以窥陛下之微，而潜为趋避乎？即陛下亦何

① 孙奭（962—1033）：宋博州博平人，字宗古，历任兵部侍郎、龙图阁学士等职。

利于是。

陛下诚知斋醮无益，一旦翻然悔悟，日御正朝，与宰相、侍从、言官讲求天下利害，洗数十年之积误，置身于尧、舜、禹、汤、文、武之间，使诸臣亦得自洗数十年阿君之耻，置其身于皋、夔、伊、傅之列①，天下何忧不治，万事何忧不理。此在陛下一振作间而已。释此不为，而切切于轻举度世，敝精劳神，以求之于系风捕影，茫然不可知之域，臣见劳苦终身，而终于无所成也。今大臣持禄而好谀，小臣畏罪而结舌，臣不胜愤恨。是以冒死，愿尽区区，惟陛下垂听焉。

帝得疏，大怒，抵之地，顾左右曰："趣执之，无使得遁。"宦官黄锦在侧曰："此人素有痴名。闻其上疏时，自知触忤当死，市一棺，诀妻子，待罪入朝，僮仆亦奔散无留者，是不遁也。"帝默然。少顷复取读之，日再三，为感动太息，留中者数月。尝曰："此人可方比干②，第朕非纣耳。"会帝有疾，烦懑不乐，召阁臣徐阶议内禅③，因曰：

---

① 皋：即皋陶，曾被禹选为继承人。夔：尧、舜时的乐官。伊：即伊尹，商初大臣。傅：即傅说，商王武丁大臣，以上数人历史上说他们治国有方。 ② 比干：商代大臣，以规劝纣王闻名，为后世忠谏之臣的楷模。 ③ 内禅：帝王让位给内定的继承人。

"海瑞言俱是。朕今病久,安能视事。"又曰:"朕不自谨惜,致此疾困。使朕能出御便殿,岂受此人诟詈耶?"遂逮瑞下诏狱①,究主使者。寻移刑部,论死。狱上,仍留中。户部司务何以尚者,揣帝无杀瑞意,疏请释之。帝怒,命锦衣卫杖之百,锢诏狱,昼夜搒讯。越二月,帝崩,穆宗立,两人并获释。

帝初崩,外庭多未知。提牢主事闻状,以瑞且见用,设酒馔款之。瑞自疑当赴西市,恣饮啖,不顾。主事因附耳语:"宫车适晏驾,先生今即出大用矣。"瑞曰:"信然乎?"即大恸,尽呕出所饮食,陨绝于地,终夜哭不绝声。既释,复故官。俄改兵部。擢尚宝丞②,调大理③。

隆庆元年,徐阶为御史齐康所劾,瑞言:"阶事先帝,无能救于神仙土木之误,畏威保位,诚亦有之。然自执政以来,忧勤国事,休休有容,有足多者。康乃甘心鹰犬,搏噬善类,其罪又浮于高拱。"人韪其言。

历两京左、右通政④。三年夏,以右佥都御史巡抚应

---

① 诏狱:奉诏令关押犯人的监狱。 ② 尚宝丞:尚宝司司丞,为正六品官员,掌皇帝玺印。 ③ 大理:即大理寺。此时海瑞调任大理寺右寺丞,为正五品官员。 ④ 两京左、右通政:应为南京通政司右通政,提督誊黄通政司右通政。

天十府①。属吏惮其威，墨者多自免去。有势家朱丹其门，闻瑞至，黝之②。中人监织造者，为减舆从。瑞锐意兴革，请浚吴淞、白茆，通流入海，民赖其利。素疾大户兼并，力摧豪强，抚穷弱。贫民田入富室者，率夺还之。徐阶罢相里居。按问其家无少贷。下令飙发凌厉，所司惴惴奉行，豪有力者至窜他郡以避。而奸民多乘机告讦，故家大姓时有被诬负屈者。又裁节邮传冗费。士大夫出其境，率不得供顿，由是怨颇兴。都给事中舒化劾瑞迂滞不达政体，宜以南京清秩处之，帝犹优诏奖瑞。已而给事中戴凤翔劾瑞庇奸民，鱼肉缙绅，沽名乱政，遂改督南京粮储。瑞抚吴甫半岁。小民闻当去，号泣载道，家绘像祀之。将履新任，会高拱掌吏部，素衔瑞，并其职于南京户部，瑞遂谢病归。

万历初，张居正当国，亦不乐瑞，令巡按御史廉察之。御史至山中视，瑞设鸡黍相对食，居舍萧然，御史叹息去。居正惮瑞峭直，中外交荐，卒不召。十二年冬，居正已卒，吏部拟用左通政。帝雅重瑞名，畀以前职③。明年正月，召为南京右佥都御史，道改南京吏部右侍郎，瑞

---

① 巡抚应天：全称为总理粮储，提督军务，巡抚应天等府，兼理杭、嘉、湖三府税粮。 ② 黝（yǒu 友）：黑。意为涂成黑色。 ③ 畀（bì）：给，给予。

年已七十二矣。疏言衰老垂死，愿比古人尸谏之义，大略谓："陛下励精图治，而治化不臻者，贪吏之刑轻也。诸臣莫能言其故，反借待士有礼之说，交口而文其非。夫待士有礼，而民何辜哉？"因举太祖法剥皮囊草及洪武三十年定律枉法八十贯论绞，谓今当用此惩贪。其他规切时政，语极剀切。独劝帝虐刑，时议以为非。御史梅鹍祚劾之。帝虽以瑞言为过，然察其忠诚，为夺鹍祚俸。

帝屡欲召用瑞，执政阴沮之，乃以为南京右都御史。诸司素偷惰，瑞以身矫之。有御史偶陈戏乐，欲遵太祖法予之杖。百司惴恐，多患苦之。提学御史房寰恐见纠擿欲先发，给事中钟宇淳复怂恿，寰再上疏丑诋。瑞亦屡疏乞休，慰留不允。十五年，卒官。

瑞无子。卒时，佥都御史王用汲入视，葛帏敝籯，有寒士所不堪者。因泣下，醵金为敛。小民罢市。丧出江上，白衣冠送者夹岸，酹而哭者百里不绝。赠太子太保，谥忠介。

瑞生平为学，以刚为主，因自号刚峰，天下称刚峰先生。尝言："欲天下治安，必行井田。不得已而限田，又不得已而均税，尚可存古人遗意。"故自为县以至巡抚，所至力行清丈，颁一条鞭法。意主于利民，而行事不能无偏云。

【翻译】

海瑞，字汝贤，海南岛琼山县人。三十六岁时参加乡试，成为举人。进京后，即拜伏于宫阙下，呈上《平黎策》，打算建置道和县，来安定汉黎杂居的家乡之地。有见识的人都认为海瑞上《平黎策》是个壮举。海瑞被任命代理南平县学教谕。御史视察学堂，属下官员都向御史行跪拜谒见之礼，只有海瑞一人独自作长揖，他说："如果在官署拜见，当以属官礼仪。这里是老师教学生的地方，不当行跪拜礼。"海瑞升任淳安县知县，他穿布袍，吃糙米，令老仆种菜自给。总督胡宗宪曾对人说："以前听说海县令为其母祝寿，只买二斤肉啊。"胡宗宪的儿子路过淳安，他因不满食宿而对驿站官吏发怒，就把驿站官吏倒吊了起来惩罚。海瑞知道后说："以前胡宗宪公巡察辖区，命令经过的地方不要供设帷帐铺张浪费。如今这个人行装丰盛华美，一定不是胡公子。"从他的行李袋中搜出了一千多两银子，交纳到官库中，并把这件事情迅速报告了胡宗宪，胡宗宪没有归罪海瑞。都御史鄢懋卿巡视地方，路过淳安，海瑞摆设酒食器具十分俭约，对面交谈时，称本地方小不能容纳鄢氏庞大的车马。鄢懋卿非常恼恨。但是鄢氏素闻海瑞的名声，为此便收敛威风而离去，而鄢氏的属吏巡盐御史袁淳奏劾了海瑞和慈溪知县霍与瑕。霍与瑕是已故尚书霍韬之子，也是耿直不阿谀鄙懋卿的人。这时海瑞已提拔为嘉兴通判，因此事而降调为兴国州判官。过了一段时间，陆光祖为吏部文选清吏司郎中，他提升海瑞为户部主事。

这时明世宗朱厚熜登位已多年了，但他久不上朝视事，深居皇城西苑，专心设坛祭祷，以求长生。总督巡抚大臣争相进献各种祥瑞征兆，礼部官员往往就此上表祝贺。朝廷大臣自杨最、杨爵上疏得罪朱厚熜后，再没有敢议论时政的人。嘉靖四十五年二月，海瑞独自上疏说：

> 臣听说作为国君的，是全国臣民和万物的主人，负有极重大的责任。要想胜任这个职责，只有将重任寄予臣子身上，使他们能畅所欲言。现在我愿披肝沥胆，为陛下陈述这一事宜。
>
> 过去汉文帝可说是贤明的君主，贾谊还痛哭流涕地呈上《陈政事疏》，这并不是苛责汉文帝，而是认为汉文帝性情仁厚，近于柔弱，虽有推及于民的美意，但也可能因懈怠而废止，这是贾谊所十分忧虑的。陛下天资英明果断，远远超出汉文帝。而汉文帝能充实其仁厚宽恕之品性，节用爱民，使全国钱粮丰盈，几乎导致刑法搁置不用。可是陛下锐意进取的精神未能持久，虚妄的想法便牵扯您的精神

而去，反把自己的聪明才智误用到修炼方面。至于认为登仙远行可以成功，一意修道，搜刮民脂民膏，大肆兴修土木工程，二十多年不理朝政，法令纲纪都被废弛。数年来随便扩充封赠官职的规程条例，使名爵滥无节制。自己的两个儿子不让见面，世人认为这淡薄了父子关系。由于猜疑而诽谤和刑辱大臣，世人认为这淡薄了君臣关系。乐于在西苑炼丹而不回宫，世人认为这淡薄了夫妇感情。官吏贪污横行，民不聊生，水旱频繁，盗贼更加炽盛。陛下试想，今日天下，到底是个什么状况呢？

近来严嵩罢相，严世蕃处死，一时比较快慰人心。但严嵩罢相以后和严嵩未拜相之前差不多，世事并非很清明，和汉文帝时的社会环境相差很远。天下人不满意您的所作所为已很久了。古代国君有错误，依靠大臣们纠正辅佐。现在您设坛祭祷，大臣相继进香，对仙桃天药之类，纷纷撰写赞词表章祝贺。建筑宫室，则工部营缮所极力修建；购香料，买宝物，则度支派人四处寻求。陛下错误举办的事，而大臣们都错误地顺从，没有一人肯当面向您规谏的，谄媚得太过分了吧。然而他们愧对良心且失掉勇气，退朝便背后议论，这种欺君之罪您认为该是什么！

普天之下，都是陛下的家。世人没有不顾家的，朝廷内外官员都是奠定陛下的家而使它巩固如磐石的力量。一意修仙，因此陛下鬼迷心窍；过于苛求独断，因此陛下的感情有了偏向。而就此认为陛下不顾国家，符合人情吗？许多大臣徇私情废公务，往往得一官职便常常由于实行欺骗而失败，或者常常由于不理政事而失败，实在有不能称陛下心意的地方。那些不像这样徇私的官员，君意臣心偶尔不相吻合，因而就认为陛下讨厌、轻视臣子，由此拒绝接受劝谏。用您一二件处理不当之事，来怀疑千百件事都会如此，使得陛下陷于过错的举动之中，而臣子们还安然不以为怪，这些臣子的罪过真是太大了啊。《礼记》说，“上人猜疑则下民惶惑，下人之心难以知晓则在上之君长久辛劳”，说的就是这种情形。

况且陛下的错误已经很多了，其主要在于设坛祭祷。设坛祭祷是您用来求得长生的。自古以来圣贤留下的教导，提倡修身立命的准则是“顺受其正”，从没听说有所谓长生不老。唐尧、虞舜、夏禹、商汤、周文王、周武王这些是最伟大的圣人，也未能长久生活在世上；下民百姓方面，也未见那些方术家从汉、唐、宋一直活到今天。陛下向陶仲文学习长生之术，以师傅来称呼他。陶仲文却已经死了。他都不能长生，而您又怎能独自求得长生呢？至于仙桃天药，怪妄得更为过分，过去宋真宗赵恒曾获得了乾祐山的所谓天书，孙奭说："天怎么能够说话呢？它哪里有书啊。"桃定要采摘才能得到，药必要炼制才能合成。现在您无故获此二物，难道它们有脚自己走来吗？或者说是"天赐的"，天能有手拿着给您吗？这是您左右的坏人，造成的虚假现象以欺骗您，而您又盲目地相信了这些，以为实际如此，这真是错误啊。

陛下又会认为用刑法赏赐来督责臣下，那就有人分别治理各项事务，天下问题都可解决了，而修仙就无害了吗？商王太甲说过："如果有些话违背了你的心意，就应从道义的角度来探讨此事；如果有些话顺从你的意志，就应从非道义的角度来检察。"用人而一定要求他仅仅不违背陛下的意志，这是陛下策略上的差错。就严嵩来看，他有哪一件事不是顺从陛下的呢？过去您认为他与您同心，现在他已是斩首的犯人了。户部的梁材既遵守道义又坚持做官的原则，您却认为他是悖逆的人。他在历任以来都享有名望，并且还是至今在户部做官的首先称赞的最佳官员。然而各位臣僚宁可像严嵩那样“顺从”，也不愿像梁材那样“悖逆”，莫不是对陛下的心意有所窥测，而暗暗地决定趋附和规避吧？那么陛下在这方面又有什么好处呢？

陛下假如知道设坛祭祷没有什么好处，一旦翻然悔悟，每日到正殿视朝听政，与宰相、侍从、言官一起探求天下的利弊，彻底改正数十年来积累的错误，置身于唐尧、虞舜、夏禹、商汤、周文王、周武王这些圣明帝王之间，使各位大臣也得以改正数十年来阿谀君王的耻辱，置身于皋陶、夔、伊尹、傅说这些贤良大臣之列，天下何愁不能治理，万事何患不能整饬。这些就在于陛下一振作之间而已。舍此不为，而执迷于轻身飞升、出世成仙，浪费精神，求长生之术于捕风捉影、茫然不可知的领域，我认为就是劳苦终身，到头来也是一无所成的。现在大臣们要保住禄位而喜好阿谀奉承，小臣们怕担戴罪名而不敢发表意见，对此我非常愤恨。因此，我甘愿冒犯死罪，愿奉献我区区之身，希望陛下注意听取我的意见。

明世宗朱厚熜得到海瑞奏疏后，大怒，把奏疏摔在地上，对左右的人说：“赶快把他抓起来，不要让他逃跑了。”宦官黄锦在一旁说：“这个人素有书呆子的名声，听说他上疏时，自知冒犯悖逆之罪当死，就买了一口棺材，与妻儿诀别，待罪入朝，佣人都已逃散而没有留下的，因此他是不会逃走的。”世宗就默不作声了。过了一会，他又把海瑞的疏章取出来读，一日读了二三遍，被感动得大声长叹，将它留在宫中数月。他曾说：“此人可与比干相比，但我却不是商纣。”适逢世宗生病，烦闷不快，就召见首辅徐阶来商议禅让帝位给继承人的事，他说：“海瑞所言都很对。现在我生病已久，怎能上朝视事？”又说：“我自己不爱惜，到了这种被疾病所困扰的地步。如果我能到便殿上朝，怎么会受海瑞这人的痛骂呢？”于是命令逮捕海瑞，关进诏狱，追究主使他上疏的人。不久，此案转给了刑部，判了死罪。审判结果呈报上去，仍然留在宫中未批。户部司务官何以尚，揣度世宗没有杀海瑞的意思，就上疏请求释放海瑞。世宗见疏大怒，命令锦衣卫打了何以尚一百棍，禁锢在诏狱之中，昼夜拷打审讯。过了两个月，世宗驾崩，穆宗登位，海瑞和何以尚都被释放出狱。

世宗刚去世时，外界多不知道。而监狱主事听到消息，估计海瑞将会受到任用，因此办了酒菜款待海瑞。海瑞怀疑以为要赴西市刑场斩首，于是就恣意饮食，没有顾及其他。提牢主事这时贴着海瑞耳语：“皇上适才已经驾崩，您马上就要出狱，受到重用了。”海瑞问：“真的吗？”随即十分哀恸，呕吐出所吃的全部食物，晕倒在地，继而终夜哭声不绝。海瑞获释后，恢复了原来的官职。没有多久改任兵部武库司主事。后提拔为尚宝丞，不久，又调到大理寺。

隆庆元年，徐阶被广东道监察御史齐康奏劾，对此海瑞上疏说："徐阶事奉先帝，没能挽回世宗迷信神仙、大兴土木的错误，畏惧帝威以保禄位，这些问题确实也存在着。但是他执政以来，勤于操劳国事，气量大而宽容，有足以称道之处。齐康则是甘心作高拱的鹰犬，专门打击吞噬好人，其罪过又比高拱还严重。"人们都认为海瑞讲得对。

海瑞历任两京左、右通政。隆庆三年夏天，海瑞以右佥都御史，巡抚应天、苏州、常州、镇江、松江、徽州、太平、宁国、安庆、池州十府。应天十府的所属官员都十分惧怕他的声威，不廉洁的官员都自动辞职离去。有一权贵家的住宅原来用朱色漆门，听说海瑞来了，改漆成黑色。监督江南织造的宦官，也为此减少了轿舆的随从、人夫。海瑞锐意兴利除弊，奏请疏浚吴淞江、白茆浦，使太湖之水流入海，人们赖此获利。海瑞向来痛恨富豪大户兼并土地，他狠狠打击权贵豪强，安抚穷弱百姓。贫民的土地被富豪兼并了，他都夺回还之于民。徐阶罢相回到华亭老家居住，其家属仗势抗拒赋税，海瑞审判了他们没有一点宽容。海瑞下达命令如狂飙迸发十分凌厉，所属官员都小心奉行，一些有势力的豪强甚至逃窜到其他郡县以避打击。但是，坏人多乘机揭人隐私，世家大族时常有被诬告负屈的。海瑞还裁减了驿传一些不必要的开支。士大夫出入其辖区，一律不许供给住宿，因此人们埋怨的情绪相当大。都给事中舒化弹劾海瑞办事迂缓，不通施政要领，应该在南京选择一个没有实权的清闲职务安插海瑞，穆宗却特别下诏奖励了海瑞。不久，给事中戴凤翔弹劾海瑞包庇奸民，欺凌宰割士大夫，沽名钓誉，淆乱政事，于是朝廷改任海瑞去督办南京粮储。海瑞巡抚吴地才半年。百姓们听说海瑞要调走，沿途哭声不绝，家家都绘有海瑞的像来祭祀他。海瑞本来准备赴新职，适逢高拱掌握吏部，高拱一向嫉恨海瑞，就把南京粮储合并于南京户部，海瑞只得以疾病为理由，辞官还乡。

万历初年，张居正在朝当政，也对海瑞不满，就派巡按御史前去察访海瑞的情况。御史来到山中察看，海瑞摆出鸡、黍与他相对而坐，一起进食，他的住宅十分残破，御史叹息而去。张居正畏惧海瑞严峻刚直，但朝廷内外都推荐海瑞出来做官，他一直不召海瑞任职。万历十二年冬天，张居正已去世，吏部拟起用海瑞为左通政。神宗素来敬重海瑞的名声，给予海瑞以前的职务。第二年正月，海瑞被召为南京右佥都御史，在赴任途中受命改任南京吏部右侍郎，海瑞此时已七十二岁了。他上疏说自己衰老垂死，效仿古人尸谏的大义，奏疏的大意说：“陛下励精图治，而不能达到治理国家、教化人民的原因，就在于惩办贪官的刑法太轻。诸位大臣不能说明贪污风气盛行的原因，反而借用对待士大夫应该有礼的说法，众口一词来掩饰其中的过失。对待士大夫固然应该有礼，但是百姓又有何罪呢？”于是海瑞举出了明太祖朱元璋制定的对贪官剥皮囊草的法令，以及洪武三十年所定的官吏枉法受赃八十贯处绞刑的律例，认为当今应用此法来惩治贪官。海瑞对于其他问题的规谏都切中时政，言辞极符合事理。惟独劝神宗加强残酷的刑法，当时的议论认为是错误的。山东道监察御史梅鹍祚奏劾了海瑞。神宗虽认为海瑞的言辞有些过分，但体察到海瑞的忠诚，为此免去了梅鹍祚的俸禄。

神宗数次想召用海瑞，但被执政的大臣暗地里阻止了，只当了南京右都御史。所属官员平时偷懒，海瑞以身作则来加以矫正。有个御史偶尔陈设歌舞声色，海瑞打算用明太祖的陈规，给御史廷杖的责罚。官员们惶恐不安，多对此叫苦不迭。提学御史房寰，担心被检举揭露，想先下手发难，给事中钟宇淳又从中怂恿，房寰便二次上疏诬蔑海瑞。海瑞也屡次上疏要求告老回家，皇上劝慰他，不让他辞官。万历十五年，海瑞死于南京任上。

海瑞没有儿子。去世之时，佥都御史王用汲前来探视，见他房中只有葛布做的帐子和空箱笼，过着一般寒士都不能忍受的生活。因而感动得流了泪，出面凑钱作为敛棺之用。老百姓都自动停止了店铺营业。丧葬队伍出行到长江上，为他送葬而穿白色衣冠的人排列两岸，以酒洒地祭奠而号哭的人长达百里。皇上追封他为太子太保，谥号忠介。

海瑞平生治学，以刚为主，因此自号为刚峰，天下人称他为刚峰先生。他曾说："要想天下太平，必须实行井田制。不得已时可采取限田之法，又万不得已时只有采用均税之策，这样还可保存古人遗意。"所以，从他担任县官以至巡抚，所到之处均致力于清丈土地，颁行一条鞭法。他的思想主要在于利民，而行事难免会出现一些偏差。

陈邦瞻传

陈邦瞻(？—1623)，明代史学家。高安(今江西高安)人。万历进士，授南京大理寺评事，历任南京吏部郎中、浙江参政、福建按察使、右布政使、河南布政使。光宗时升任兵部右侍郎、总督两广军务兼巡抚广东。熹宗时任兵部左侍郎兼户、工二部侍郎。在任期间重视农田水利、地方教育、社会治安，多有政绩。他一生勤于著述，取冯琦《宋史纪事本末》和沈越《事纪》未竟稿，编定了二十六卷《宋史纪事本末》，起宋太祖代周，终文天祥之死，共一〇九目，按专题概括了宋代三百年历史。又撰有二十七卷《元史纪事本末》，每卷一事，记述了元代的重大事件和制度，其中《律令之定》为臧懋循补辑。还撰有《莲花山房集》。

陈邦瞻，字德远，高安人。万历二十六年进士①。授南京大理寺评事②。历南京吏部郎中，出为浙江参政③。进福建按察使④，迁右布政使⑤。改补河南，分理彰德诸府⑥。开水田千顷，建滏阳书院⑦，集诸生讲习。士民祠祀之。就改左布政使。以右副都御史巡抚广西⑧。

上林土官黄德勋弟德隆及子祚胤叛德勋⑨，投田州土酋岑懋仁⑩。懋仁纳之，袭破上林，杀德勋，掠妻子金帛。守臣问状，诡言德勋病亡，乞以祚胤继。邦瞻请讨

① 万历二十六年：公元1598年。万历，明神宗朱翊钧年号。② 南京：今江苏省南京市，时为明朝陪都。大理寺：最高刑事部门，与都察院、刑部合称“三法司”。评事：掌决疑狱的正七品官。③ 参政：布政使司官吏宣布政使的属官，从三品。④ 按察使：提刑按察使司长官，管刑法，正三品。⑤ 右布政使：承宣布政使司长官，从二品。⑥ 彰德：治所在今河南省安阳市。⑦ 滏（fǔ 斧）阳：今属河北省。⑧ 右副都御史：明朝由中央派往地方的监察官——巡按的加衔。⑨ 上林：治所在今广西上林县境。土官：当地少数民族首领担任的地方官员。黄德勋：参见《明史·广西土司传》。⑩ 田州：今广西邕宁县西有旧田州墟。

于朝。会光宗嗣位[①]，即擢邦瞻兵部右侍郎[②]，总督两广军务兼巡抚广东，遂移师讨擒之。海寇林莘老啸聚万余人侵掠海滨[③]。邦瞻扼之，不得逞。澳夷筑室青州[④]，奸民与通，时侵内地，邦瞻燔其巢。召拜工部右侍郎。未上，改兵部，进左。

天启二年五月疏陈四事[⑤]，中言："客氏既出复入[⑥]，乃陛下过举。辅臣不封还内降[⑦]，引义固争，致罪谪言者，再蹈拒谏之失，其何解于人言？"疏入，忤旨谯让[⑧]。寻兼户、工二部侍郎，专理军需。明年卒官。诏赠尚书。

邦瞻好学[⑨]，敦风节。服官三十年，吏议不及[⑩]。

【翻译】

陈邦瞻，字德远，高安人。万历二十六年进士。任命为南京大理寺评事。历官南京吏部郎中，离京任浙江

① 光宗：明光宗朱常洛，在位仅一月。 ② 右侍郎：尚书的副手，正三品。 ③ 林莘老：事迹不详。 ④ 澳夷句：参见本书《佛郎机传》注文。 ⑤ 天启二年：公元 1622 年。天启，明熹宗朱由校年号。 ⑥ 客氏：熹宗乳母，被封为奉圣夫人，她与宦官魏忠贤等人勾结，被遣出宫，熹宗随即又召她回宫。 ⑦ 内降：内宠，此指客氏。 ⑧ 谯（qiáo 乔）让：谴责。 ⑨ 好学：指陈邦瞻在学术上有成就。 ⑩ 吏议：本指司法官吏的拟议，此为官吏的非议。

参政，提拔为福建按察使，升为右布政使。改任补缺河南，分别管理彰德等府。开垦千顷水田，建立滏阳书院，召集入学的生员讲课学习。士人和庶民建生祠以纪念他。就地改任左布政使，以右副都御史职衔巡抚广西。

上林县土官黄德勋的弟弟黄德隆和儿子黄祚胤叛离黄德勋，投奔田州土著酋长岑懋仁。懋仁收容了他们，偷袭攻破了上林，杀死了德勋，掠取了他的妻子和金帛。守备官员询问情况，他们欺骗说德勋死于疾病，请求让祚胤继任。邦瞻请求朝廷征讨。适逢光宗继位，就提拔邦瞻为兵部右侍郎，总督两广军务兼巡抚广东，于是调遣军队征讨擒拿他们。海寇林莘老招纳聚合了一万多人侵掠沿海。邦瞻扼制他们，使他们不能得逞。澳门的外国人在青州修建房屋，奸诈小民与他们勾通，时常骚扰内地，邦瞻烧毁了他们的据点。召回京城授予工部右侍郎。未上任，改任兵部，提升为左侍郎。

天启二年五月上疏陈述四件事，其中说："客氏既然已经被遣出宫廷，又召她回宫，这是陛下错误的举动。辅臣们反对召还客氏，引义理力争，以致皇上降罪谪罚进谏者，重犯了拒绝劝谏的过失，将对舆论作何解释呢？"疏文送进宫内，因违抗圣旨受到谴责。不久，兼任户、工二部侍郎，专门负责军事供给。第二年死在任上。

下诏赠赐尚书。

邦瞻好学，注重风骨节操。任职三十年，没有受到官吏的非议。

徐光启传

徐光启是我国古代著名的科学家，也是一位思想家。他生活在危机四伏的明朝末年，“雅负经济才，有志用世”。少以课农学圃自给，万历年间进士及第。他向来华的意大利人、天主教耶稣会传教士利玛窦学习西方的自然科学知识，译著颇丰，并致力于将所学知识运用到强国富国的实践中，《农政全书》和《崇祯历法》是他的代表作。他一生留心农业和水利，提倡栽培棉花、甘薯，强调“富国必以本业”；他最早以“西学”改造我国传统的历法，是近代我国向西方学习科学的先驱。

尽管徐光启有杰出的学识，而且官至礼部

尚书兼东阁大学士，入参国家政务，但终因生不逢时，志向屡不得展。然而，徐光启个人的遭际，在封建社会还算是幸运的。他的才智毕竟没有被扼杀，最终还是在科技史上添上了光辉的一页。

本篇介绍了徐光启的主要经历和活动。我们在选译时，删略了郑以伟、林钎的附传。

徐光启，字子先，上海人。万历二十五年举乡试第一，又七年成进士。由庶吉士历赞善①。从西洋人利玛窦学天文、历算、火器②，尽其术。遂徧习兵机、屯田、盐策、水利诸书③。

杨镐四路丧师④，京师大震。累疏请练兵自效。神

---

① 庶吉士：明朝于翰林院中设庶吉士官职，以进士中文学及书法优秀者充任。赞善：太子官属之一。徐光启在万历三十二年(1604)担任左春坊赞善职务。 ② 利玛窦（1552—1610)：意大利人，明末来中国的天主教耶稣会传教士。他与中国士大夫颇有交往，介绍过西方的自然科学知识。 ③ 徧：同“遍”。兵机：军事。屯田：政府为取得军队给养和粮食，利用士兵和农民垦荒种田。盐策：盐政。 ④ 杨镐（hào 号）：1618年努尔哈赤大举攻明，杨镐被神宗任命为兵部尚书，经略辽东。在抚顺失守后，他把明军分为四路。次年全线溃败，他被捕下狱。

宗壮之[1]，超擢少詹事兼河南道御史。练兵通州[2]，列上十议。时辽事方急，不能如所请。光启疏争，乃稍给以民兵戎械[3]。

未几，熹宗即位[4]。光启志不得展，请裁去，不听。既而以疾归。辽阳破，召起之。还朝，力请多铸西洋大炮，以资城守。帝善其言。方议用，而光启与兵部尚书崔景荣议不合，御史丘兆麟劾之，复移疾归[5]。天启三年起故官[6]，旋擢礼部右侍郎。五年，魏忠贤党智铤劾之，落职闲住。

崇祯元年召还[7]，复申练兵之说。未几，以左侍郎理部事。帝忧国用不足，敕廷臣献屯盐善策。光启言屯政在乎垦荒，盐政在严禁私贩。帝褒纳之，擢本部尚书。时帝以日食失验[8]，欲罪台官[9]。光启言："台官测候本郭守敬法[10]，元时尝当食不食，守敬且尔[11]，无怪台官之

---

① 壮之：赞赏他的壮举。 ② 通州：今北京市通州区。 ③ 戎械：军械武器。 ④ 熹宗：明熹宗朱由校。 ⑤ 移疾：旧时官员上书借口有病辞职。 ⑥ 天启：明熹宗年号（1621—1627）。 ⑦ 崇祯：明思宗年号（1628—1644）。 ⑧ 食：同"蚀"。失验：与事先推算不符。 ⑨ 台官：钦天监属下的五官灵台郎，掌管推算日月食等事。 ⑩ 郭守敬（1231—1316）：元代天文学家，主持编制《授时历》，施行三百六十年，为我国历法史上使用最久的历法。 ⑪ 且尔：尚且如此。

失占[①]。臣闻历久必差，宜及时修正。”帝从其言，诏西洋人龙华民、邓玉函、罗雅谷等推算历法[②]，光启为监督。

四年春正月[③]，光启进《日躔历指》一卷、《测天约说》二卷、《大测》二卷、《日躔表》二卷、《割圆八线表》六卷、《黄道升度》七卷、《黄赤距度表》一卷、《通率表》一卷[④]。是冬十月辛丑朔，日食，复上测候四说。其辩时差里差之法[⑤]，最为详密。

五年五月以本官兼东阁大学士，入参机务[⑥]，与郑以伟并命[⑦]。寻加太子太保，进文渊阁。光启雅负经济才，

---

① 失占：推算失误。 ② 龙华民（1559—1654）：意大利人，1597年来华。邓玉函（1576—1630）：瑞士人，明末来华的天主教耶稣会传教士。罗雅谷（1593—1638）：意大利人，明末来华的天主教耶稣会传教士。 ③ 四年：指崇祯四年（1631）。 ④ 光启句：这八部书是在徐光启的主持和亲自参与下，集体编成的天文、历法、数学方面的专著，于崇祯四年正月二十八日呈进。除《割圆八线表》外，均见于《崇祯历书》。而《割圆八线表》见于《西洋新法历书》。 ⑤ 其辩句：时差、里差，我国古代天文历算学中的专用名词。在古代历法的计算系统中，时差是有关日食计算的“三差”之一（另有气差、刻差），里差则可作为推算日、月食的依据。徐光启以前对日食的计算都采用内插公式。到徐光启制历，开始引入了“地球”和“经纬度”的概念，解释了时差和里差发生的原因，确立了科学的计算方法。 ⑥ 入参机务：入阁参与研究军国大事。 ⑦ 郑以伟：上饶人，万历进士。崇祯中与徐光启同时任首辅。

有志用世。及柄用，年已老，值周延儒、温体仁专政①，不能有所建白②。明年十月卒。赠少保。

……御史言光启、以伟相继没③，盖棺之日，囊无余赀，请优恤以愧贪墨者④。帝纳之，乃谥光启文定，以伟文恪。

……

久之，帝念光启博学强识，索其家遗书。子骥入谢，进《农政全书》六十卷⑤。诏令有司刊布，加赠太保，录其孙为中书舍人⑥。

【翻译】

徐光启，字子先，上海人。万历二十五年，在本省的科举考试中取得第一名，又过了七年成为进士。从选为

---

① 周延儒：宜兴人，万历进士。官至内阁首辅，庸懦贪鄙，排挤正直大臣。温体仁：乌程人，万历进士。代周延儒为首辅，结党乱政，排斥异己。二人事见《明史·奸臣传》。② 建白：建树及倡议。③ 没：同"殁"，死。④ 贪墨：贪财好贿，贪污。⑤《农政全书》：徐光启著的农业科学专著。全书六十卷，五十余万字，分农本、田制、农事、水利、农器、树艺、重桑、蚕桑广类、种植、牧养、制造、荒政等十二门。其中水利和荒政占篇幅最多。书中的《除蝗疏》是我国最早的治蝗专著，是徐氏在科技史上的重大贡献。⑥ 中书舍人：即明内阁中书科的中书舍人，主管写诰敕等事。

庶吉士后，又经历了赞善的职务。跟着西洋人利玛窦学习天文、历算和有关火药武器的知识，完全掌握了他的技艺和学术。于是，徐光启又全面研习了军事、屯田、盐政、水利等各方面的书籍。

杨镐在辽东分兵四路而丧师，都城北京人心大为震惊。徐光启屡次上疏请求操练军队，以身体力行报效国家。神宗赞赏他的这种壮举，破格提拔他为詹事府的副长官兼主管河南道的监察御史。徐光启在通州训练士兵时，又条列了有关军国大事的十条奏议呈上朝廷。当时正赶上辽东的战事吃紧，无法按他奏文请求的措施实行。徐光启上疏力争，朝廷才稍稍拨给民兵一些武器军械。

不久，熹宗登上皇位，徐光启的抱负难以施展，请求辞官，朝廷不允许。既而以疾病为理由，辞官回归。辽阳为努尔哈赤攻陷时，朝廷召回并起用了他。他一回到朝廷，就坚决请求大量铸造西洋大炮，来加强城防。熹宗认为他的主张很好，正要商议加以采纳，但是由于徐光启与兵部尚书崔景荣的议论不相符，御史丘兆麟弹劾了他，徐光启便再次上书称病辞职回家。天启三年，起用为原官，很快提拔为礼部右侍郎。天启五年，宦官魏忠贤的党羽智铤弹劾徐光启，他被免去职务，在家闲住。

崇祯元年召回朝廷，徐光启再次陈述训练军队的主张。不久，他以礼部左侍郎的身份主持礼部事务。崇祯皇帝为国家的财政状况感到忧虑，敕令朝廷大臣贡献屯田和盐政方面的良策。徐光启认为屯田的方针在于垦荒种田，盐务的方针在于严禁民间私贩。皇帝称赞了徐光启的这个意见并加以采纳，提升他为礼部尚书。其时，皇帝因为日食的发生与事先推算不符，将要治五官灵台郎的罪。徐光启说："五官灵台郎观测天象，依据的是元代郭守敬的办法。元朝时使用此法，就曾有推算应发生日食而实际无日食的事，郭守敬尚且如此，难怪五官灵台郎会推算失误。我听说历法使用久了必然会产生误差，应该及时加以修改订正。"皇帝接受了他的意见，诏令西洋人龙华民、邓玉函、罗雅谷等推算历法，徐光启任监督。

崇祯四年春正月，徐光启向朝廷呈进《日躔历指》一卷、《测天约说》二卷、《大测》二卷、《日躔表》二卷、《割圆八线表》六卷、《黄道升度》七卷、《黄赤距表》一卷、《通率表》一卷。这年冬十月初一辛丑日，发生日食，徐光启又呈上观测天文的有关著述四种。徐光启的辨明时差、里差的方法，最为详审精密。

崇祯五年五月，徐光启受命以原官礼部尚书兼东阁大学士，进入内阁，参与决策军国大事，是与郑以伟同时被任命的。不久加衔太子太保，进为文渊阁大学士。徐光启素来怀抱治理国事的才干，有志于经世济民。到他掌握大权时，年事已高，又遇上周延儒、温体仁专擅朝政，故无法对国家大政有所建树和倡议。第二年十月，徐光启去世，朝廷追赠他为少保。

……御史奏道，徐光启、郑以伟相继死去，盖棺殓葬的时候，口袋里拿不出多余的资财，请求从优抚恤来使贪财牟利者感到羞愧。皇帝接受了御史的提议，于是赐予徐光启谥号文定，赐予郑以伟谥号文恪。

……

过了很久，崇祯皇帝追思徐光启的博学强识，索取徐光启遗留在家中的书稿。徐光启的儿子徐骥入朝谢恩，呈上《农政全书》六十卷。皇帝颁布诏书，命令有关官署刊行公布，加赠徐光启太保衔，并任用徐光启的孙子为中书舍人。

李时珍传

李时珍是中国古代杰出的科学家之一。他的主要贡献是撰写了《本草纲目》，这部书共载药物一千八百九十二种，搜集古代医家和民间流传的方剂一万一千余则，并附有一千一百余幅药物形态插图，系统地总结了我国明朝以前的药物学经验，是我国药物学、植物学的宝贵遗产。《本草纲目》在世界生物学和医药学史上也占有十分重要的地位。他所采用的药物分类法与现代植物学、药物学的分类法基本相同，比西方林耐创造的分类法要早一百三十多年。《本草纲目》现已译成了日、英、法、俄、拉丁等多种文字。本篇记述了李时珍的生平，以及他在医药学研究上的贡献和《本草纲目》成书的过程。

李时珍，字东壁，蕲州人①。好读医书，医家《本草》②，自神农所传止三百六十五种③，梁陶弘景所增亦如之④，唐苏恭增一百一十四种，宋刘翰又增一百二十种，至掌禹锡、唐慎微辈⑤，先后增补合一千五百五十八种，时称大备。然品类既烦，名称多杂，或一物而析为二三，或二物而混为一品，时珍病之。乃穷搜博采，芟烦补阙，历三十年，阅书八百余家，稿三易而成书，曰《本草纲目》。增药三百七十四种，厘为一十六部，合成五十二卷。首标正名为纲，余各附释为目，次以集解详其出产、形色，又次以气味、主治附方。书成，将之上朝，时珍遽卒。未几，神宗诏修国史，购四方书籍。其子建元以父遗表及是书来献，天子嘉之，命刊行天下，自是士大夫家

① 蕲州：今湖北省蕲春县。 ② 本草：中药的统称，记载中药的书籍也多称《本草》。 ③ 神农：传说我国农业和医药的发明者，秦汉时人托名神农著有《神农本草经》。 ④ 陶弘景：南北朝时期的医学家，著有《本草经集注》。 ⑤ 唐慎微：宋代著名医药学家，著有《经史证类备急本草》。

有其书。时珍官楚王府奉祠正①，子建中，四川蓬溪知县②。

【翻译】

李时珍，字东壁，蕲州人。喜好读医书，记载中药的《本草》，从神农氏传下来的只有三百六十五种，南朝齐梁的陶弘景所增加的数量也如同原来的数量，即增加了三百六十五种，唐人苏恭在陶弘景的基础上又增加了一百一十四种药物，北宋刘翰又在苏恭的基础上增加了一百二十种药物，到宋人掌禹锡和唐慎微时，先后增补《神农本草经》共一千五百五十八种，当时认为已是非常完备了。但是，这些医书所分门类十分烦琐，名称也很混杂，有的一味药而分为二三味药，有的两味药而混淆为一味药，李时珍为此很担心。于是，他广泛搜求采集，删去繁杂之处，补充阙漏之处，经过三十年，阅读了八百多种书，书稿修改了三次才成书，书名为《本草纲目》。比以前的药书增加了三百七十四种药，此书共整理为一十

---

① 官：动词，做官。楚王：明王室朱英燧袭封为楚王。奉祠正：王府的官职名，掌管祭祀礼节等事物，并兼管良医所，实际上是楚王府的御用医生。他利用这段时间饱览了楚王府中丰富的医学典籍，这对编写《本草纲目》起了很大的作用。 ② 蓬溪：县名，在今四川中部涪江支流蓬溪河流域。

六部，合计为五十二卷。首先标出每种药物的正名，作为这种药物的纲，以后附上各家的注释，作为这种药物的目，再用集解方式把这种药物的产地和形状、颜色等特征详细写出，再其次以药的性味、主治何病并附上方剂。《本草纲目》写好后，准备把它进献给朝廷时，李时珍突然去世了。不久，明神宗下诏撰写国史，求购天下书籍。他儿子李建元拿着遗留下的献书表文和这部书来到朝廷进献，皇帝嘉奖了他，下令刊行全国，自此士大夫中家家都有这部书。李时珍曾在楚王府中当官做过奉祠正，李时珍之子李建中，任四川蓬溪知县。

郑和传

郑和(1371—1435),本姓马,小字三保,昆阳(今云南普宁)人。回族,明朝航海家。

郑和于明初入宫为宦官,侍奉燕王府。在靖难之役中,随燕王起兵有功,赐姓郑,擢内官监太监。成祖即位后,为了寻找惠帝下落、通好四邻、宣扬国威,派郑和率舟师下"西洋"。从永乐三年(1405)起,郑和七次出使,历时二十八年,先后到达东南亚、印度半岛、阿拉伯、东非等地的三十多个国家和地区,促进了中国和各国人民的相互了解和友好往来。

我们在为《明史·郑和传》作注过程中,参考了郑鹤声先生编《郑和下西洋资料汇编》,特作说明。

郑和,云南人,世所谓三保太监者也①。初事燕王于藩邸②,从起兵有功,累擢太监③。

成祖疑惠帝亡海外④,欲踪迹之,且欲耀兵异域,示中国富强。永乐三年六月命和及其侪王景弘等通使西洋⑤。将士卒二万七千八百余人,多赍金币⑥。造大舶,修四十四丈,广十八丈者六十二⑦。自苏州刘家河泛海至福建⑧,复自福建五虎门扬帆⑨,首达占城⑩,以次遍历诸番国,宣天子诏,因给赐其君长,不服则以武慑之。五年九月⑪,和等还,诸国使者随和朝见。和献所俘旧港

---

① 三保:或称三宝。 ② 燕王:明成祖朱棣(1360—1424),朱元璋的第四子,封燕王,建藩北平(今北京),朱元璋死后,他起兵靖难,攻破南京,改年号永乐。 ③ 擢(zhuó 茁):提拔。 ④ 惠帝:朱允炆(1377—?),朱元璋的皇太孙,朱棣的侄子。洪武三十一年即位,次年改元建文。靖难军攻破都城后,他不知所终。 ⑤ 永乐三年:公元 1405 年。侪(chái 柴):同类的人。王景弘:又名王三保、太监。西洋:明时以爪哇以西的海洋及沿海的陆地为西洋。 ⑥ 赍(jī 机):带着。 ⑦ "造大舶"三句:学者们对船的长和宽有争议。 ⑧ 刘家河:今江苏太仓市刘家港。 ⑨ 五虎门:在今福建闽江口。 ⑩ 占城:今越南南部。 ⑪ 五年:即永乐五年(1407)。

酋长①。帝大悦，爵赏有差。旧港者，故三佛齐国也②，其酋陈祖义③，剽掠商旅。和使使招谕④，祖义诈降，而潜谋邀劫。和大败其众，擒祖义，献俘，戮于都市。

六年九月再往锡兰山⑤。国王亚烈苦柰儿诱和至国中⑥，索金币，发兵劫和舟。和觇贼大众既出⑦，国内虚，率所统二千余人，出不意攻破其城，生擒亚烈苦柰儿及其妻子官属。劫和舟闻之，还自救，官军复大破之。九年六月献俘于朝。帝赦不诛，释归国。是时，交阯已破灭⑧，郡县其地，诸邦益震詟⑨，来者日多。

十年十一月复命和等往使⑩，至苏门答剌⑪。其前伪王子苏干剌者⑫，方谋弑主自立，怒和赐不及己，率兵

---

① 旧港：在今印度尼西亚苏门答腊东北部的巨港一带。 ② 三佛齐国：即旧港，十至十三世纪的南海古国。 ③ 陈祖义：广东潮州人，明初逃至旧港，专事劫掠。 ④ 使使：前一个“使”字是动词，派遣的意思。后一个“使”是名词，使臣的意思。 ⑤ 六年：公元1408年。锡兰山：即印度洋中的锡兰岛，当时称锡兰国，今名斯里兰卡。 ⑥ 亚烈苦柰（nài 奈）儿：锡兰国国王。觇（chān 搀）：窥视。 ⑦ 九年：公元1411年。 ⑧ 交阯：今越南北部地区。 ⑨ 詟（zhé 哲）：恐惧，害怕。 ⑩ 十年：公元1412年。 ⑪ 苏门答剌（là 腊）：今印度尼西亚苏门答腊岛西北部。 ⑫ 苏干剌：本是苏门答腊的渔民之子，与义父一起窃国自立。

邀击官军。和力战，追擒之喃渤利[1]，并俘其妻子，以十三年七月还朝[2]。帝大喜，赉诸将士有差[3]。

十四年冬[4]，满剌加、古里等十九国咸遣使朝贡[5]，辞还，复命和等偕往，赐其君长。十七年七月还[6]。十九年春复往[7]，明年八月还。二十二年正月[8]，旧港酋长施济孙请袭宣慰使职[9]，和赍敕印往赐之。比还，而成祖已晏驾。洪熙元年二月[10]，仁宗命和以下番诸军守备南京[11]。南京设守备，自和始也。宣德五年六月[12]，帝以践阼岁久[13]，而诸番国远者犹未朝贡，于是和、景弘复奉命历忽鲁谟斯等十七国而还[14]。

和经事三朝，先后七奉使，所历占城、爪哇[15]、真

① 喃渤利：或作南浡里，在苏门答腊西北亚齐河下游。② 十三年：公元 1415 年。 ③ 赉(lài 赖)：赏赐。 ④ 十四年：公元 1416 年。 ⑤ 满剌加：今马来西亚马六甲自治州。古里：在今印度半岛西南端卡利库特。 ⑥ 十七年：公元 1419 年。 ⑦ 十九年：公元 1421 年。 ⑧ 二十二年：公元 1424 年。 ⑨ 施济孙：旧港故宣慰使施进卿之子，他遣使丘彦成请袭父职。宣慰使：元明时，设于少数民族和边远地区，掌管军民事务的职官。 ⑩ 洪熙元年：公元 1425 年。 ⑪ 仁宗：朱高炽，成祖长子，公元 1424 年至 1425 年在位。 ⑫ 五年：公元 1430 年。 ⑬ 帝：明宣宗朱瞻基，仁宗长子，公元 1426 年至 1435 年在位。 ⑭ 忽鲁谟斯：在今伊朗的波斯湾与阿曼湾之间。 ⑮ 爪哇：今印度尼西亚爪哇岛。

腊①、旧港、暹罗②、古里、满剌加、渤泥③、苏门答剌、阿鲁④、柯枝⑤、大葛兰⑥、小葛兰⑦、西洋琐里⑧、琐里⑨、加异勒⑩、阿拨把丹⑪、南巫里⑫、甘把里⑬、锡兰山、喃渤利、彭亨⑭、急兰丹⑮、忽鲁谟斯、比剌⑯、溜山⑰、孙剌⑱、木骨都束⑲、麻林⑳、剌撒㉑、祖法儿㉒、沙里湾泥㉓、竹步㉔、榜葛剌㉕、天方㉖、黎伐㉗、那孤儿㉘，凡三十余国。

---

① 真腊：今柬埔寨。 ② 暹罗：今泰国。 ③ 渤泥：今加里曼丹岛北部。 ④ 阿鲁：今苏门答腊岛的亚路港。 ⑤ 柯枝：今印度半岛西南部的柯钦，小葛兰以北。 ⑥ 大葛兰：今印度半岛西南沿岸，小葛兰附近。 ⑦ 小葛兰：今印度半岛西南沿海的奎隆。 ⑧ 西洋琐里：今印度半岛东南沿海哥罗曼德尔一带。 ⑨ 琐里：在西洋琐里附近。 ⑩ 加异勒：今印度半岛西南端。 ⑪ 阿拨把丹：今印度半岛西海岸的阿默达巴德。 ⑫ 南巫里：今印度半岛西南的马拉巴尔一带，有人认为在今苏门答腊北端以西。 ⑬ 甘把里：今印度半岛西部沿岸的甘巴湾。 ⑭ 彭亨：今马来西亚彭亨州。 ⑮ 急兰丹：今马来半岛的吉连丹。 ⑯ 比剌：未详。 ⑰ 溜山：今马尔代夫群岛。 ⑱ 孙剌：溜山附近。 ⑲ 木骨都束：今非州东岸索马里的摩加迪沙一带。 ⑳ 麻林：今非洲东岸肯尼亚的马林迪一带。 ㉑ 剌撒：今非洲也门的卡马尔湾以西。 ㉒ 祖法尔：或称佐法儿，今阿拉伯半岛南岸的哈得拉毛。 ㉓ 沙里湾泥：一说在非洲东部，一说在北印度。 ㉔ 竹步：今非洲索马里的朱巴河口一带。 ㉕ 榜葛剌：今孟加拉国。 ㉖ 天方：今沙特阿拉伯的麦加。 ㉗ 黎伐：在今苏门答腊。 ㉘ 那孤儿：在苏门答腊南渤利附近。

所取无名宝物，不可胜计，而中国耗废亦不赀[1]。自宣德以还，远方时有至者，要不如永乐时，而和亦老且死。自和后，凡将命海表者，莫不盛称和以夸外番，故俗传三保太监下西洋，为明初盛事云。

【翻译】

郑和，云南人，世人称他为三保太监。起初在燕王的府第侍奉燕王，随从朱棣起兵有功，逐渐被提拔为太监。

明成祖怀疑惠帝逃亡到海外去了，想要追寻惠帝，并且要向外国炫耀中国的军事实力，显示中国富强。永乐三年六月派遣郑和与他的同伴王景弘等人出使西洋，率领军队二万七千八百多人，带着许多金币。造了六十二艘长四十四丈、宽十八丈的大船。从苏州刘家河沿海路行至福建，再从福建五虎门起航，首先到达占城，依次遍访各国，宣示天子诏书，于是赏赐那里的国君及酋长，有不服从的就以武力使他们慑服。永乐五年九月，郑和等人回国，诸国的使者随同郑和朝见成祖，郑和献上所俘虏的旧港酋长。成祖很高兴，给他们不同等级的封赏。旧港，过去称为三佛齐国，他们的酋长陈祖义抢掠

① 赀（zī 资）：计量。

客商。郑和派遣使臣招抚告谕，祖义假装投降，而私下图谋阻截劫掠，郑和大败陈祖义的部众，捉住了陈祖义，献上俘虏，在京城杀了他们。

永乐六年九月第二次到锡兰山。国王亚烈苦柰儿引诱郑和到国中，索取金币，派兵劫夺郑和的船队。郑和窥伺敌众已出，国内空虚，就率领随带的二千多人，出其不意地攻破都城，活捉了亚烈苦柰儿和他的妻子及臣僚。劫掠郑和船队的人听到这个消息，赶回自救，明朝军队又大败他们。永乐九年六月，向朝廷献俘，成祖赦免他们，释放回国。当时，明朝已经攻破并消灭了交阯国，在那个地方设立郡县，各个邦国更增震恐，来朝拜的一天比一天多。

永乐十年十一月，又派遣郑和等人出使，到了苏门答腊。那里的前伪王子叫苏干剌，刚谋杀国君自立，怨恨郑和未给自己赏赐，带兵阻击明军。郑和奋战，追赶到喃渤利，一并俘虏苏干剌和他的妻子，在永乐十三年七月回国。成祖大喜，分别赏赐了众将士。

永乐十四年冬，满剌加、古里等十九国都派遣使臣来朝贡，告辞回国。成祖又派遣郑和等人一同前去，赏赐他们的君主酋长。永乐十七年七月回国。永乐十九年春天又出使，第二年八月回国。永乐二十年正月，旧港酋长施济孙请求承袭宣慰使职务，郑和带着敕书印信前往赏赐他们。等到回国,成祖已经死了。洪熙元年二月,仁宗命令郑和带领出使的军队在南京设防。南京设守备这个官职,是从郑和开始的。宣德五年六月,明宣宗因为即位好几年了,而远处的诸邦国还没来朝贡,于是,郑和、王景弘又受命出使忽鲁谟斯十七个国家而回国。

郑和在明成祖、明仁宗、明宣宗三朝出使,前后七次,到过占城、爪哇、真腊、旧港、暹罗、古里、满剌加、渤泥、苏门答剌、阿鲁、柯枝、大葛兰、小葛兰、西洋琐里、琐里、加异勒、阿拨把丹、南巫里、甘把里、锡兰山、喃渤利、彭亨、急兰丹、忽鲁谟斯、比剌、溜山、孙剌、木骨都束、麻林、剌撒、祖法儿、沙里湾泥、竹步、榜葛剌、天方、黎伐、那孤儿,共三十多国。所取得的不知名称的宝物,多得不可计算,而中国的耗费也多得不可计算。自宣德年间以来,远方时常有来中国的人,总计不如永乐时多。而郑和也老迈将死。自郑和以后,凡将受命出使海外的人,没有不极力称赞郑和而在外国夸耀的,所以民间流传三保太监下西洋,是明朝初年的一件盛大的国事。

魏忠贤传

宦官，是中国封建社会的独特产物，他们长年围绕帝王身边，受到信任宠用。其中品性恶劣的小人便乘机为非作歹，严重的甚至干预朝政，残害忠良，祸国殃民，魏忠贤就是这样一个突出的典型。

魏忠贤，出身无赖，目不识丁，最后竟能将整个天下控制在手。这除了他本人的恶劣品行外，重要的原因还在于明代封建帝王的绝对专制和特务制度，以及一大批士大夫的卖身投靠，为虎作伥。东林党及一批忠直的官员，倡导正义，抵制邪恶，本是士大夫的脊梁和社会良心的代表，但终究不敌魏忠贤及其帮凶们的明枪暗箭，以鲜血和生命写成一出历史悲剧。况且这不仅是明朝一代的偶然现象，而是历代有之。我们今天阅读魏忠贤传时，不应忘记这个奇怪的历史现象。

魏忠贤最终被新登基的崇祯皇帝收拾掉了，但不久崇祯又旧病复发，重用宦官，曾几何时，魏的逆迹又得以翻案，其余党又纷纷东山再起。看来，只要封建专制制度存在，滋生昏庸狂悖的君臣就是很自然的现象，而宦竖专横的历史悲剧也就有可能重复上演。邪恶的势力猖獗作逆时，正人君子也未曾沉默，未曾同流合污，这就是历史进程中的矛盾、斗争。

阅读魏忠贤传，不仅可以了解他发迹、肆虐、灭亡的一生，而且还能了解到当时明朝政治的腐败，以及复杂的斗争场面。这正如培根所说，读史使人明鉴。

魏忠贤，肃宁人①。少无赖，与群恶少博②，不胜，为所苦，恚而自宫③，变姓名曰李进忠。其后乃复姓，赐名

① 肃宁：今河北肃宁县。 ② 博：一种赌博游戏。 ③ 恚(huì 会)：恨怒。宫：阉割男性生殖器官。

忠贤云。忠贤自万历中选入宫①,隶太监孙暹,夤缘入甲字库②,又求为皇长孙母王才人典膳③,谄事魏朝④。朝数称忠贤于安⑤,安亦善遇之。长孙乳媪曰客氏,素私侍朝,所谓对食者也⑥。及忠贤入,又通焉。客氏遂薄朝而爱忠贤,两人深相结。

光宗崩⑦,长孙嗣立,是为熹宗⑧。忠贤、客氏并有宠。未逾月,封客氏奉圣夫人,荫其子侯国兴、弟客光先及忠贤兄钊俱锦衣千户⑨。忠贤寻自惜薪司迁司礼秉笔太监兼提督宝和三店⑩。忠贤不识字,例不当入司礼,以客氏故,得之。

① 万历:明神宗朱翊钧的年号,自1573年至1620年。 ② 夤(yín银)缘:攀附,巴结。攀附权贵向上爬。甲子库:明代宫廷内十库之一,掌贮艮朱、乌梅、黄丹、百药之类。 ③ 王才人:明熹宗的生母,才人是嫔妃的称号。典,主管。膳,饭食。 ④ 魏朝:王安手下的太监。 ⑤ 数(shuò 朔):多次,频繁。安:王安,太监,深得光宗、熹宗信任。 ⑥ 对食者:明朝末年皇宫中称宫人自选相好太监结如夫妇者。 ⑦ 光宗:朱常洛,万历四十八年八至九月在位。 ⑧ 熹宗:朱由校,1621—1627年在位,年号天启。 ⑨ 荫(yìn 印):封建社会中,子孙因父祖的功劳而受封官爵的特权,叫做荫。锦衣千户:锦衣卫的武官之一。 ⑩ 寻:不久。惜薪司:明宫内二十四衙门之一,专管宫内薪炭之事。司礼秉笔太监:司礼监内高级太监之一,与随堂太监同管皇帝的奏章文书。宝和三店:提督太监负责的商店,经营皮货、茶酒、布、牲畜等。

天启元年，诏赐客氏香火田①，叙忠贤治皇祖陵功②。御史王心一谏，不听。及帝大婚，御史毕佐周、刘兰请遣客氏出外，大学士刘一燝亦言之。帝恋恋不忍舍，曰："皇后幼，赖媪保护，俟皇祖大葬议之。"忠贤颛客氏③，逐魏朝。又忌王安持正，谋杀之，尽斥安名下诸阉④。客氏淫而狠。忠贤不知书，颇强记，猜忍阴毒⑤，好谀。帝深信任此两人，两人势益张⑥，用司礼监王体乾及李永贞、石元雅、涂文辅等为羽翼⑦，宫中人莫敢忤⑧。既而客氏出，复召入。御史周宗建、侍郎陈邦瞻、御史马鸣起、给事中侯震旸先后力诤，俱被诘责。给事中倪思辉、朱钦相、王心一复言之，并谪外⑨，尚未指及忠贤也。忠贤乃劝帝选武阉、炼火器为内操⑩，密结大学士沈㴶为援。又日引帝为倡优声伎、狗马射猎⑪。刑部主事刘宗周首劾之⑫，帝大怒，赖大学士叶向高救免。

---

① 香火田：用于祭祀祖先、延续香火的田地。 ② 叙：按功劳给予奖赐。皇祖陵：指明神宗所葬的定陵。 ③ 颛：通"专"，独占。 ④ 阉：指太监。 ⑤ 猜：猜疑。忍：狠心。阴：阴险。 ⑥ 益：更加。张：扩张。 ⑦ 羽翼：比喻帮凶，爪牙。 ⑧ 忤（wǔ午）：冒犯，抵触。 ⑨ 谪（zhé 折）：降职。谪外，指降职后派到京城之外的地方去。 ⑩ 内操：在宫内让太监们操练军事。内操始于武宗时，这时规模空前。 ⑪ 狗马：猎狗和骏马，射猎时用。 ⑫ 劾（hé 和）：揭发罪状，请求惩治。

初，神宗在位久，怠于政事，章奏多不省[①]。廷臣渐立门户[②]，以危言激论相尚[③]，国本之争[④]，指斥宫禁[⑤]。宰辅大臣为言者所弹击，辄引疾避去。吏部郎顾宪成讲学东林书院[⑥]，海内士大夫多附之，“东林”之名自是始。既而“梃击”、“红丸”、“移宫”三案起[⑦]，盈廷如聚讼。与东林忤者，众目之为邪党。天启初，废斥殆尽，识者已忧其过激变生。及忠贤势成，其党果谋倚之以倾东林。而徐大化、霍维华、孙杰首附忠贤，刘一燝及尚书周嘉谟并为杰劾去。然是时叶向高、韩爌方辅政，邹元标、赵南星、王纪、高攀龙等皆居大僚，左光斗、魏大中、黄尊素等在言路，皆力持清议，忠贤未克逞。

二年，叙庆陵功[⑧]，荫忠贤弟侄锦衣卫指挥佥事。给

---

① 省(xǐng 醒)：审阅。 ② 门户：指派别。 ③ 危言：正直坦率的言论。 ④ 国本：指太子，当时为立神宗嫡长子朱常洛还是立郑妃之子朱常洵为太子，发生纷争。 ⑤ 宫禁：指太监和后妃们。 ⑥ 东林书院：在江苏无锡，建于宋代，元代废，这时顾宪成修复，在此讲学，抨击宦官，时称东林党。 ⑦ 梃击、红丸、移宫：明代著名三大案。梃击，指万历四十三年张差持棍闯太子宫，供辞涉及郑妃的太监，因此人们怀疑郑妃图谋害太子。红丸：指万历四十八年，光宗吃了鸿胪寺丞李可灼的红丸药而死，时人怀疑是郑妃指使下毒。移宫：指万历四十八年，杨涟等人逼迫抚育熹宗的李选侍离开熹宗，迁至哕鸾宫。
⑧ 庆陵：明光宗朱常洛的陵墓。

事中惠世扬、尚书王纪论沈㴶交通客、魏[1]，俱被谴去。会初夏雨雹，周宗建言雹不以时，忠贤谗慝所致。修撰文震孟、太仆少卿满朝荐相继言之，亦俱黜。

三年春，引其私人魏广微为大学士。令御史郭巩讦宗建、一爌、元标及杨涟、周朝瑞等保举熊廷弼[2]，党邪误国。宗建驳巩受忠贤指挥，御史方大任助宗建攻巩及忠贤，皆不胜。其秋，诏忠贤及客氏子国兴所荫锦衣官并世袭。兵部尚书董汉儒、给事中程注、御史汪泗论交谏，不从。忠贤益无忌，增置内操万人，衷甲出入[3]，恣为威虐。矫诏赐光宗选侍赵氏死。裕妃张氏有娠，客氏谮杀之。又革成妃李氏封。皇后张氏娠，客氏以计堕其胎，帝由此乏嗣。他所害宫嫔冯贵人等，太监王国臣、刘克敬、马鉴等甚众。禁掖事秘，莫详也。是冬，兼掌东厂事。

四年，给事中傅櫆结忠贤甥傅应星为兄弟，诬奏中书汪文言，并及左光斗、魏大中。下文言镇抚狱[4]，将大行罗织[5]。掌镇抚刘侨受叶向高教，止坐文言。忠贤大

---

① 交通：交往勾结。 ② 讦(jié 结)：攻击揭发别人的短处隐私。熊廷弼：明代将领，在与后金(清)军作战时，由于王化贞的掣肘，没有调度军队的实权，导致兵败。朝廷归罪于他，冤杀。 ③ 衷甲：外衣里面穿着皮制护甲。 ④ 镇抚狱：锦衣卫北镇抚司的监狱。 ⑤ 罗织：虚构罪状，陷害无辜。

怒，削侨籍，而以私人许显纯代。是时御史李应升以内操谏，给事中霍守典以忠贤乞祠额谏[①]，御史刘廷佐以忠贤滥荫谏，给事中沈惟炳以立枷谏[②]，忠贤皆矫旨诘责。于是副都御史杨涟愤甚，劾忠贤二十四大罪[③]。疏上，忠贤惧，求解于韩爌。爌不应，遂趋帝前泣诉，且辞东厂，而客氏从旁为剖析[④]，体乾等翼之[⑤]。帝懵然不辨也。遂温谕留忠贤[⑥]，而于次日下涟疏，严旨切责。涟既绌[⑦]，魏大中及给事中陈良训、许誉卿、抚宁侯朱国弼、南京兵部尚书陈道亨、侍郎岳元声等七十余人交章论忠贤不法。向高及礼部尚书翁正春请遣忠贤归私第以塞谤，不许。

当是时，忠贤愤甚，欲尽杀异己者。顾秉谦因阴籍其所忌姓名授忠贤，使以次斥逐。王体乾复昌言用廷杖[⑧]，威胁廷臣。未几，工部郎中万燝上疏刺忠贤，立杖死。又以御史林汝翥事辱向高，向高遂致仕去，汝翥亦

---

① 乞：求。祠额：祠堂匾额。 ② 立枷：刑具，木笼顶如枷，锁住人颈，使犯人直立笼中。 ③ 二十四大罪：主要为专权、排斥大臣、迫害后妃皇亲、罗织无辜、建立生祠、滥荫族人、大兴内操等。 ④ 剖析：辩解。 ⑤ 翼：帮忙打掩护。 ⑥ 温：婉言安慰。 ⑦ 绌（chù 处）：通"黜"，贬退，废弃。 ⑧ 廷杖：在朝廷上用木杖打大臣，始于明太祖。

予杖。廷臣俱大詟①。一时罢斥者，吏部尚书赵南星、左都御史高攀龙、吏部侍郎陈于廷及杨涟、左光斗、魏大中等先后数十人，已又逐韩爌及兵部侍郎李邦华。正人去国，纷纷若振槁。乃矫中旨召用例转科道②。以朱童蒙、郭允厚为太仆少卿，吕鹏云、孙杰为大理丞，复霍维华、郭兴治为给事中，徐景濂、贾继春、杨维垣为御史，而起徐兆魁、王绍徽、乔应甲、徐绍吉、阮大铖、陈尔翌、张养素、李应荐、李嵩、杨春懋等，为之爪牙。未几，复用拟戍崔呈秀为御史。呈秀乃造《天鉴》、《同志》诸录③，王绍徽亦造《点将录》④，皆以邹元标、顾宪成、叶向高、刘一燝等为魁，尽罗入不附忠贤者，号曰“东林党人”，献于忠贤。忠贤喜，于是群小益求媚忠贤，攘臂攻东林矣。

初，朝臣争三案及辛亥、癸亥两京察与熊廷弼狱事⑤，忠贤本无预。其党欲藉忠贤力倾诸正人，遂相率归忠贤，称“义儿”，且云“东林将害翁”。以故，忠贤欲甘心焉⑥。御史张讷、倪文焕、给事中李鲁生、工部主事曹钦

---

① 詟(zhé 哲)：同“慑”，害怕。 ② 科道：六科给事中和各道监察御史。 ③《天鉴》《同志》录：东林党人名单。 ④《点将录》：仿《水浒》梁山一百零八将，列东林党人一百零八名。 ⑤ 京察：考核京官的制度。辛亥、癸亥：指万历三十九年、天启三年。 ⑥ 甘心：称心快意。此指彻底整垮异己者而称心快意。

程等，竞搏击善类为报复。而御史梁梦环复兴汪文言狱，下镇抚司拷死。许显纯具爰书①，词连赵南星、杨涟等二十余人，削籍遣戍有差。逮涟及左光斗、魏大中、周朝瑞、袁化中、顾大章等六人，至牵入熊廷弼案中，掠治死于狱。又杀廷弼，而杖其姻御史吴裕中至死。又削逐尚书李宗延、张问达、侍郎公鼐等五十余人，朝署一空。而特召亓诗教、刘述祖等为御史，私人悉不次超擢。于是忠贤之党遍要津矣。

当是时，东厂番役横行，所缉访无论虚实辄糜烂。戚臣李承恩者，宁安大长公主子也，家藏公主赐器。忠贤诬以盗乘舆服御物，论死。中书吴怀贤读杨涟疏，击节称叹。奴告之，毙怀贤，籍其家。武弁蒋应阳为廷弼讼冤，立诛死。民间偶语，或触忠贤，辄被擒僇，甚至剥皮、刲舌，所杀不可胜数，道路以目。其年，叙门功，加恩三等，荫都督同知，又荫其族叔魏志德都督佥事。擢傅应星为左都督，且旌其母。而以魏良卿佥书锦衣卫，掌南镇抚司事。

六年二月，卤簿大驾成②，荫都督佥事。复使其党李永贞伪为浙江太监李实奏，逮治前应天巡抚周起元及

① 具：指伪造。爰书：罪犯供辞记录。 ② 卤簿：仪仗队。大驾：帝王的车驾。

江、浙里居诸臣高攀龙、周宗建、缪昌期、周顺昌、黄尊素、李应升等。攀龙赴水死，顺昌等六人死狱中。苏州民见顺昌逮，不平，殴杀二校尉。巡抚毛一鹭为捕颜佩韦等五人悉诛死。刑部尚书徐兆魁治狱，视忠贤所怒，即坐大辟。又从霍维华言，命顾秉谦等修《三朝要典》①，极意诋诸党人恶。御史徐复阳请毁讲学书院，以绝党根。御史卢承钦又请立东林党碑。海内皆屏息丧气。霍维华遂教忠贤冒边功矣。

辽阳男子武长春游妓家，有妄言，东厂擒之。许显纯掠治，故张其词云："长春敌间，不获且为乱，赖厂臣忠智立奇勋。"诏封忠贤侄良卿为肃宁伯，赐宅第、庄田，颁铁券②。吏部尚书王绍徽请崇其先世，诏赠忠贤四代如本爵。忠贤又矫诏遣其党太监刘应坤、陶文、纪用镇山海关，收揽兵柄。再叙功，荫都督同知，世袭锦衣卫指挥使，各一人。浙江巡抚潘汝桢奏请为忠贤建祠。仓场总督薛贞言草场火，以忠贤救，得无害。于是颂功德者相继，诸祠皆自此始矣。

编修吴孔嘉与宗人吴养春有仇，诱养春仆告其主隐

①《三朝要典》：神宗、光宗、熹宗三朝关于"梃击"三案的文件汇编。 ②铁券：颁给功臣的证件，可以免本人及子孙死若干次，并记本人履历和功劳。

占黄山，养春父子瘐死。忠贤遣主事吕下问、评事许志吉先后往徽州籍其家，株蔓残酷。知府石万程不忍，削发去，徽州几乱。其党都督张体乾诬扬州知府刘铎代李承恩谋释狱，结道士方景阳诅忠贤，铎竟斩。又以睚眦怨①，诬新城侯子锦衣王国兴，论斩，并黜主事徐石麒。御史门克新诬吴人顾同寅、孙文豸诔熊廷弼，坐妖言律斩。又逮侍郎王之寀，毙于狱。凡忠贤所宿恨，若韩爌、张问达、何士晋、程注等，虽已去，必削籍，重或充军，死必追赃破其家。或忠贤偶忘之，其党必追论前事，激忠贤怒。

当此之时，内外大权一归忠贤。内竖自王体乾等外，又有李朝钦、王朝辅、孙进、王国泰、梁栋等三十余人，为左右拥护。外廷文臣则崔呈秀、田吉、吴淳夫、李夔龙、倪文焕主谋议，号"五虎"。武臣则田尔耕、许显纯、孙云鹤、杨寰、崔应元主杀僇，号"五彪"。又吏部尚书周应秋、太仆少卿曹钦程等，号"十狗"。又有"十孩儿"、"四十孙"之号。而为呈秀辈门下者，又不可数计。自内阁、六部至四方总督、巡抚，遍置死党。心忌张皇后，其年秋，诬后父张国纪纵奴不法，矫中宫旨，冀摇后。帝为致奴法，而诮让国纪。忠贤未慊，复使顺天府丞刘

① 睚眦（yá zì 牙字）：发怒瞪眼，指小怨忿。

志选、御史梁梦环交发国纪罪状，并言后非国纪女。会王体乾危言沮之，乃止。

其冬，三殿成[①]。李永贞、周应秋奏忠贤功，遂进上公[②]，加恩三等。魏良卿时已进肃宁侯矣，亦晋宁国公，食禄如魏国公例，再加恩荫锦衣指挥使一人，同知一人。工部尚书薛凤翔奏给赐第。已而太监陶文奏筑喜峰隘口成[③]，督师王之臣奏筑山海城[④]，刑部尚书薛贞奏大盗王之锦狱，南京修孝陵工竣[⑤]，甘镇奏捷[⑥]，蕃育署丞张永祚获盗，并言忠贤区画方略。忠贤又自奏三年缉捕功，诏书褒奖。半岁中，所荫锦衣指挥使四人、同知三人、佥事一人。授其侄希孟世袭锦衣同知，甥傅之琮、冯继先并都督佥事，而擢崔呈秀弟凝秀为蓟镇副总兵[⑦]。名器僭滥，于是为极。其同类尽镇蓟、辽，山西宣、大诸阨要地[⑧]。总兵梁柱朝、杨国栋等岁时赂名马、珍玩

① 三殿：指皇极、中极、建极三殿。 ② 上公：明代有公、侯、伯三等，又封“上公”，打破惯例，以示特殊恩宠。 ③ 喜峰隘口：蓟州镇通向塞外的重要山口之一，在今河北迁安西北。 ④ 山海城：即山海关的城池。 ⑤ 孝陵：明太祖朱元璋的陵墓。 ⑥ 甘镇：即甘肃镇，明代北方九边重镇之一，在今甘肃一带。 ⑦ 蓟(jì 计)镇：即蓟州镇，九边重镇之一，在今河北北部一带。副总兵：蓟镇副军事长官。 ⑧ 辽：辽东。宣：宣化府。大：大同。明代九边中的三镇。

勿绝。

七年春，复以崔文升总漕运①，李明道总河道，胡良辅镇天津。文升故侍光宗药，为东林所攻者也。海内争望风献谄，诸督抚大吏阎鸣泰、刘诏、李精白、姚宗文等，争颂德立祠，汹汹若不及。下及武夫、贾竖、诸无赖子亦各建祠。穷极工巧，攘夺民田庐，斩伐墓木，莫敢控愬。而监生陆万龄至请以忠贤配孔子，以忠贤父配启圣公②。

初，潘汝祯首上疏，御史刘之待会稿迟一日，即削籍。而蓟州道胡士容以不具建祠文③，遵化道耿如杞入祠不拜④，皆下狱论死。故天下风靡，章奏无巨细，辄颂忠贤。宗室若楚王华煃、中书朱慎鋆，勋戚若丰城侯李永祚，廷臣若尚书邵辅忠、李养德、曹思诚，总督张我续及孙国桢、张翌明、郭允厚、杨维和、李时馨、汪若极、何廷枢、杨维新、陈维新、陈尔翼、郭如阇、郭希禹、徐溶辈，佞词累牍，不顾羞耻。忠贤亦时加恩泽以报之。所有疏，咸称“厂臣”不名。大学士黄立极、施凤来、张瑞图票旨⑤，亦必曰“朕与厂臣”，无敢名忠贤者。山东产麒麟，巡抚李精白图象以闻。立极等票旨云：“厂臣修德，故仁

---

① 漕运：用河运解送各地征粮到北京。 ② 启圣公：封建帝王给孔子父亲的尊号。 ③ 蓟州道：今河北蓟县。 ④ 遵化道：今河北遵化市。 ⑤ 票旨：内阁大臣代皇帝批复奏章，写在票签上，供皇帝审定。

兽至。”其诬罔若此。前后赐奖敕无算，诰命皆拟九锡文①。

是年自春及秋，忠贤冒款汪烧饼、擒阿班歹罗铁等功②，积荫锦衣指挥使至十有七人。其族孙希孔、希孟、希尧、希舜、鹏程，姻戚董芳名、王选、杨六奇、杨祚昌，皆至左、右都督及都督同知、佥事等官。又加客氏弟光先亦都督。魏抚民又从锦衣改尚宝卿。而忠贤志愿犹未极，会袁崇焕奏宁远捷③，忠贤乃令周应秋奏封其从孙鹏翼为安平伯。再叙三大工功，封从子良栋为东安侯，加良卿太师，鹏翼少师，良栋太子太保。因遍赉诸廷臣，用呈秀为兵部尚书兼左都御史，独绌崇焕功不录。时鹏翼、良栋皆在襁褓中，未能行步也。良卿至代天子飨南北郊④，祭太庙。于是天下皆疑忠贤窃神器矣。

帝性机巧，好亲斧锯髹漆之事⑤，积岁不倦。每引绳削墨时，忠贤辈辄奏事。帝厌之，谬曰：“朕已悉矣，汝辈好为之。”忠贤以是恣威福惟己意。岁数出，辄坐文轩，

① 九锡：锡作赐。皇帝对大臣的最高赏赐，锡给九种物品，故名九锡。其文书叫九锡文。 ② 款：归服。汪烧饼：蒙古一个部落首领。阿班歹罗铁：蒙古一将领。 ③ 宁远：今辽宁兴城一带，是当时关外重要军事区域。 ④ 飨（xiǎng 想）：祭献。飨南北郊，到京城南北郊祭祀天地，是由天子亲自参加的最高规格的典礼。 ⑤ 髹（xiū 休）：给木器上漆。

羽幢青盖，四马若飞，铙鼓鸣镝之声，轰隐黄埃中。锦衣玉带靴袴握刀者夹左右驰，厨传、优伶、百戏、舆隶相随属以万数。百司章奏，置急足驰白乃下。所过，士大夫遮道拜伏，至呼九千岁，忠贤顾盼未尝及也。客氏居宫中，胁持皇后，残虐宫嫔。偶出归私第，驺从赫奕照衢路，望若卤簿。忠贤故骏无他长，其党日夜教之，客氏为内主，群凶煽虐，以是毒痡海内。

七年秋八月，熹宗崩，信王立。王素稔忠贤恶，深自儆备，其党自危。杨所修、杨维垣先攻崔呈秀以尝帝，主事陆澄原、钱元悫、员外郎史躬盛遂交章论忠贤。帝犹未发。于是嘉兴贡生钱嘉征劾忠贤十大罪：一并帝，二蔑后，三弄兵，四无二祖列宗，五克削藩封，六无圣，七滥爵，八掩边功，九朘民，十通关节。疏上，帝召忠贤，使内侍读之。忠贤大惧，急以重宝啗信邸太监徐应元求解。应元，故忠贤博徒也。帝知之，斥应元。十一月，遂安置忠贤于凤阳，寻命逮治。忠贤行至阜城，闻之，与李朝钦偕缢死。诏磔其尸，悬首河间。笞杀客氏于浣衣局。魏良卿、侯国兴、客光先等并弃市，籍其家。客氏之籍也，于其家得宫女八人，盖将效吕不韦所为，人尤疾之。

崇祯二年，命大学士韩炉等定逆案，始尽逐忠贤党，东林诸人复进用。诸丽逆案者日夜图报复。其后温体仁、薛国观辈相继柄政，潜倾正人，为翻逆案地。帝亦厌廷臣党比[1]，复委用中珰。而逆案中阮大铖等卒肆毒江左，至于灭亡。

【翻译】

魏忠贤，肃宁人。年轻时是个无赖，和一群品行恶劣的青年赌博，赌输了，被他们逼得很苦，又恨又怒，便自行阉割，改名换姓叫李进忠。后来才恢复了原姓，皇帝赐名叫忠贤。忠贤在万历年间被选拔进入皇宫，隶属太监孙暹，攀附巴结。进了甲字库做事，又请求为皇帝长孙的母亲王才人主管膳食，讨好奉承宦官魏朝。魏朝多次向王安称赞魏忠贤，王安对待魏忠贤很好。皇长孙的奶妈名叫客氏，一向与魏朝关系暧昧，是宫内所谓的"对食者"。等到魏忠贤进了宫，客氏又与忠贤私通。客氏于是疏远了魏朝而爱魏忠贤，两人相互结下很深的关系。

光宗驾崩之后，皇长孙继位，这就是明熹宗。魏忠贤、客氏都受到宠信。长孙继位不到一个月，就封客氏为奉圣夫人，荫封她的儿子侯国兴、弟弟客光先和魏忠贤的哥哥魏钊皆当上了锦衣千户。魏忠贤不久又从惜

① 党比：阿党比周，结党营私。

薪司提升为司礼监的秉笔太监并兼管宝和等三大店铺。魏忠贤不识字，照惯例不能进入司礼监，靠了客氏的关系，才得到了这个要职。

天启元年，皇帝下诏赐给客氏香火田，又奖赐魏忠贤办理皇祖明神宗陵墓的功劳。御史王心一为此而进谏，熹宗不听。到熹宗成婚之后，御史毕佐周、刘兰请求遣送客氏出宫外，大学士刘一燝也说到这件事。熹宗皇帝恋恋不舍，不忍遣送，他说："皇后年幼，还要靠奶妈保护，等到皇祖的葬礼完成后再商议这件事。"魏忠贤独占客氏，赶走了魏朝。又忌讳王安主持公正，设计谋杀了王安，全部排斥了王安属下的太监。客氏淫荡而狠毒。魏忠贤不识字，但记性很好，为人猜忌心狠，阴险毒辣，喜欢阿谀拍马。熹宗皇帝非常信任这两个人，二人的势力更加扩张，拉拢司礼监的王体乾和李永贞、石元雅、涂文辅等人作为帮凶党羽，宫里的人没有谁敢触犯他们。其后客氏遣出皇宫，又重新召进。御史周宗建、侍郎陈邦瞻、御史马鸣起、给事中侯震旸等人先后极力谏诤，但都受到诘问和斥责。给事中倪思辉、朱钦相、王心一又进谏此事，都被贬官放任外地。他们的谏诤还不曾指责到魏忠贤。魏忠贤于是劝熹宗选拔练武的太监，操练火器，称为内操，又暗中勾结大学士沈㴶为外援。又每天勾引熹宗与唱戏的人和歌伎舞女鬼混，纵狗策马，射箭打猎。刑部主事刘宗周首先上疏弹劾魏忠贤，熹宗大怒，全靠大学士叶向高的解救才避免了罪罚。

当初，明神宗在位时间很长，懒于过问国政大事，大臣上的章奏大多都不审阅。朝廷上的大臣们逐渐分成不同派别，互相崇尚讲些直率而过激的言论，在争论立谁为太子时，指责批评官内的太监和后妃。担任宰辅的大臣，只要受到监察官员的弹劾抨击，总是借口有病而辞职躲避。吏部郎顾宪成在东林书院讲学，全国的士大夫多数都向他依附靠拢，“东林”的声名自此开始。其后“梃击”、“红丸”、“移宫”三件大案发生。整个朝廷就像许多人在一起打官司一样争论不休。与东林的意见不合的人，大家都认为是邪党。天启初年，与东林不合的人几乎完全废除排斥掉了，有见识的人已经担忧这种做法太过分会激起变故发生。到魏忠贤势力形成时，与东林不合的人们果然谋划依靠魏忠贤来打倒东林党人。其中徐大化、霍维华、孙杰首先依附魏忠贤，刘一燝和尚书周嘉谟都被孙杰弹劾去职。但这时叶向高、韩爌正在辅佐熹宗管理朝政，邹元标、赵南星、王纪、高攀龙等人都位居高官要职，左光斗、魏大中、黄尊素等人身为监察官，他们都极力主持公正的议论，魏忠贤未能得逞。

天启二年，奖赐治理庆陵的功劳，荫封魏忠贤的侄子为锦衣卫指挥佥事。给事中惠世扬、尚书王纪批评沈漼交往勾结客氏和魏忠贤，都受到谴责而被贬去官职。正好遇上初夏下冰雹，周宗建上书说这时下冰雹不合时令，是由魏忠贤的谗言邪恶引来的。修撰文震孟、太仆少卿满朝荐相继议论这事，也都被罢黜了官职。

天启三年春天，魏忠贤提拔他的私党魏广微为大学士。又让御史郭巩攻击周宗建、刘一燝、邹元标和杨涟、周朝瑞等人保举熊廷弼是与邪恶结党来误害国家。周宗建反驳说郭恐受魏忠贤指挥，御史方大任帮助周宗建抨击郭巩及魏忠贤，但都不能取胜。这年秋天，熹宗下诏恩准魏忠贤及客氏之子侯国兴所荫封的锦衣卫官职并且可以世袭。兵部尚书董汉儒、给事中程注、御史汪泗论交替进谏，熹宗都不听从。魏忠贤更加肆无忌惮，增加参加内操的武装太监达到一万人，衣内裹着护甲出入皇宫，恣意耀武扬威，虐害百姓。魏忠贤又假传圣旨赐光宗的选侍赵氏自杀。裕妃张氏怀了孕，客氏说她的坏话，使她被杀。又革去成妃李氏的封号。皇后张氏怀孕，客氏设计堕掉张氏的胎儿，熹宗因此没有后嗣。其他所害的宫女嫔妃冯贵人等，以及太监王国臣、刘克敬、马鉴等人为数甚多。皇宫内部的事十分隐秘，没有人详知内情。这年冬天，魏忠贤又兼管了东厂的事务。

天启四年，给事中傅櫆勾结魏忠贤的外甥傅应星，两人结拜为兄弟，上书诬告中书汪文言，并牵涉到左光斗、魏大中。把汪文言抓进镇抚司的监狱，将要大肆进行罗织罪名，陷害无辜。掌管镇抚司的刘侨接受叶向高的建议，只判汪文言有罪。魏忠贤大怒，削除了刘侨的官籍，用自己的私党许显纯代替刘侨。这时，御史李应升为内操的事向熹宗提出劝谏，给事中霍守典对魏忠贤请求为他的生祠匾额题字的事向熹宗提出劝谏，御史刘廷佐为魏忠贤过度无节制地荫封的事向熹宗劝谏，给事中沈惟炳为设立立枷酷刑的事向熹宗劝谏，魏忠贤都假传诏旨予以诘问斥责。对此副都御史杨涟气愤已极，上疏弹劾魏忠贤二十四条大罪。疏上给熹宗，魏忠贤害怕了，向韩爌乞求解脱。韩爌不答应，魏忠贤于是跑到熹宗跟前哭诉，并且要辞去东厂的职务，但是客氏却在一旁替他分辩，王体乾等人也帮忙打掩护。熹宗糊里糊涂辨不清是非，于是婉言安慰挽留魏忠贤，又在第二天批下杨涟的上疏，下旨严厉斥责杨涟。杨涟被斥退之后，魏大中和给事中陈良训、许誉卿、抚宁侯朱国弼、南京兵部尚书陈道亨、侍郎岳元声等七十余人，纷纷上书揭露魏忠贤的不法罪行。叶向高和礼部尚书翁正春请求熹宗遣送魏忠贤回到自己的私人住宅，以平息人们的抨击，熹宗不同意。

在这时，魏忠贤十分气愤，企图全部杀掉反对自己的人。顾秉谦趁机开列魏忠贤忌恨的人的名单交给魏忠贤，让魏忠贤依次排斥赶走他们。王体乾又建议使用廷杖，威胁朝廷官员。不久，工部郎中万燝上疏指责魏忠贤，马上用廷杖打死。又利用御史林汝翥的事侮辱叶向高，叶向高于是告老辞官离去，林汝翥也受到杖击。朝廷大臣都十分恐惧。在很短时间内被罢官贬斥的人有：吏部尚书赵南星、左都御史高攀龙、吏部侍郎陈于廷和杨涟、左光斗、魏大中等，前后有数十人，之后又赶走了韩爌及兵部侍郎李邦华。正直人士离开朝廷，就像振动枯叶纷纷下落一样。魏忠贤于是假传圣旨召用私党，照例转为六科给事中和都察院各道监察御史。魏忠贤用朱童蒙、郭允厚为太仆少卿，用吕鹏云、孙杰为大理丞，恢复霍维华、郭兴治为给事中，用徐景濂、贾继春、杨维垣为御史，又起用徐兆魁、王绍徽、乔应甲、徐绍吉、阮大铖、陈尔翌、张养素、李应荐、李嵩、杨春懋等人，作为自己的爪牙。不久，又用本已准备发配充军的崔呈秀为御史。崔呈秀于是编造《天鉴录》、《同志录》等名单，王绍徽也编造《点将录》，都把邹元标、顾宪成、叶向高、刘一燝等人列为首领，把不依附魏忠贤的人尽数列入，称作“东林党人”，献给魏忠贤。魏忠贤很高兴，于是这些小人更加谄媚魏忠贤，捋袖伸臂开始大肆攻击东林党人了。

当初，朝廷大臣争论三大案件和辛亥、癸亥两年考核京官以及熊廷弼案件的事，魏忠贤本来并未参与。但是涉及此事的奸邪党羽企图借魏忠贤的势力打击那些正直之士，于是相继投靠魏忠贤，自称“义儿”，并且对魏忠贤说：“东林党人将要害您老人家。”因此，魏忠贤决心惩治他们以快意。御史张讷、倪文焕、给事中李鲁生、工部主事曹钦程等人，竞相打击正人君子作为报复。而御史梁梦环又重提汪文言的旧案，把汪文言押到镇抚司拷打致死。许显纯伪造口供，供词牵连赵南星、杨涟等二十余人，削除官籍或发配充军不等。逮捕杨涟及左光斗、魏大中、周朝瑞、袁化中、顾大章六人，并牵连进熊廷弼的案子里，拷打折磨死在狱中。又杀死熊廷弼，杖打他的亲家御史吴裕中直至死亡。又革职斥逐尚书李宗延、张问达、侍郎公鼐等五十多人，朝廷官署为之一空。然后特地召来亓诗教、刘述祖等人任为御史，其他私党亲信都越级提升。这时，魏忠贤的党羽遍布朝廷各个重要部门了。

在这时，东厂的差役到处横行霸道，他们所侦缉捉拿的人，无论案情是虚是实，总是打得血肉糜烂。皇亲李承恩，是宁安大长公主的儿子，家里收藏有公主赐给的器具。魏忠贤诬陷他偷盗皇帝的御用物，断成死罪。中书吴怀贤朗读杨涟的疏文，打着拍子连声赞叹。他的家奴告发他，魏忠贤让人打死吴怀贤，抄了他的家。武弁蒋应阳为熊廷弼鸣冤，立刻下令杀死他。民间老百姓闲谈，有人偶尔谈到魏忠贤，马上就被逮捕杀戮，甚至剥皮、割舌头，被杀死的人不计其数，人们路上遇见，只敢以眼色示意。这一年，赏赐魏忠贤祖辈的功劳，加恩三等，荫封族人为都督同知。又荫封魏忠贤的族叔魏志德为都督佥事。提升傅应星为左都督，并且表彰他的母亲。又以魏良卿负责在锦衣卫签发文件，掌管南镇抚司的事务。

天启六年二月，熹宗的仪仗队和车驾组成，因此而荫封魏忠贤的族人为督都佥事。又指使其党羽李永贞伪造浙江太监李实的奏本，逮捕治罪前应天巡抚周起元及在江浙家乡居住的各位大臣高攀龙、周宗建、缪昌期、周顺昌、黄尊素、李应升等人。高攀龙投水自杀，周顺昌等六人死在狱中，苏州民众见周顺昌被捕，心怀不平，打死两个校尉。巡抚毛一鹭为此逮捕了颜佩韦等五个人，并全都处死。刑部尚书徐兆魁办理案子，看到只要是魏忠贤所愤恨的人，就马上处以死刑。魏忠贤又听从霍维华的建议，命顾秉谦等人修撰《三朝要典》，极力诋毁东林党人。御史徐复阳请求拆毁讲学的书院，以断绝东林党人的根基。御史卢承钦又请求建立东林党碑。海内人士都谨小慎微，垂头丧气。霍维华于是开始教唆魏忠贤冒认边防的军功了。

辽阳有一个男子叫武长春的，到娼妓家游逛，讲些狂妄无稽的话，东厂把他捉拿了。许显纯拷打审问他，故意夸大他的供辞说："长春是敌人的间谍，不捉住他，将要作乱，全靠厂臣魏忠贤的忠诚智慧才建立了这个奇特的功勋。"熹宗下诏封魏忠贤的侄子魏良卿为肃宁伯，赐给宅院、庄田，并颁发了铁券。吏部尚书王绍徽请示熹宗崇扬魏忠贤的祖先，下诏赠给魏忠贤的四代父祖与魏忠贤同样的官爵。魏忠贤又伪造圣旨，派其党羽太监刘应坤、陶文、纪用镇守山海关，收揽兵权。又一次奖赐魏忠贤的功劳，荫封魏忠贤的族人为都督同知、世袭锦衣卫指挥使各一人。浙江巡抚潘汝桢上书请求熹宗为魏忠贤建立纪念祠堂。仓场总督薛贞声称，草场失火，多亏了魏忠贤的功德，才得以未受损失。于是为魏忠贤歌功颂德者接连出现，各地的魏忠贤的祠堂都是从这时开始兴建的。

编修吴孔嘉与其同族的吴养春有仇，他引诱吴养春的奴仆告发他的主人偷占黄山，吴养春父子二人因此而死在狱中。魏忠贤派主事吕下问、评事许志吉先后到徽州抄吴养春的家，株连了许多人，残酷迫害。知府石万程于心不忍，剃光头发离官府而去做和尚，徽州几乎大乱。魏忠贤的党羽都督张体乾诬告扬州知府刘铎替李承恩策划设法释放出狱，勾结道士方景阳诅咒魏忠贤，刘铎因此竟被斩首。又因为一点小怨，诬告新城侯的儿子锦衣王国兴，处以死刑，并革了主事徐石麒的职。御史门克新诬告吴人顾同寅、孙文豸写诔文悼念熊廷弼，按妖言惑众的法律处以死刑。又逮捕侍郎王之寀，整死在狱中。凡是魏忠贤以前所怨恨的人，像韩爌、张问达、何士晋、程注等人，虽然已经离开京城，也定要削除官籍，重的甚至充军，已经死亡的也定要追赃，使他们的家破产。魏忠贤偶然忘记了有些仇人，他的党羽必定会重提往事，激起魏忠贤的仇恨。

当此之时，宫内与朝廷的大权全部都归魏忠贤掌管。宫内太监除王体乾等人之外，又有李朝钦、王朝辅、孙进、王国泰、梁栋等三十余人，在魏忠贤身边作为帮凶。朝廷上的文臣则有崔呈秀、田吉、吴淳夫、李夔龙、倪文焕主持出谋划策的事，称为“五虎”。武臣则有田尔耕、许显纯、孙云鹤、杨寰、崔应元主持杀戮之事，号称“五彪”。又有吏部尚书周应秋、太仆少卿曹钦程等人，号称“十狗”。又有“十孩儿”、“四十孙”的称号。而在崔呈秀这伙人门下当爪牙的人，又不可胜计。从中央的内阁、六部到地方的总督、巡抚，普遍安置了死党。魏忠贤心中忌恨张皇后，这年秋天，诬告皇后的父亲张国纪放纵家奴、不守法律，伪造皇后的圣旨，企图动摇皇后的地位。熹宗因此给张国纪送去管教家奴的法令条文，而且指责了张国纪。魏忠贤仍不满意，又让顺天府丞刘志选、御史梁梦环先后揭发张国纪的罪状，并且声言皇后不是张国纪的女儿。正好这时王体乾说了些后果危险的话加以阻止，魏忠贤才停止了迫害。

这年冬天，皇极、中极、建极三大殿建成。李永贞、周应秋上奏，说这是魏忠贤的功劳，于是晋升魏忠贤的爵位为“上公”，加恩三等。魏良卿这时已晋升为肃宁侯了，这次也晋升为宁国公，食用俸禄和魏国公一样，另外又加恩荫封族人锦衣指挥使一人和都督同知一人。工部尚书薛凤翔上奏请求赐给宅院。之后太监陶文上奏报告喜峰隘口修筑完成，督师王之臣上奏报告山海关城修筑完成，刑部尚书薛贞上奏大盗王之锦捉拿归案，南京明孝陵的工程修筑竣工，甘肃镇奏报军事大捷，蕃育署丞张永祚抓获强盗，都称是魏忠贤筹划的方针大计。魏忠贤自己又奏称天启三年缉捕强盗有功，对此熹宗均下诏表彰奖励。半年之中，所荫封的族人有锦衣指挥使四人、同知三人、佥事一人。又授他侄子魏希孟世袭锦衣同知，外甥傅之琮、冯继先并为都督佥事，又提拔崔呈秀的弟弟崔凝秀为蓟州镇副总兵。官爵和车服的僭越和滥赏，至此达到了极点。魏忠贤的同伙全部镇守了蓟州镇、辽东镇及山西宣府镇、大同镇等各处军事要地。总兵梁柱朝、杨国栋等人在年节时令向魏忠贤贿赂的名马和珍奇宝玩络绎不绝。

天启七年春，又让崔文升总管漕运的事务、李明道总管河道的事务、胡良辅镇守天津。崔文升就是以前曾侍奉光宗服用毒药，被东林党人在红丸案中加以攻击的人。到这时，天下的人争着看风头，向魏忠贤献媚，各地总督巡抚大官如阎鸣泰、刘诏、李精白、姚宗文等人，争着歌功颂德，为魏忠贤建立纪念祠堂，天下汹汹嚷嚷，唯恐落后。下面的到一般的武夫、商贾奴仆、各种无赖流氓也各自为魏忠贤建祠。为修这些祠堂，穷尽了精工巧艺，强夺民田民房，砍伐墓地的树木，无人敢控告申诉。而监生陆万龄甚至于请求让魏忠贤配享孔子的祭祀，以魏忠贤的父亲配享孔子的父亲启圣公的祭祀。

当初，潘汝祯首先上疏请建魏忠贤生祠，御史刘之待会稿迟了一天，立即被削了官籍。而蓟州道的胡士容由于不写修建生祠的文章，遵化道的耿如杞进了魏忠贤的生祠只作揖不下拜，都被抓进监狱处以死刑。因此天下成了风气，奏章无论事情大小，都要歌颂魏忠贤。皇族如楚王朱华煃、中书朱慎鋆，有功的皇亲如丰城侯李永祚，朝廷大臣如尚书邵辅忠、李养德、曹思诚，总督张我续及孙国祯、张翌明、郭允厚、杨维和、李时馨、汪若极、何廷枢、杨维新、陈维新、陈尔翼、郭如闇、郭希禹、徐溶之流，谀谄的言辞连篇累牍，不顾羞耻。魏忠贤也时常施予一些恩惠以报答他们的献媚。所有的上疏奏章，都称“厂臣”而不称魏忠贤的名字。大学士黄立极、施凤来、张瑞图代皇帝草拟奏章的批复，也必称“朕与厂臣”，没有敢称魏忠贤的名字的人。山东出了麒麟，巡抚李精白画了麒麟的图像向上汇报。黄立极等人草拟批复说：“厂臣修德，因此仁兽出现。”他们的胡说和虚妄就是如此。熹宗前后赐给魏忠贤的奖赏诏书不计其数，赐予魏忠贤爵位的诏令，都是仿效九锡文的格式。

这年从春天到秋天，魏忠贤冒认使汪烧饼归服、捕获阿班歹罗铁的功劳，累积荫封其族人为锦衣指挥使的有十七人。他的族孙魏希孔、魏希孟、魏希尧、魏希舜、魏鹏程，亲戚董芳名、王选、杨六奇、杨祚昌，都当上了左、右都督及都督同知、佥事等官。又晋升客氏弟兄客光先也任都督。魏抚民的官职又从锦衣卫改为尚宝卿。但是魏忠贤的心愿仍然未到极点，正好这时袁崇焕奏报宁远大捷，魏忠贤于是命令周应秋奏请封魏忠贤的从孙魏鹏翼为安平伯。又一次奖励建造皇极、中极、建极三大殿工程的功劳，封魏忠贤的从孙魏良栋为东安侯，给魏良卿加封太师的称号，魏鹏翼为少师，魏良栋为太子太保。又借此机会遍赏各位朝廷大臣，用崔呈秀为兵部尚书兼左都御史，唯独去除了袁崇焕的战功不予记录。当时魏鹏翼、魏良栋都在襁褓中，还不会走路。魏良卿甚至于代替天子到南北郊祭天祭地，祭祀帝王的祖庙。这时，天下的人都怀疑魏忠贤要篡夺帝位了。

熹宗天性聪明灵巧，爱好亲自干木工漆匠的活，多年都不厌倦。每当熹宗拉墨绳弹墨线时，魏忠贤之流就来奏报事情。熹宗讨厌这些事，胡乱回答一句："朕已知道了，你们好好去干。"魏忠贤因此能随心所欲放肆地作威作福了。他一年之中多次出游，总是坐着华贵的车子，车上挂着羽毛车帘，青色车盖，拉车的四匹马奔驰如飞，仪仗队的铙鼓响箭之声，轰轰隆隆隐没于飞扬的黄土尘埃中。身穿锦衣、腰系玉带、下穿靴子套裤、手握佩刀的随行人员，在车子左右两旁跟着飞驰。负责食宿和停顿车马的人、戏子歌伎、杂技艺人、轿夫差役等跟随出行的人员数以万计。政府各部门的章奏，要安排快马随车队飞驰口头汇报后才能回来。车队所经过的地方，士大夫们跪拜在道旁，甚至于高呼"九千岁"，但魏忠贤根本来不及回头看一下。客氏住在宫中，威胁挟持张皇后，残酷虐待宫女妃嫔。偶尔从皇宫外出回到自己的宅第，骑马的侍从火把通明照亮大路，看上去就像天子的车驾仪仗。魏忠贤本来愚笨，没有其他特长，他的党羽日夜教他，客氏做宫内的主人，这群凶人到处行虐，因此其流毒危害整个天下。

天启七年秋八月，熹宗驾崩，信王朱由检继位。信王一向熟知魏忠贤的凶恶，深自用心儆戒防备，信王的手下个个也都心怀忧惧。杨所修、杨维垣以先攻击崔呈秀来试探皇帝，主事陆澄源、钱元悫、员外郎史躬盛于是先后上疏抨击魏忠贤。皇帝仍未表态。这时嘉兴贡生钱嘉征上疏弹劾魏忠贤的十大罪状：一是把自己与熹宗并列，二是诬蔑迫害皇后，三是建立自己的武装，四是目无高祖、成祖和列位先帝，五是克扣削减对藩王的封赠，六是目无圣人孔子，七是大肆滥封官爵，八是掩盖边防将士的功劳，谎称为自己的功劳，九是搜括民脂民膏，十是行贿收买打通关节。疏本奏上后，皇帝召见魏忠贤，让内侍的太监宣读奏疏。魏忠贤十分恐惧，急忙用贵重的珍宝贿赂信王府内的太监徐应元谋求解救。徐应元，原来就是与魏忠贤一伙的赌徒。皇帝知道他的底细，斥责徐应元的说情。十一月，于是安置魏忠贤到凤阳去，接着又下令逮捕治罪。魏忠贤走到阜城，听到这个诏命，与李朝钦一起上吊自杀。皇帝又下诏砍碎魏忠贤的尸体，把他的头挂在河间府示众。又把客氏用鞭打死在浣衣局。魏良卿、侯国兴、客光先等人都在闹市当众斩首，然后分别抄了他们的家。抄客氏家时，在她家里搜出八名宫女，原来她将要仿效吕不韦所作的勾当，人们对此特别憎恨。

崇祯二年，命大学士韩炉等把魏忠贤等人定为叛逆案,这时才把魏忠贤的党羽全部消除,东林党人重被起用。那些与逆案有关的家伙,白天黑夜图谋报复。其后,温体仁、薛国观之流相继把持大权和朝政,暗中打击正直人士,为翻逆案作准备。皇帝也厌恶朝廷大臣的阿党朋比,又任用太监。而逆案中阮大铖等人,到南明时终于在江南地区得以肆意毒害,直到南明朝廷灭亡时。

张献忠传

明朝末年，爆发了以李自成、张献忠为领袖的农民起义。这次起义席卷全国，沉重地打击了封建地主阶级，推翻了明王朝。本篇记述了张献忠在农民起义风暴的激励下，毅然揭竿而起，率领米脂县的饥民投入明末农民大起义的激流中，直至最后战败的战斗历程。张献忠领导的农民起义，前后奋战了十七年。在这十七年中，张献忠转战大半个中国，所到之处，杀官吏，除恶霸，摧毁了一个又一个封建地方政权，并在成都正式建立了农民军的“大西”政权。

由于本篇作者站在封建地主阶级的立场，对张献忠进行了污蔑和歪曲，因而本篇记载有许多不实之处，需要我们认真加以分析。但本传也传神地写出了张献忠骁勇善战、足智多谋的一面。

张献忠者，延安卫柳树涧人也①，与李自成同岁生，长隶延绥镇为军②，犯法当斩，主将陈洪范奇其貌，为请于总兵官王威释之，乃逃去。

崇祯三年，陕西贼大起，王嘉胤据府谷③，陷河曲④。献忠以米脂十八寨应之⑤，自称八大王。明年，嘉胤死，其党王自用复聚众三十六营，献忠及高迎祥、罗汝才、马守应等皆为之渠。其冬，洪承畴为总督⑥，献忠及汝才皆就抚。已而叛入山西，偕群贼焚掠。寻扰河北⑦，又偕渡河。自是，陕西、河南、湖广、四川、江北数千里地，皆被蹂躏。当此之时，贼渠率众无专主，遇官军，人自为斗，胜则争进，败则窜山谷不相顾。官军遇贼追杀，亦不知所逐何贼也。贼或分或合，东西奔突，势日强盛。

---

① 柳树涧：村镇名，在今陕西定边县东。 ② 延绥：军镇名，明九边之一，镇城在今陕西省榆林市。 ③ 府谷：县名，在今陕西省府谷县。 ④ 河曲：县名，在今山西省河曲县。 ⑤ 米脂：县名，在今陕西省米脂县。 ⑥ 洪承畴：明末陕西三边（延绥、甘肃、宁夏）总督，兵部尚书，率军镇压农民起义。 ⑦ 河北：指黄河以北地区。

八年，十三家会荥阳[①]，议敌官军。守应欲北渡，献忠嗤之，守应怒，李自成为解，乃定议。献忠始与高迎祥并起作贼，自成乃迎祥偏裨，不敢与献忠并。及是遂相颉颃[②]，与俱东掠，连破河南、江北诸县，焚皇陵[③]。已而迎祥、自成西去。献忠独东，围庐州[④]、舒城[⑤]，俱不下。攻桐城[⑥]，陷庐江[⑦]，屠巢、无为、潜山、太湖、宿松诸城[⑧]，应天巡抚张国维御之[⑨]。献忠从英、霍遁[⑩]，道麻城[⑪]，合守应等入关，会迎祥于凤翔。已，复出商、洛[⑫]，屯灵宝，以待迎祥。迎祥至，则合兵复东。总兵官左良玉、祖宽击之，献忠与迎祥分道走。宽追献忠，战于嵩县及九皋

---

① 十三家会荥阳：崇祯八年(1635)，农民起义军各部首领聚会于河南荥阳，议定起义军的战略战术，这就是历史上有名的“荥阳大会”，参加大会的有当时势力较大的十三家七十二营的大小首领，这种共同议定起义战略的会议，是农民战争史上的一个创举。 ② 颉颃(xié háng 鞋杭)：不相上下的意思。 ③ 皇陵：明太祖朱元璋父母的陵墓，在安徽凤阳。 ④ 庐州：明时府名，治所在今安徽合肥市。 ⑤ 舒城：县名，在今安徽省舒城县。 ⑥ 桐城：县名，在今安徽省桐城市。 ⑦ 庐江：县名，在今安徽省庐江县。 ⑧ 巢、无为、潜山、太湖、宿松：均为今安徽省各县名。 ⑨ 应天：明时府名，明初曾定都于应天，即今南京市。 ⑩ 英：县名，即今湖北省英山县。霍：县名，即今安徽省霍山县。 ⑪ 麻城：县名，即今湖北省麻城。 ⑫ 商：县名，即今陕西省商县。洛：县名，即今陕西省洛南县。

山[1]，三战皆克，俘斩甚众。献忠恚，再合迎祥众还战，复大败。迎祥寻与自成入陕西，而守应、汝才诸贼，各盘踞郧阳、商、洛山中[2]，不能救，献忠亦遁山中。

明年秋，总兵卢象昇去，苗胙土巡抚湖广，不习兵。于是献忠自均州，守应自新野，蝎子块自唐县[3]，并犯襄阳，众二十余万。总兵秦翼明兵寡不能御，湖广震动。献忠纠汝才、守应及闯塌天诸贼[4]，顺流东下，与江北贼贺一龙、贺锦等合，烽火达淮、扬。南京兵部尚书范景文[5]、操江都御史黄道直、总兵官杨御蕃分汛固守，安池道副使史可法亲率兵当贼冲[6]。贼从间道犯安庆，连营百里，巡抚国维告警。诏左良玉、马炌、刘良佐合兵援之，遂大破贼。贼走潜山之天王古寨[7]，国维檄良玉搜山，良玉不应，寻北去。贼乃复出太湖，连蕲、黄，败官军

① 九皋山：一名鸣皋山，在今河南省嵩县东北部。 ② 郧阳：明时府名，治所在今湖北省郧县。 ③ 蝎子块：本名拓养坤，明末农民起义军将领，后背叛降明，明亡降清，后又投降李自成。 ④ 闯塌天：本名刘国能，明末农民起义军的叛徒，后被李自成杀掉。 ⑤ 南京兵部尚书：明都从南京迁往北京后，南京仍设六部，但无实权。兵部尚书，本是负责全国军事的长官，但当时南京的兵部尚书实际上只是守备南京及其周围地区。 ⑥ 安池道：即安庆、池州分巡道。史可法：崇祯时曾任南京兵部尚书，后在扬州抗清，城破被杀。 ⑦ 天王古寨：一作天堂寨，为安徽省潜山县境内天堂山的险要山峰。

于酆家店，杀参将程龙、陈于王等四十余人。会总兵官牟天绶偕良佐来援，复破贼。贼皆遁，献忠入湖广。

是时，河南、湖广贼十五家，惟献忠最狡黠骁勍，次则汝才。献忠尝伪为官兵。欲绐宛城，良玉适至，献忠仓皇走，前锋罗岱射之中额，良玉马追及，刃拂献忠面，马驰以免。会熊文灿为总理，刊檄抚贼。闯塌天者，本名刘国能，与献忠有郤，诣文灿降。献忠创甚，不能战，大恐。

十一年春，侦知陈洪范隶文灿麾下为总兵，大喜，因遣间赍重币献洪范曰："献忠蒙公大恩，得不死，公岂忘之邪？愿率所部降以自效。"洪范亦喜，为告文灿，受其降。巡按御史林铭球，分巡道王瑞栴与良玉谋①，俟献忠至执之，文灿不可。献忠遂据谷城，请十万人饷，文灿不敢决。时群贼皆聚南阳，屠掠旁州县。文灿赴裕州②，益大发檄抚贼。汝才以战败乞降于太和山监军太监李继改③。明年，射塌天、混十万、过天星、关索、王光恩等十三家渠帅，先后具降。陕西总督洪承畴、巡抚孙传庭复

① 分巡道：官名，明代按察司的佐官副使，佥事，分理各道司法，称为分巡道。栴（zhān 沾）。 ② 裕州：明朝的州名，治所在今河南省方城县。 ③ 太和山：武当山主峰，在今湖北省西北部。监军太监：官名，监督军队的布置，指挥作战等，由宦官充任。

大破李自成，自成窜崤、函山中①，朝廷皆谓贼扑剪殆尽。

献忠在谷城，训卒治甲仗②，言者颇疑其欲反。帝方信兵部尚书杨嗣昌言，谓文灿能办贼，不复忧也。夏五月，献忠叛，杀知县阮之钿，隳谷城③，陷房县，合汝才兵，杀知县郝景春。十三家降贼一时并叛，惟王光恩不从。献忠去房县，左良玉追击之，罗岱为前锋，至罗猴山④，岱中伏死，良玉大败。

嗣昌已拜大学士⑤，乃自请督师，帝大悦。十月朔⑥，嗣昌至襄阳，集诸将议进兵。时群贼大掠，贺一龙、贺锦犯随、应、麻、黄，与官军相持。汝才及过天星窜伏漳、房、兴、远，献忠踞湖广、四川界，将西犯。嗣昌视东略稍缓，乃宿辎重襄阳，浚濠筑城甚固，令良玉专力剿献忠。

十三年闰正月，良玉击贼枸坪关，献忠遁，追至玛瑙山。贼据山拒敌，良玉先登，贺人龙、李国奇夹击，大败之，斩首千三百余级，擒献忠妻妾。湖广将张应元、汪之

---

① 崤：山名，在今河南省西部。函：即函谷关。 ② 甲：铠甲。仗：泛指各种兵器。 ③ 隳（huī 灰）：这里指毁坏。 ④ 罗猴山：位于今湖北省房县西八十里。 ⑤ 大学士：皇帝顾问，明中叶以大学士为内阁长官，起草诏令，批答奏章，官品虽低，实掌宰相之权。 ⑥ 朔：夏历每月初一。

凤追败之水右坝①。川将张令、方国安又邀击于岔溪②。献忠奔柯家坪，张令逐北深入，被围，应元、之凤援之，复破贼。献忠率千余骑窜兴、归山中③，势大蹙。

初，良玉之进兵也，与嗣昌议不合。献忠遣间说良玉，良玉乃围而弗攻。献忠因得与山民市盐刍米酪，收溃散，掩旗息鼓，益西走白羊山④。时汝才及过天星从宁昌窥大昌、巫山，欲渡江，为官兵所扼。献忠至，遂与之合。献忠虽累败，气益盛，立马江岸，有不前赴者，辄戮之。贼争死斗，官军退走。贼毕渡，屯万顷山，归、巫大震。已而汝才、过天星犯开县不利，汝才东走，过天星复轶开县而西。诸将往复追逐，献忠乃悉众攻楚兵于土地岭⑤，副将汪之凤战死。遂陷大昌，进屯开县，张令战死，石砫女土司秦良玉亦败⑥。汝才复自东至，与献忠转趋达州。川抚邵捷春退扼涪江。贼北陷剑州，将入汉中。总兵官赵光远、贺人龙守阳平、百丈险⑦。贼不得过，乃

① 水右坝：在今四川省万源市一带。 ② 岔溪：万源市境内前江附近。 ③ 归：明时州名，治所在今湖北省秭归县。 ④ 白羊山：巫山深险处。 ⑤ 土地岭：明军大本营所在地，在今重庆市奉节县。 ⑥ 秦良玉：四川石柱宣抚使马千乘妻，马死后，她领其部在四川一代镇压张献忠农民军。 ⑦ 阳平：在陕西省宁强县，自古为汉中入四川的咽喉要道。

复走巴西[1]。涪江师溃，捷春论死。献忠屠绵州，越成都，陷泸州，北渡陷永川，走汉州[2]、德阳，入巴州。又自巴走达州，复至开县。

先是，嗣昌闻贼入川，进驻重庆。监军万元吉曰："贼或东突，不可无备，宜分中军间道出梓潼，扼归路。"嗣昌不听，拟令诸将尽赴泸州追贼。

十四年正月，总兵猛如虎、参将刘士杰追之开县之黄陵城，贼还战，官军大败，士杰及游击郭开等皆死。献忠果东出，令汝才拒郧抚袁继咸兵，自率轻骑，一日夜驰三百里，杀督师使者于道，取军符[3]，绐陷襄阳城。献忠缚襄王翊铭置堂下，属之酒曰："我欲借王头，使杨嗣昌以陷藩诛，王其努力尽此酒。"遂杀之，并杀郧襄道张克俭、推官邝曰广，复得其所失妻妾。又去，陷樊城、当阳、郏。合汝才入光州[4]，残商城、罗山、息县、信阳、固始。分军犯茶山、应城，陷随州。伪张良玉帜，入泌阳。再攻应山，不克，去。攻郧阳，守将王光恩力战，始解。又拔郧西，群盗附者万计，遂东略地。

献忠自玛瑙山之败，心畏良玉，及屡胜，有骄色。秋

---

① 巴：明时州名，治所在今重庆市。 ② 汉州：明时州名，治所在今四川省广汉市。 ③ 军符：即兵符，调兵用的凭证。④ 光州：明时州名，治所在今河南省潢川县。

八月，良玉追击之信阳，大破之，降贼众数万。献忠伤股，乘夜东奔，良玉急追之。会大雨，江溢道绝，官军不能进，献忠走免。已，复出商城，将向英山，又为副将王允成所破，众道散且尽，从骑止数十。时汝才已先与自成合，献忠遂投自成。自成以部曲遇之①，不从。自成欲杀之，汝才谏曰："留之使扰汉南②，分官军兵力。"乃阴与献忠五百骑，使遁去。道纠土贼一斗谷、瓦罐子等，众复盛，然犹佯推自成。先是，贼营革、左二贺陷含、巢、潜诸县③，欲西合献忠，以湖广官兵沮不得达。及汴围急，督师丁启睿及左良玉皆往援汴，献忠乘间陷亳州，入英、霍山中，与革、左二贺相见，皆大喜。

明年合攻，陷舒城、六安，掠民益军。陷庐州，知府郑履祥死。陷无为、庐江，习水师于巢湖。太监卢九德以总兵官黄得功、刘良佐之兵战于夹山④，败绩，江南大震。凤阳总督高斗光、安庆巡抚郑二阳逮治，诏起马士英代斗光。是秋，得功、良佐大破贼于潜山，献忠腹心妇竖尽走蕲水，革、左二贺北投自成。已，献忠复袭陷太湖。会良玉避自成东下，尽撤湖广兵自从。献忠闻之，

---

① 部曲：古代军队编制单位。② 汉南：汉水以南。③ 革：革里眼，本名贺一龙。左：左金王，本名贺锦。④ 夹山：在安徽省和县境内。

又袭陷黄梅。

十六年春，连陷广济、蕲州、蕲水。入黄州，黄民尽逃，乃驱妇女刬城，寻杀之以填堑。麻城人汤志者，大姓奴也，杀诸生六十人，以城降贼。献忠改麻城为州。又西陷汉阳，全军从鸭蛋洲渡，陷武昌，执楚王华奎，笼而沈诸江，尽杀楚宗室。录男子二十以下、十五以上为兵，余皆杀之。由鹦鹉洲至道士洑，浮胔蔽江，逾月人脂厚累寸，鱼鳖不可食。献忠遂僭号，改武昌曰天授府，江夏曰上江县。据楚王第，铸西王之宝，伪设尚书、都督、巡抚等官，开科取士。以兴国州柯、陈两姓土官悍勇①，招降之。题诗黄鹤楼。下令发楚邸金振饥民。蕲、黄等二十一州县悉附。

时李自成在襄阳，闻之忌且怒，贻书谯责。左良玉兵复西上，伪官吏多被擒杀。献忠惧，乃悉众趋岳州、长沙。于是监军道王瑱、沔阳知州章旷、武昌生员程天一、白云寨长易道三皆起兵讨贼②，蕲、黄、汉阳三府皆反正。献忠遂陷咸宁、蒲圻，逼岳州。沅抚李乾德、总兵孔希贵等据城陵矶拒战，三战三克，歼其前部。献忠怒，百道并进，乾德等不支，皆走，岳州陷。献忠欲渡洞庭湖，卜于

① 兴国州：明时州名。治所在今湖北省阳新县。 ② 白云寨：在湖北省孝感市境内。

神，不吉，投珓而询[1]。将渡，风大作，献忠怒，连巨舟千艘，载妇女焚之，水光夜如昼。骑而逼长沙，巡按刘熙祚奉吉王、惠王走衡州，总兵尹先民降，长沙陷。寻破衡州，吉王、惠王、桂王俱走永州[2]。乃拆桂府材，载至长沙，造伪殿，而自追三王于永。熙祚命中军护三王入广西，身入永死守，城陷见杀。又陷宝庆、常德，发故督师杨嗣昌祖墓，斩其尸见血。攻道州，守备沈至绪战殁，其女再战，夺父尸还，城获全。遂东犯江西，陷吉安、袁州、建昌、抚州、永新、安福、万载、南丰诸府县。广东大震，南、韶属城官民尽逃。贼有献计取吴、越者，献忠惮良玉在，不听，决策入川中。

十七年春陷夔州[3]，至万县，水涨，留屯三月。已，破涪州，败守道刘麟长[4]、总兵曾英兵。进陷佛图关[5]。破重庆，瑞王常浩遇害。是日，天无云而雷，贼有震者。献忠怒，发巨炮与天角。遂进陷成都，蜀王至澍率妃、夫人以下投于井，巡按龙文光被杀。是时我大清兵已定京师，李自成遁归西安。南京诸臣尊立福王，命故大学士

① 珓(jiào 较)：占卜用具，用蚌或形似蚌壳的竹木两片，掷于地，察其仰俯，以观吉凶。 ② 永州：明时府名，治所在今湖南省零陵县。 ③ 夔(kuí 葵)州：明时府名，治所在今重庆市奉节县。 ④ 守道：凡布政使司参政、参议所任之道员称为守道。 ⑤ 佛图关：在今重庆市。

王应熊督川、湖军事，兵力弱，不能讨贼。献忠遂僭号大西国王，改元大顺。冬十一月庚寅，即伪位，以蜀王府为宫，名成都曰西京。用汪兆麟为左丞相，严锡命为右丞相。设六部五军都督府等官，王国麟、江鼎镇、龚完敬等为尚书。养子孙可望、艾能奇、刘文秀、李定国等皆为将军，赐姓张氏，分徇诸府州县，悉陷之。保宁、顺庆先已降自成[①]，置官吏，献忠悉逐去。自成发兵攻，不克，遂据全蜀。惟遵义一郡及黎州土司马金坚不下[②]。

献忠黄面长身虎颔，人号黄虎。性狡谲，嗜杀，一日不杀人，辄悒悒不乐。诡开科取士，集于青羊宫[③]，尽杀之，笔墨成丘塚。坑成都民于中园，杀各卫籍军九十八万。又遣四将军分屠各府县，名草杀。伪官朝会拜伏，呼獒数十下殿[④]，獒所嗅者，引出斩之，名天杀。又创生剥皮法，皮未去而先绝者，刑者抵死。将卒以杀人多少叙功次，共杀男女六万万有奇[⑤]。贼将有不忍至缢死者。伪都督张君用、王明等数十人，皆坐杀人少、剥皮死，并

---

① 保宁：明时府名，治所在今四川省阆中市。顺庆：明时府名，治所在今四川省南充市。 ② 黎州：明土司名，治所在今四川省汉源县。 ③ 青羊宫：道教观名，在今四川省成都市。 ④ 獒（áo 熬）：一种凶猛的狗。 ⑤ 共杀句：据《明会典》记载，万历时全国人口为六千万，此处所谓杀人六亿，纯属夸张。

屠其家。胁川中士大夫使受伪职，叙州布政使尹伸、广元给事中吴宇英不屈死。诸受职者，后寻亦皆见杀。其惨虐无人理，不可胜纪。又用法移锦江，涸而阙之，深数丈，埋金宝亿万计，然后决堤放流，名水藏，曰："无为后人有也。"当是时，曾英、李占春、于大海、王祥、杨展、曹勋等义兵并起，故献忠诛杀益毒。川中民尽，乃谋窥西安。

顺治三年，献忠尽焚成都宫殿庐舍，夷其城，率众出川北，又欲尽杀川兵。伪将刘进忠故统川兵，闻之，率一军逃。会我大清兵至汉中，进忠来奔，乞为向导。至盐亭界，大雾。献忠晓行，猝遇我兵于凤凰坡①，中矢坠马，蒲伏积薪下。于是我兵擒献忠出，斩之。

川中自遭献忠乱，列城内杂树成拱，狗食人肉若猛兽虎豹，啮人死辄弃去，不尽食也。民逃深山中，草衣木食久，遍体皆生毛。献忠既诛，贼党可望、能奇、文秀、定国等溃入川南，杀曾英、李乾德等，后皆降于永明王。

【翻译】

张献忠是延安卫柳树涧人，与李自成同年出生。长大后在延绥镇当兵，因犯法当处以斩首，主将陈洪范觉

① 凤凰坡：在四川省西充县境内。

得他的相貌不寻常，就请军镇总兵官王威释放他，张献忠才得以逃去。

崇祯三年，陕西农民大规模起事，王嘉胤占据了府谷，攻破河曲。张献忠率领米脂县十八寨响应王嘉胤，自称八大王。第二年，王嘉胤去世，其部属王自用又聚众三十六营，张献忠及高迎祥、罗汝才、马守应等人都是这支农民起义军的首领。这年冬天，洪承畴任总督，张献忠和罗汝才都前往接受招抚。但不久又反叛，进入山西，同其他农民起义军一起焚烧抢掠。接着又去侵扰黄河以北，继而一同渡过黄河。自此，陕西、河南、湖广、四川、长江以北数千里地，皆被践踏。在这个时候，各支农民军没有统一的领袖，遇见明军，各自为战，胜则争先前进，败则逃至山谷之中，不相顾及。明军遇见农民军追杀时，也不知所追赶的是哪一支农民军。农民军时分时合，东西奔走冲击，势力日渐强盛。

崇祯八年，十三家农民军聚会于荥阳，议论农民军如何对付明军。马守应主张北渡黄河，遭到张献忠的讥笑，马守应发怒，李自成从中劝解，才议定下来。张献忠当初是和高迎祥同时起事的，而李自成原不过是高迎祥的偏将，不敢与张献忠并列。到这时两人就不相上下了，一起向东抢掠，连连攻破河南和长江以北许多县。焚烧了明太祖父母的陵墓。不久高迎祥、李自成向西开拔。张献忠独自向东进军，包围了庐州、舒城，都未攻破。转攻桐城，破庐江，屠杀巢县、无为、太湖、宿松诸城，应天巡抚张国维抵御张献忠的攻击。张献忠从英山、霍山两县逃跑，路过麻城，会合马守应等人一起进入函谷关，在凤翔与高迎祥会合。不久，又攻出商县、洛县，驻扎在灵宝县，等待高迎祥。迎祥来后，他们合兵再次向东。总兵官左良玉、祖宽攻击他们，张献忠就和高迎祥分道而走。祖宽追击张献忠，在嵩县和九皋山交战，三战，明军都取胜，农民军被杀被俘者非常多。张献忠十分愤怒，再联合高迎祥的部队回师交战，又被打得大败。不久，高迎祥与李自成进入陕西，而马守应、罗汝才诸农民军，各自盘踞在郧阳、商县、洛县山中，不能救援献忠，张献忠也逃往山中。

崇祯九年秋天，总督卢象昇奉诏北上，苗胙土巡抚湖广，他不熟悉军事。于是张献忠从均州，马守应从新野县，蝎子块从唐县，一起进攻襄阳，部众二十余万人。总兵秦翼明兵少无法抵御，湖广震动。张献忠联合罗汝才、马守应及闯塌天诸军，顺流东下，与活动在长江以北的贺一龙、贺锦等会合，战火波及淮安和扬州。南京兵部尚书范景文、操江都御史黄道直、总兵官杨御蕃分路固守，安池道副使史可法亲自率兵把守农民军进军的要路，农民军从小道侵犯安庆，连营扎寨达百里，应天巡抚张国维向朝廷告警。崇祯皇帝诏令左良玉、马炉、刘良佐一起去救援，于是大破农民军。农民军逃至潜山县的天王古寨，张国维传令左良玉搜山，左良玉不从，以后就向北而去。农民军又开出太湖，连接蕲州、黄州，在宿松县酆家店大败明军，杀参将程龙、陈于王等四十余人。适逢总兵官牟文琇同刘良佐来援助，又打败农民军。农民军都逃窜了，张献忠进入湖广。

这时，河南、湖广农民军十五家，惟独张献忠最狡诈勇猛，其次是罗汝才。张献忠曾假装成明朝官兵，欲欺骗宛城守军，恰逢左良玉到，张献忠仓皇逃走。左军的前锋罗岱射中张献忠的前额，左良玉骑马赶到，刀刃划过张献忠的面部，由于张献忠的马跑得快，才免于丢命。正赶上熊文灿任总理军务大臣，他到处张贴布告以安抚农民军。闯塌天本名刘国能，他与张献忠有矛盾，就投降了熊文灿。张献忠伤势很重，不能作战，十分恐惧。

崇祯十一年春天，张献忠侦察到陈洪范为熊文灿属下的总兵，大喜，他派遣间谍携带重金献给陈洪范，并说："献忠承蒙您的大恩，得以不死，您难道忘了吗？我愿率领所部投降，为您效劳。"陈洪范也很高兴，禀告了熊文灿，接受张献忠的投降。巡按御史林铭球、分巡道王瑞枬与左良玉商量，等张献忠到后就逮捕他，熊文灿不同意。张献忠遂占据谷城，请求得到十万人的军饷，熊文灿不敢作决定。这时各支农民军都聚集在南阳，屠杀掠夺周围州县。熊文灿赶赴裕州，更加大发文告以招抚农民军。罗汝才因战败向太和山监军宦官李继改请降。崇祯十二年，射塌天、混十万、过天星、关索、王光恩等十三家农民军首领，先后都投降了。陕西总督洪承畴、巡抚孙传庭又大败李自成，李自成逃进崤山和函谷关的山中，朝廷都认为农民军差不多消灭光了。

张献忠在谷城，训练士兵，修造甲胄武器，向皇帝上书言事的人很怀疑张献忠，认为他想谋反。而崇祯这时正相信兵部尚书杨嗣昌的话，以为熊文灿能治理农民军，不用再忧虑。崇祯十二年夏季五月，张献忠反叛，杀知县阮之钿，毁坏谷城，攻陷房县，会合罗汝才的军队，杀知县郝景春。十三家已被招降的农民军一时都起兵反叛，只有王光恩没有跟着干。张献忠离开房县，左良玉追击他，罗岱为前锋，追至罗猴山，罗岱中了张献忠的埋伏而死，左良玉大败。

杨嗣昌被授以大学士，于是他请求督率军队，皇帝十分高兴。十月初一，杨嗣昌到襄阳，召集诸将商议进兵。这时农民军大肆抢掠，贺一龙、贺锦侵犯随县、应山、麻城、黄安，与明军相持。罗汝才及过天星逃窜藏匿于南漳、房县、兴山、远安，张献忠盘踞湖广、四川边界，准备向西进军。杨嗣昌看见农民军向东进攻稍缓，于是把军用器械、粮草等安放在襄阳，疏导挖掘护城河，修筑城墙，防守十分坚固，命令左良玉全力进剿张献忠。

崇祯十三年闰正月，左良玉在枸坪关打击了农民军，张献忠逃跑，明军追至万源县玛瑙山。农民军据山抵抗，左良玉率先登山，贺人龙、李国奇夹击，大败农民军，斩首一千三百多人，擒获张献忠的妻妾。湖广将领张应元、汪之凤追击张献忠，至水右坝打败了他。四川将领张令、方国安又在岔溪拦击。张献忠败走柯家坪，张令深入追击败兵，被农民军包围，张应元、汪之凤前来救援，又击破农民军。张献忠率千余骑逃至湖北兴山、归州山中，其势十分窘迫。

当初，左良玉在进剿中与杨嗣昌意见不一致。张献忠就派间谍向左良玉游说，于是左良玉只围而不攻。张献忠因此得以向山民购买粮盐和饲料，接收溃散的军队，偃旗息鼓，不让敌人觉察，加快向西进入白羊山。这时罗汝才和过天星从宁昌暗中察探大昌、巫山，想渡江，为明军所阻。张献忠到后，就与他们会合。张献忠虽然数次失败，但斗志更加旺盛，他立马于江岸，见有不冲锋陷阵的，就杀掉。农民军拼死作战，明军败走。农民军全部渡江，驻扎在万顷山，归州和巫山县十分震骇。不久，罗汝才、过天星进攻开县失利，罗汝才东逃，过天星又突袭开县往西进军。明军诸将来往追逐，张献忠率领全部士兵在土地岭打击了湖广来增援的明军，明军副将汪之凤战死。张献忠便攻陷了大昌，进军屯兵开县，川将张令战死，石砫女土司秦良玉也被献忠打败。罗汝才又从东边而来，与张献忠一起掉头奔赴达州。四川巡抚邵捷春退守涪江。农民军往北攻陷剑州，准备进入汉中。总兵官赵光远、贺人龙驻守阳平和百丈的险要之处。农民军不能过关，于是又奔向巴州西部。涪江明军崩溃，邵捷春被劾处死。张献忠在绵州屠城，又过成都，攻下泸州，向北渡江攻陷永川，经汉州、德阳，进入巴州，又从巴州到达州，后又回到开县。

先前，杨嗣昌听说农民军入川，进驻重庆。监军万元吉对他说："农民军可能往东边突围，不可没有准备，应当分出中军一部分，从偏僻的小道开出梓潼县，控制他们的退路。"杨嗣昌不听，命令诸将全都赴泸州追击农民军。

崇祯十四年正月，总兵猛如虎、参将刘士杰追击张献忠于开县的皇陵城，农民军回师交战，明军大败。刘士杰及游击郭开等人皆丧命。张献忠果然向东突围，他命令罗汝才抵御郧阳巡抚袁继咸的部队，自率轻骑，一昼夜奔驰三百里，在路上杀了杨嗣昌的督军使者，取走兵符，骗取了襄阳城。张献忠把襄王朱翊铭绑缚置于堂下，让他喝酒，说："我想借你襄王的头，让杨嗣昌以失陷藩封而被诛杀，你努力把这些酒喝完。”遂杀了襄王，并杀了郧襄道张克俭、推官邝曰广，又得到被俘失掉的妻妾。张献忠又离开襄阳，攻陷了樊城、当阳、郏县。会合罗汝才进入光州，毁坏商城、罗山、息县、信阳、固始等县。分军侵犯茶山、应城，攻陷随州。张献忠打着左良玉的旗帜，进入泌阳县。再攻应山，不下，就离开了。攻郧阳，明军守将王光恩力战才得解围。张献忠又攻克郧西，归附农民军的人数以万计，于是向东攻略地盘。

张献忠自玛瑙山之战败给左良玉后，心中畏惧左良玉军，到这时张献忠打了几次胜仗，才骄傲起来。秋天八月，左良玉追击他至信阳，大破农民军，数万农民军投降。张献忠大腿受伤，乘夜东逃，左良玉急追。遇上大雨，江水泛滥，道路断绝，明军无法前进，张献忠才逃脱。不久，张献忠又开拔出了商城，准备到英山，又被明军副将王允成所破，农民军在路途几乎全部走散，跟从张献忠者只有数十骑，这时罗汝才已先期与李自成联合，张献忠就投奔了李自成。李自成以对部下的方式对待他，献忠不服气。李自成想杀掉他，罗汝才劝道：“留下他，让他骚扰汉水以南，以分散明军的兵力。”于是罗汝才暗地里给张献忠五百骑兵，让他逃跑。献忠在途中纠集了河南的一斗谷、瓦罐子的部队，势力又壮大起来，他们仍假装拥戴李自成。先前，农民军的革里眼、左金王二贺的部众攻陷含、巢、潜诸县，想西联张献忠，因为湖广明军拦阻不能实现。到汴梁被围，督师丁启睿和左良玉都去救援汴梁，张献忠乘机攻陷亳州，进入英山、霍山两县山中，与革里眼、左金王二贺相见，都十分高兴。

崇祯十五年，张献忠与革、左二贺合力进攻明军，攻陷舒城、六安，抢抓平民来扩充军力。攻克庐州，知府郑履祥被杀。攻下无为、庐江，在巢湖操练水军。太监卢九德率总兵官黄德功、刘良佐的军队与农民军在夹山大战，兵败，江南大震。凤阳总督高斗光、安庆巡抚郑二阳被朝廷逮捕治罪，崇祯下诏用马士英代高斗光。这年秋天，黄得功、刘良佐在潜山大破农民军，张献忠的亲信、妇女、童仆都逃到蕲水，革、左二贺往北投靠李自成去了。不久，张献忠又攻陷太湖。适逢左良玉被李自成打败东逃，他撤掉全部湖广兵跟从自己。张献忠听说此事后，又袭击攻下了湖广的黄梅。

崇祯十六年春天，张献忠连连攻陷广济、蕲州、蕲水等地。进入黄州，黄州民众尽逃，他驱使妇女拆城，接着又杀掉她们来填护城的壕沟。麻城人汤志是当地名门望族的仆人，他杀了六十个生员，率全城投降了张献忠。张献忠改麻城为州。又向西攻下汉阳，全军从鸭蛋洲渡江，攻下武昌，擒拿楚王朱华奎，把他放在笼子里沉入江中，并杀光了朱华奎的家属。录用二十岁以下、十五岁以上的男子当兵，其余的全部杀掉。从鹦鹉洲到道士洑之间，漂浮的没有烂尽的尸肉遮盖了江面，过了一个月，尸体的油脂厚积数寸，鱼鳖都不能入口。张献忠遂冒用帝王的尊号，改武昌名为天授府，江夏名为上江县。占据楚王的府第，铸造了西王的印玺，设置了尚书、都督、巡抚等官，开科举录取士人。因兴国州柯、陈二姓土官勇猛，就招降了他们。献忠还在黄鹤楼题诗。下令分发楚王府的钱财以救济饥民，蕲、黄等二十一州县全部归附了张献忠。

这时李自成在襄阳，听说张献忠称王十分忌妒和愤怒，他给献忠写信，进行责难。左良玉的军队又西上，张献忠所置的官吏多被擒杀。献忠很恐惧，乃率全军赴岳州、长沙。于是监军道王瑱、沔阳知州章旷、武昌生员程天一、白云寨首领易道三都起兵讨伐张献忠，蕲、黄、汉阳三府也都归顺了朝廷。张献忠便攻下咸宁、蒲圻，逼近岳州。沅江巡抚李乾德、总兵孔希贵等人据守城陵矶抵御农民军，三战三胜，歼灭农民军前部。张献忠愤怒，多路一起进攻，李乾德等抵挡不住，全都逃走了，岳州失陷。献忠想渡洞庭湖，向神占卜，不吉利，他就把占卜的珓摔在地上大骂。准备渡湖时，狂风大作，献忠发怒，他就下令把千艘巨舟连在一起，载上妇女并用火烧，水面上的火光照映夜空如同白天一样。他的骑兵逼近长沙，巡按刘熙祚侍奉吉王朱慈煃、惠王朱常润逃入衡州，总兵尹先民投降，长沙失陷。不久，献忠又攻破衡州，吉王、惠王、桂王都逃至永州。张献忠便拆下桂王府的材料，运到长沙，造了一个宫殿，后又亲自追击三王于永州。刘熙祚命中军护卫三王进入广西，自己到永州死守。城破被杀。张献忠又攻陷宝庆、常德，挖掘已故督师杨嗣昌的祖墓，斩其尸见血。农民军攻打道州，守备沈至绪战死，他的女儿再战，夺回沈至绪的尸体，道州城得以保全。张献忠便向东侵犯江西，攻陷吉安、袁州、建昌、抚州、永新、安福、万载、南丰诸府县。广东大震，南雄府、韶州满城的官民全部逃走。农民军中有人向张献忠献计攻取长江下游江苏浙江一带地区，献忠因惧怕左良玉在那里，没有采纳，决定进入四川。

崇祯十七年春天，献忠攻陷夔州，来到万县，江水涨溢，留驻了三个月。不久，农民军又攻下了涪州，击败守道刘麟长、总兵曾英的军队。攻陷佛图关。破重庆，瑞王朱常浩遇害。这天，天上无云而响雷，农民军中有人被震昏的。献忠怒，向天发射巨炮和天斗。接着进陷成都，蜀王朱至澍率妃、妾等人投于井中，巡抚龙文光被杀。这时清兵已平定北京，李自成逃回西安。南京的众大臣尊立福王朱由崧，命曾任过大学士的王应熊总督四川、湖广军务，但兵力较弱，不能讨伐农民军。张献忠就冒用大西国王的称号，改年号为大顺。冬十一月庚寅日即位，以蜀王府为王宫，称成都为西京。用汪兆麟为左丞相，严锡命为右丞相。设六部五军都督府等官，王国麟、江鼎镇、龚完敬等人为尚书。献忠的养子孙可望、艾能奇、刘文秀、李定国等人都任命为将军，赐姓张氏，分别攻略各府州县，全都攻克了。保宁府、顺庆府先已投降李自成，设置了官吏，献忠把他们都赶走了。李自成派兵攻打，不能取胜，献忠便占据了整个四川。只有遵义一郡和黎州土司马金坚处没有攻下。

张献忠脸黄、身高、下巴像虎颔，人称黄虎。性情狡猾、诡诈，好杀人，一天不杀人，就闷闷不乐。他诡称开科取士，把士人集中在青羊宫，全部杀光，笔墨堆积起来像坟头一样。还在成都东门外的中园活埋了成都居民。杀死明军各卫的在编军人九十八万。派遣孙可望等四将军分别屠杀各府州县，取名叫草杀。大西官员朝会拜伏时，献忠招呼獒犬数十只跑下宫殿，獒犬所嗅的人，都拉出去杀掉，名为天杀。又创造剥活人皮的方法，皮没有剥尽而人已死，行刑的人也要抵死。将领士卒以杀人多少来论定功劳的等级，共杀男女六万万多。义军中有不忍心杀人而自己上吊自杀的。大西都督张君用、王明等数十人，都犯了杀人少的罪，被剥皮而死，并屠杀了他们的家人。献忠又威胁川中的士大夫接受官职，叙州布政史尹伸、广元给事中吴宇英宁死不屈。一些受职的，不久以后也都被杀死。其惨无人道，不可胜记。献忠又设法把锦江水排干，再挖掘大坑。深达数丈，埋下金银财宝数以亿万计，然后决堤放水，名为水藏，说："不要让后人占有这些财宝。"这时，曾英、李占春、于大海、王祥、杨展、曹勋等企图复辟明朝的武装一同起事，所以献忠诛杀更加残暴。四川的老百姓被杀光了，他又图谋夺取西安。

顺治三年，张献忠烧毁了成都的宫殿房屋，削平城墙，率军出川北，又想杀尽川兵，他的部将刘进忠过去曾统领川军，听到这个消息，就率一支军队逃走了。适逢清兵到汉中，刘进忠就投降了清兵，并要求当清兵的向导。到盐亭地界，遇到大雾。献忠拂晓行军，突然在凤凰坡遇到清兵，中箭落马，他爬到柴堆下隐藏。于是清兵把献忠擒获，斩杀了他。

四川自从遭到张献忠之乱后，各城内的杂树丛生，野狗食人肉就像猛兽虎豹，咬人至死就弃尸而去，不吃尽尸体。人民逃往深山中，穿草衣、吃野果时间很长，遍身都长毛。张献忠被杀后，他的部属孙可望、艾能奇、刘文秀、李定国等人溃败窜入川南，杀了曾英、李乾德等人，后来他们都投降了永明王朱由榔。

佛郎机传

十六世纪初，葡萄牙、西班牙等国殖民者相继来到东方。公元1511年，葡萄牙侵占了马六甲，随即开始了对中国的侵扰。1517年，葡萄牙舰队炮轰广州，又先后侵扰广东的屯门岛、新会、福建漳州的月港、泉州的浯屿，都遭到中国军民的应有回击。1553年，殖民者贿赂明朝官吏，以纳银为条件，在澳门上岸居住，建立了入侵中国的据点。1571年，殖民者占领了吕宋，并冒名与中国贸易，对中国进行掠夺。

《明史·佛郎机传》专门记述了这段历史。“佛郎机”一词，曾是中世纪以来土耳其、阿拉伯人以及东方民族称呼欧洲人的泛称，此处专指葡萄牙和西班牙。《佛郎机传》比较详细地介绍了明武宗正德年间至明末，佛郎机在东方的势力扩张，对我国沿海的贸易和骚扰；明政权对海外贸易、对海外诸国、对佛郎机的态度；明代军民对殖民者的抵抗。

有必要说明的是，《佛郎机传》在史实上多有出入，观点上存在偏颇，请读者参考张维华先生《明史欧洲四国传注释》以及戴裔煊先生《明史佛郎机传笺证》，他们有许多精辟的考证和见解，可供借鉴。此文注释限于篇幅，未能充分引用。

佛郎机，近满剌加①。正德中②，据满剌加地，逐其王③。十三年遣使臣加必丹末等贡方物④，请封，始知其

① 满剌加：即东南亚马来半岛的马六甲。由于明人对世界地理认识不清，加上当时葡萄牙殖民者占据了印度的马拉巴尔海岸一带，距马六甲海峡不远，故以为佛郎机离满剌加很近。 ② 正德：明武宗朱厚照年号(1506—1521)。 ③ 逐其王：此事发生在公元1509至1511年之间，葡萄牙用武力把满剌加国王苏丹驱赶到马来群岛中的宾唐山岛。 ④ 十三年：正德十三年(1518)。加必丹末：这是葡文的译音，意为船长。

名，诏给方物之直①，遣还。其人久留不去，剽劫行旅，至掠小儿为食②。已而夤缘镇守中贵③，许入京。武宗南巡，其使火者亚三因江彬侍帝左右④。帝时学其语以为戏。其留怀远驿者⑤，益掠买良民，筑室立寨，为久居计。

十五年⑥，御史丘道隆言⑦："满剌加乃敕封之国，而佛郎机敢并之，且啖我以利⑧，邀求封贡，决不可许。宜却其使臣，明示顺逆，令还满剌加疆土，方许朝贡。倘执迷不悛⑨，必檄告诸蕃，声罪致讨。"御史何鳌言⑩："佛郎机最凶狡，兵械较诸蕃独精。前岁驾大舶突入广东会城⑪，炮声殷地。留驿者违制交通，入都者桀骜争长⑫。今听其往来贸易，势必争斗杀伤，南方之祸殆无纪极。

---

① 直：价值，钱物。 ② 掠小儿为食：殖民者掠买小儿并不是专门作为食物，而是贩卖为奴隶。 ③ 夤（yín 银）缘：攀缘，拉拢。 ④ 火者：一说是回人的官称，一说是阉者的称呼。亚三：为殖民者办事的使臣名。江彬：明武宗的宠臣，受殖民者贿赂，推荐火者亚三给明武宗，《明史》有传。 ⑤ 怀远驿：明永乐初年置，在今广州市十八甫，由市舶提举司管辖。 ⑥ 十五年：公元 1520 年。 ⑦ 丘道隆：字懋之，福建上杭人，正德九年进士，由顺德知县擢江南道御史。 ⑧ 啖（dàn 蛋）：吃或给人吃。此处意为拿利益引诱人。 ⑨ 悛（quān 圈阴平）：改正。 ⑩ 何鳌：字子鱼，顺德黄连人，由庆元知县擢监察御史。 ⑪ 会城：指广州，时广东布政司等机构设于此。 ⑫ 桀骜（jié ào 杰傲）：凶暴乖戾。

祖宗朝贡有定期,防有常制,故来者不多。近因布政吴廷举谓缺上供香物,不问何年,来即取货。致番舶不绝于海澨[1],蛮人杂遝于州城。禁防既疏,水道益熟。此佛郎机所以乘机突至也。乞悉驱在澳番舶及番人潜居者,禁私通,严守备,庶一方获安。”疏下礼部,言:“道隆先宰顺德,鳌即顺德人,故深晰利害。宜俟满剌加使臣至,廷诘佛郎机侵夺邻邦、扰乱内地之罪,奏请处置。其他悉如御史言。”报可。

亚三侍帝骄甚。从驾入都,居会同馆[2]。见提督主事梁焯[3],不屈膝。焯怒,挞之。彬大诟曰:“彼尝与天子嬉戏,肯跪汝小官邪?”明年,武宗崩,亚三下吏。自言本华人,为番人所使,乃伏法。绝其朝贡。其年七月,又以接济朝使为词,携土物求市。守臣请抽分如故事,诏复拒之。其将别都卢既以巨炮利兵肆掠满剌加诸国,横行海上,复率其属疏世利等驾五舟,击破巴西国[4]。

嘉靖二年遂寇新会之西草湾[5],指挥柯荣、百户王应

---

① 澨(shì 筮):水涯。 ② 会同馆:即四夷馆,掌管接待国内少数民族及外国使臣,以及语言文书的翻译事务。 ③ 梁焯:字日孚,广东南海人,正德甲戌进士。 ④ 巴西国:苏门答腊西北岸的一个小国,公元 1521 年被葡萄牙殖民者灭掉。 ⑤ 二年:公元 1523 年。新会:今广东江门市新会区。

恩御之[1]。转战至稍州，向化人潘丁苟先登[2]，众齐进，生擒别都卢、疏世利等四十二人，斩首三十五级，获其二舟。余贼复率三舟接战。应恩阵亡，贼亦败遁。官军得其炮，即名为佛郎机，副使汪鋐进之朝[3]。九年秋[4]，鋐累官右都御史，上言："今塞上墩台城堡未尝不设，乃寇来辄遭蹂躏者，盖墩台止瞭望，城堡又无制远之具，故往往受困。当用臣所进佛郎机，其小止二十斤以下，远可六百步者，则用之墩台。每墩用其一，以三人守之。其大至七十斤以上，远可五六里者，则用之城堡。每堡用其三，以十人守之。五里一墩、十里一堡，大小相依，远近相应，寇将无所容足，可坐收不战之功。"帝悦，即从之。火炮之有佛郎机自此始。然将士不善用，迄莫能制寇也。

初，广东文武官月奉多以番货代，至是货至者寡，有议复许佛郎机通市者。给事中王希文力争[5]，乃定令，诸番贡不以时及勘合差失者[6]，悉行禁止，由是番舶几绝。巡抚林富上言[7]："粤中公私诸费多资商税，番舶不至，则

① 柯荣、王应恩：事迹不详。 ② 向化：今上海崇明县东南。 ③ 汪鋐：字宣之，江西婺源人，历任按察司副使、兵部尚书等职。 ④ 九年：公元1530年。 ⑤ 王希文：字景纯，今广东东莞市人，嘉靖七年乡荐第一，成进士，授刑科给事中。 ⑥ 堪合：来往的凭证。 ⑦ 林富：福建莆田人，《明史》有传。

公私皆窘。今许佛郎机互市有四利。祖宗时诸番常贡外，原有抽分之法，稍取其余，足供御用，利一。两粤比岁用兵，库藏耗竭，籍以充军饷，备不虞，利二。粤西素仰给粤东，小有征发，即措办不前，若番舶流通，则上下交济，利三。小民以懋迁为生①，持一钱之货，即得展转贩易，衣食其中，利四。助国裕民，两有所赖，此因民之利而利之，非开利孔为民梯祸也。”从之。自是佛郎机得入香山澳为市②，而其徒又越境商于福建，往来不绝。

至二十六年③，朱纨为巡抚④，严禁通番。其人无所获利，则整众犯漳州之月港、浯屿⑤。副使柯氏等御却之⑥。二十八年又犯诏安⑦。官军迎击于走马溪，生擒贼首李光头等九十六人，余遁去。纨用便宜斩之，怨纨者御史陈九德遂劾其专擅。帝遣给事中杜汝祯往验，言此满剌加商人，岁招海滨无赖之徒，往来鬻贩⑧，无僭号流劫事，纨擅自行诛，诚如御史所劾。纨遂被逮，自杀。盖不知满剌加即佛郎机也。

---

① 懋(mào 冒)迁：贸易，懋通“贸”。 ② 香山澳：即澳门。③ 二十六年：公元 1547 年。 ④ 朱纨：字子纯，嘉靖二十六年巡抚浙江兼督浙闽海防军务，后被劾落职。 ⑤ 月港：在今福建漳州市。浯屿：在今福建泉州市。 ⑥ 柯乔：字迁之，嘉靖己丑进士，历任湖广佥事、福建佥事等职。 ⑦ 二十八年：公元 1549 年。诏安：今福建诏安县。 ⑧ 鬻(yù 玉)：卖。

自纨死，海禁复弛，佛郎机遂纵横海上无所忌。而其市香山澳、壕镜者①，至筑室建城，雄踞海畔，若一国然，将吏不肖者反视为外府矣。壕镜在香山县南虎跳门外。先是，暹罗、占城、爪哇、琉球、浡泥诸国互市②，俱在广州，设市舶司领之。正德时，移于高州之电白县③。嘉靖十四年④，指挥黄庆纳贿⑤，请于上官，移之壕镜，岁输课二万金，佛郎机遂得混入。高栋飞甍⑥，栉比相望⑦，闽、粤商人趋之若鹜⑧。久之，其来益众。诸国人畏而避之，遂专为所据。四十四年伪称满剌加入贡⑨。已，改称蒲都丽家⑩。守臣以闻，下部议，言必佛郎机假托，乃却之。

万历中⑪，破灭吕宋⑫，尽擅闽、粤海上之利，势益炽。至三十四年⑬，又于隔水青州建寺⑭，高六七丈，闳

---

① 壕镜：今广东香山县南的一个半岛。 ② 暹罗：今泰国。占城：今越南南部。爪哇：今印度尼西亚爪哇岛。琉球：今琉球群岛。浡泥：今加里曼丹岛北部。 ③ 电白县：在今广东省。④ 十四年：公元1535年。 ⑤ 黄庆：或称黄琼，事迹不详。⑥ 甍(méng蒙)：屋脊。 ⑦ 栉(zhì治)比：像梳子齿那样挨着。 ⑧ 鹜(wù务)：鸭子。 ⑨ 四十四年：公元1565年。⑩ 蒲都丽家：即葡萄牙，葡文的音译。 ⑪ 万历：明神宗朱翊钧年号。 ⑫ 吕宋：今菲律宾群岛中的吕宋岛，公元1571年至1898年被西班牙侵占。 ⑬ 三十四年：公元1606年。⑭ 青州：在澳门半岛以北。寺：教堂。

敞奇闷[1]，非中国所有。知县张大猷请毁其高墉[2]，不果。明年，番禺举人卢廷龙会试入都[3]，请尽逐澳中诸番，出居浪白外海[4]，还我壕镜故地，当事不能用。番人既筑城，聚海外杂番，广通贸易，至万余人。吏其土者，皆畏惧莫敢诘，甚有利其宝货，佯禁而阴许之者。总督戴燿在事十三年[5]，养成其患。番人又潜匿倭贼，敌杀官军。四十二年[6]，总督张鸣冈檄番人驱倭出海[7]，因上言："粤之有澳夷，犹疽之在背也。澳之有倭贼，犹虎之傅翼也。今一旦驱斥，不费一矢，此圣天子威德所致。惟是倭去而番尚存，有谓宜剿除者，有谓宜移之浪白外洋就船贸易者，顾兵难轻动。而壕镜在香山内地，官军环海而守，彼日食所需，咸仰于我，一怀异志，我即制其死命。若移之外洋，则巨海茫茫，奸宄安诘，制御安施。似不如申明约束，内不许一奸阑出[8]，外不许一倭阑入，无启衅，无弛防，相安无患之为愈也。"部议从之。居三

---

① 闷(bì 必)：神秘。 ② 张大猷：字允升，湖北黄陂人，万历乙未进士，任香山县知县。墉(yōng 痈)：高墙。 ③ 番禺：今广东广州市番禺区。 ④ 浪白：浪白澳，在香山县南，为外船接济之处。 ⑤ 戴燿：字德辉，福建长泰人，隆庆戊辰进士，万历二十六年任两广总督。 ⑥ 四十二年：公元 1614 年。 ⑦ 张鸣冈：江西南安人，万历三十八年任两广总督。 ⑧ 阑(lán 兰)：混。

年，设参将于中路雍陌营①，调千人戍之，防御渐密。天启元年②，守臣虑其终为患，遣监司冯从龙等毁其所筑青州城③，番亦不敢拒。

其时，大西洋人来中国④，亦居此澳。盖番人本求市易，初无不轨谋⑤，中朝疑之过甚，迄不许其朝贡，又无力以制之，故议者纷然。然终明之世，此番固未尝为变也。其人长身高鼻，猫眼鹰嘴，拳发赤须，好经商，恃强陵轹诸国⑥，无所不往。后又称干系腊国⑦。所产多犀象珠贝。衣服华洁，贵者冠，贱者笠，见尊长辄去之。初奉佛教，后奉天主教。市易但伸指示数，虽累千金不立约契，有事指天为誓，不相负。自灭满剌加、巴西、吕宋三国，海外诸蕃无敢与抗者。

【翻译】

佛郎机靠近满剌加。正德年间，佛郎机占据了满剌加地域，驱赶了满剌加的国王。正德十三年，派遣使臣

---

① 雍陌：香山县的六个圩市之一。 ② 天启元年：公元1621年。 ③ 冯从龙：冯先后担任广东布政使司参政、陕西按察使等职。 ④ 大西洋人：指意大利的利玛窦等耶稣会士。 ⑤ 轨：通“宄”，犯法作乱。 ⑥ 陵轹(lì 例)：欺压。 ⑦ 干系腊：Castilla 的音译，公元十一至十五世纪西班牙中部的一个小国，后成为西班牙的一部分。

加必丹末等进贡土产，请求封号，才开始知道他们的名称。明武宗下诏按土产的价值赏赐钱物，遣送他们回去。他们滞留不走，抢劫行商旅客，甚至劫掠儿童作为食物。随即拉拢镇守太监，允许进入京城。明武宗巡行南方，佛郎机的使臣火者亚三通过江彬的关系，得以在武宗左右侍奉。武宗时常学火者亚三的语言作为游戏。那些留在怀远驿的佛郎机人，加紧掠买良民，建筑房屋，设立寨子，作为久居的打算。

正德十五年，御史丘道隆说："满剌加是我国诏令封贡的国家，而佛郎机胆敢吞并它，还拿些好处来引诱我，要求封贡，决不能允许。应该退还佛郎机的使臣，明白地训示顺逆之理，命令他们归还满剌加的疆土，才许朝贡。如果执迷不改，就一定要下文书通告各国，宣布它的罪状并讨伐它。"御史何鳌说："佛郎机最凶残狡猾，军事器械与其他国家比较是唯一精良的。前年驾驶大船突然闯入广东会城，炮声震地。留在驿馆的人违犯制度，擅自交接往来，进入京城的人凶蛮争胜。如果现在任凭他们往来贸易，势必争斗杀伤，南方的祸患将无休止。祖宗对朝贡有规定期限，守备有常规制度，所以来的人不多。近年因为布政使吴廷举说缺乏上供的香物，不论哪年，来了就取货。致使海上有络绎不绝的外来船舶，州城有错杂往返的外邦蛮人。禁令防备已经松弛，水域道路日益熟悉。这就是佛郎机能乘机突然到来的原因。请求将在澳门的外来船和隐居的外来人全部赶走，禁止私下交通，整肃守备，这样能使这块土地得到安宁。”疏文转到礼部，礼部认为：“丘道隆先前是顺德知县，何鳌是顺德人，所以能洞察利害关系。应当等满剌加使臣到，在朝廷上指责佛郎机侵夺邻邦、扰乱我国的罪状，上奏请求处分。其他的都按御史的疏文办。”皇帝表示同意。

亚三侍从武宗，很骄纵。随从皇帝车驾进入都城，住在会同馆。见到提督主事梁焯，不下跪。梁焯很生气，鞭挞他。江彬大骂说：“亚三曾与天子在一起玩耍，怎么会给你这个小官下跪？”第二年，武宗死了，亚三下官治罪。自称本是华人，被外国人指使，于是依法处置。断绝佛郎机的朝贡。这年七月，佛郎机又以接济朝贡使者为理由，携带土产，请求贸易。守臣请按过去的事例抽税，下诏再次拒绝了他们。佛郎机的将领别都卢用大炮和锐利的兵器大肆劫掠满剌加等国后，横行海上，又率领他的部属疏世利等人驾驶五艘船，攻占巴西国。

嘉靖二年，佛郎机索性侵犯新会县的西草湾，指挥柯荣、百户王应恩抵抗他们。转战到了稍州，向化人潘丁苟先登上船去，众人一起进攻，活捉了别都卢、疏世利等四十二人，斩杀三十五人，缴获他们的两条船。残余的侵略者又率三条船前来交战，王应恩阵亡，侵略者也败走。明官军缴获了他们的炮，就称这些炮为佛郎机，副使汪鋐进献给朝廷。嘉靖九年秋天，汪鋐连续擢升为右都御史，向朝廷进言：“现在边塞上未尝不设有墩台城堡，然而入侵者来后却往往遭到严重破坏，是因为墩台只用于瞭望，城堡没有用来制服远处的武器，所以常常受困。应当用臣下所进献的佛郎机，那些小的不到二十斤，可射六百步远，就把它用在墩台上。每个墩台置一个，由三个人使用它。那些大的有七十斤以上，可射五六里远，就把它用在城堡上。每个城堡置三个，由十个人使用它。五里设一墩，十里设一堡，大小互相依托，远近互相呼应，来犯的敌人将无处立足，我们可坐收不出战便能破敌之功。”明世宗很高兴，就采纳了他的意见。火炮中有叫佛郎机这一种类的就是从此开始的。然而将士不善于运用，迄今不能制服来寇。

起初，广东文武官员的月俸主要以外来货物代替，到这时货物来得少了，有人议论重新允许佛郎机互通贸易。给事中王希文极力争辩，于是明确规定，那些不按时间、以及勘合有差失的外来进贡人员，全部加以禁止，于是外来船只几乎都断绝了。巡抚林富上言：“广东公私的各种费用多靠商税，外船不来，公私就都很拮据。现在如果能允许与佛郎机互通贸易，则有四条好处：先朝诸帝时，各国常规贡品之外，本有抽税办法，稍取剩余的一部分，足供朝廷用度，这是一利。两广连年用兵，库府的贮藏都消耗竭尽，借税收的余额以充实军饷开支，防备不测，这是二利。广西一向靠广东资助，稍有调拨，就难以筹措，如果让外船往来，则上下一起接济，这是三利。小民以贸易为生计，带上一点值钱的货物，就得辗转贩卖，通外贸易则穿衣吃饭都在其中，这是四利。能帮助国家，能使百姓富裕，公私都有依赖，这是根据百姓的利益来为他们谋利，不是打开利益之道而为民造成祸害之梯呀！”世宗同意了。从此，佛郎机得以进入香山澳进行交易，他们中有些人又越境到福建经商，来往不绝。

到嘉靖二十六年，朱纨任巡抚，严禁与外商贸易。佛郎机人无处获利，就整饬人众到漳州的月港、浯屿骚扰。副使柯乔等抵抗并击退了他们。嘉靖二十八年，佛郎机又骚扰诏安，明官军在走马溪迎击他们，活捉贼首李光头等九十六人，其余的逃走了。朱纨不待上奏，自行决断杀了他们。怨恨朱纨的御史陈九德于是弹劾朱纨独断专行。世宗派给事中杜汝祯前往核实，说这些人是满剌加商人每年招募沿海的无赖之徒，来往买卖，没有冒用名号流窜劫掠的事情，朱纨擅自加以诛杀，确实如御史弹劾一样。朱纨于是被逮，自杀。这是他们不知道满剌加就是佛郎机的缘故。

自朱纨死后，海禁重新松弛。佛郎机于是在海上随意往来，没有什么禁忌，而那些在香山澳、壕镜从事贸易的人，甚至建房筑城，雄踞海滨，像独立的邦国一样。那些不正派的将吏反而把他们当作外国政府。壕镜在香山县南的虎跳门外。先前，暹罗、占城、爪哇、琉球、浡泥等国都在广州贸易，设置市舶司管理其事。正德年间，市舶司移到高州的电白县。嘉靖十四年，指挥黄庆受贿，请示上司，移市舶司到壕镜，每年缴课税二万两，佛郎机于是能混进来。他们所筑的高屋飞脊，一个挨一个，闽、粤商人都争着去。时间久了，他们来的人越来越多，各国人畏惧而回避他们。于是壕镜被佛郎机独占。嘉靖四十四年，他们冒称满剌加进贡。随即改称蒲都丽家。地方官吏报告朝廷，下到部里讨论，说肯定是佛郎机冒称，于是拒绝了他们。

万历年间，佛郎机攻占了吕宋，全部控制了闽、粤的海上贸易，势力日益炽盛。到三十四年，又在水对岸的青州修建教堂，高六七丈，高大宽敞神秘，是中国所没有的。知县张大猷请求拆毁他们的高墙，没有实行。第二年，番禺举人卢廷龙到京城参加会试，请求将澳门的外商全部赶走，让他们到外海的浪白去居住，把壕镜故地还给我们。朝廷当权者不采纳。外国人既已修建了城堡，聚合海外各国人，广泛地进行贸易，数目达一万多人。地方官吏都畏惧他们而不敢指责，甚至有贪图他们宝物的，表面上禁止而私下应允他们。总督戴燿在位十三年，放任纵容造成此患。外国人又隐匿倭寇，对抗并杀戮官军。四十二年，总督张鸣冈行文命令外国人驱赶倭寇出海，因此上言："广东有澳门的外国人，就像毒疮长在背上。澳门有倭贼，就像给老虎添翅膀。现在一旦驱逐他们，不费一箭，这是神圣天子的威德所能办到的。只是倭寇走了，而外国人还在，有人说应当剿除，有人说应当移到浪白外海在船上贸易，然而军队难以随便调动。而壕镜在香山内地，我官军沿海守备，他们每天所需食物，都得依靠我们，一但他们生有不良的图谋，我们就可制他们于死地。如果让他们移到外洋，则大海茫茫，怎么追究他们的奸谋，施行制御措施呢？似乎不如对他们申明约束，对内地的不许一个坏人混出去，对外面的不许一个倭寇混入。不挑起事端，不松弛守备，相安无患就比较好了。"部里讨论，同意了他的建议。过了三年，在中路雍陌营设参将，调千人戍守，渐渐加强了防御。天启元年，守臣担心佛郎机终将为患，派监司冯从龙等人拆毁了他们所修筑的青州城，外国人也不敢抗拒。

这时，大西洋的人来到中国，也住在澳门。大凡外国人来本想进行贸易，起初没有违法的图谋，中国政府对他们过分怀疑，以至不许他们朝贡，又无力来制止他们，所以议论纷纷。然而，整个明朝一代，佛郎机没有制造变乱。他们的人身长鼻高，猫眼鹰嘴，头发卷曲，胡须红色，乐意经商，自恃强大，欺压各国，无处不往。后来又自称干系腊国。他们的出产多为犀角象牙、珍珠海贝。衣服华丽整洁，贵族戴帽子，平民戴笠，见到有地位的人就脱帽(笠)。起先信奉佛教，后来改奉天主教。交易时只伸手指表示数字，虽然大宗交易额达千金也不立契约，遇事指天为誓，讲信义。自从灭了满剌加、巴西、吕宋三国，海外各国没有敢与他们作对的。

《古代文史名著选译丛书》编纂始末[①]

马樟根　安平秋

今年1月，《古代文史名著选译丛书》已经出到100种101册(其中《史记》为2册)。4月份，最后的33种也已交稿。这样，全书133种即将呈献在读者面前。[②] 一项服务当前、造福子孙的普及优秀古代文化、进行爱国教育的大工程将宣告完工了。回想

①《古代文史名著选译丛书》由全国高校古籍整理研究工作委员会主持，古委会直接联系的18个古籍整理研究所为主要承担机构，章培恒、安平秋、马樟根任主编。本文于1992年4月，在《中国典籍与文化》杂志发表时题目是《衣带渐宽终不悔——〈古代文史名著选译丛书〉编纂始末》。这次将此文作为2011年修订版附录时，去掉原正标题，以原副标题为正式题目。 ② 至1994年4月最后定稿时，全书为135部。2011年修订版出版时，全书为134部。

这一套丛书动员18所院校，投入100余人，从1985年筹划，1986年起步，到今天已度过了六七年的岁月，个中甘辛令人难以忘怀。

一、北大·苏州·北大

——酝酿与筹划

编纂这样一套丛书，起因于1981年7月。当时陈云同志派人到北京大学召开了小型座谈会。来人告诉与会人员陈云同志最近在考虑两个问题：一个是粮食，一个是古籍整理。对古籍整理，特别讲到陈云同志说："整理古籍，为了让更多的人看得懂，仅作标点、注释、校勘、训诂还不够，要有今译，争取做到能读报纸的人多数都能看懂。有了今译，年轻人看得懂，觉得有意思，才会有兴趣去阅读。今译要经过选择，要列出一个精选的古籍今译的目录，不要贪多。"这就是后来收入《陈云文选》的那段话。1981年9月，中共中央关于整理我国古籍的文件中一字不差地强调了这段话。1983年，教育部成立了全国高校古籍整理研究工作委员会（简称古委会）。古委会主任周林同志根据中央和陈云同志意见，提出了组织力量今译古籍。但在当时，经过"文革”后的古籍整理工作百废待兴，加之一些学者对今译重要性的认识远非今日之深，这一工作一拖便是两年。

1985年5月，全国高校古委会在苏州召开了一届二次会议。周林同志在会上作了“人才培养和古代文化遗产普及问题”的专题发言，他分析了“解放三十多年来，由于‘左’的路线干扰，特别是‘文化大革命’，几乎使我们的民族文化到了中断的边缘，出现了对古代文化知之不多，或知之甚少的状况”，要教育界的同志“做好普及古代文化知识的工作”，搞好古籍的今注今译就是其中的一项重要任务，“高校古委会要在这方面多下功夫”，“高校古籍研究所无疑应担负起这个任务”。他针对当时一些人轻视古籍的今注今译思想，呼吁“我们对于选本、今译等有利于教育普及的东西，应承认它的学术价值”，“《昭明文选》、《唐诗三百首》、《古文观止》等是地道的选本，流传几百年，发生那么大的影响，能说没有水平?”“专家们深入浅出的在对古文献研究基础上的译注，对普及古代优秀文化作出重大贡献，算不算高水平的成果呢?”“古文既要译得恰当、准确，又要通畅易懂，难度是很大的”，“为了社会主义精神文明建设，古籍整理这方面也要作出应有的贡献”。一石激浪，沉寂了几年的今译古籍的话题又重新活跃起来。会上作了一番认真讨论。

经过这样的酝酿，1985 年 7 月，全国高校古委会科研项目评审组的专家们聚集在北京大学勺园，筹划编纂一套古籍今译的精选本。初步定名为《古籍今译丛书》，议定了收书范围、内容，开列了 65 种书的选目。并决定由科研项目专家评审组召集人、复旦大学古籍所所长章培恒教授和参加过陈云同志在北大召开座谈会、当时古委会主管科研工作的副秘书长安平秋同志共同负责，与秘书处同志一起具体筹划。经几个月的筹备，决定由古委会直接联系的 18 个高校古籍研究所承担这一工作，组成编委会，并开列出 89 种书的选目，对选译的进度、规划亦作了设计。此时，几家出版社闻讯而至，表示愿意出版这套丛书。最早与我们联系的巴蜀书社的段文桂社长以其强烈的事业心和对古籍今译的高度重视感动了我们，于是决定邀请巴蜀书社编辑参加第一次编委会议。

二、从柳浪闻莺到桂子山上

——第一批书稿的产生

第一次编委会于 1986 年 5 月在杭州柳莺宾馆

召开。宾馆因位于西湖十景之一的柳浪闻莺而得名。全国高校18个研究所的24名学者和有关人员聚集在这风景胜地，无心观柳，亦无从闻莺，紧张地工作了三天。会上确定了这套普及读物的读者对象是具有中等以上文化程度的广大群众，收书范围是中国历代文史名著，在名著之中选精。所选书目，在原拟89种基础上，调整为116种，以形成系统性。书中选篇之下分提示、原文、今译、注释四部分，以译文为主，书前有一前言，书中加入必要的插图。每一种书约10—15万字。书名确定为《古代文史名著选译丛书》。即由到会的24位学者组成丛书编委会①，由章培恒、马樟根、安平秋三人任主编。于是，编委会立即分成三个工作小组，在会上分头拟出丛书《凡例》、《编写、审稿要求》和《文稿书写格式》，经讨论修改而形成了正式文字以供遵循。在

① 编委会成员按姓氏笔划排列为：
马樟根　平慧善　安平秋　刘烈茂　许嘉璐　李国祥
金开诚　周勋初　宗福邦　段文桂　董治安　倪其心
黄永年　章培恒　曾枣庄(以上为常务编委)
王达津　吕绍纲　刘仁清　刘乾先　李运益　杨金鼎
曹亦冰　常绍温　裴汝诚(以上为编委)

自报的前提下，会上确定了由18个研究所承担前40部书的今译任务，要求当年年底完成。古委会主任、丛书顾问周林同志对编委会的认真精神、紧张工作和显著效率十分赞赏，他说："有这样一个编委会，有这样一个阵容来做选译，使中国历史文化不成为专属于少数人的知识，使能看报纸的人都读懂自己民族的名著，从而树立爱国主义、建设有民族特色的精神文明，其意义之深远将会在今后愈益显露出来。"于是，有1000余万字的大工程便从这里开始了。

当年年底各研究所的今译书稿经作者完成后，由在该所的编委审改，到1987年5月和7月，先后在复旦大学、北京大学两次召开编委审稿会。这种审稿会，说是审稿，实际上是边审边改，字斟句酌，每部书稿必须经一位编委、一位常务编委审改把关，经过这样两道工序，汇总到主编手中，40部书稿通过了25部。其中部分书稿赶印了样稿征求意见。于是周林同志于7月6日在北大临湖轩邀请了在京十几位专家与正在审稿的编委一起研究样稿，探讨如何提高这套今译丛书的质量。

根据编委审稿发现的问题和在京专家们的意

见，从书亟需在已定体例的框架中条列细则；而出版单位巴蜀书社又希望所出版的第一批书为50种以便形成格局，需要布置各研究所承担新的今译任务。这样，1987年10月在华中师范大学再次召开了编委会，又请了詹锳、周振甫、刘乃和、郭预衡等先生到会指导。

这次编委会是在审看了40部书稿后，发现了一大批问题亟待解决，又是在需要布置下一步任务的状况下召开的，是一次承上启下的编委会。会议初期人们的心情和会上的气氛都带有一股子严峻与急切。会议从5日到8日开了三天半。但是在4日晚上开预备会的时候，主编章培恒先生尚未到会，亦无他是否已从上海出发的信息。5日上午就要开会了，主编不到怎么行呢？5日一早，我们还在沉睡之中，忽听有人敲门，进来的竟是章培恒！一向风神儒雅、衣装考究的章培恒先生，此时却是一身尘灰、满脸疲惫地站在我们面前。原来他从上海出发前，未能买到机票或船票，而上海到武汉又没有直达火车，只好先从上海坐火车到长沙，为了不误5日上午开会，他只好买了一张无座票，夜间从长沙出发一直站到武昌。一向走路辨不清方向的章培恒竟然在夜色未退之前一人从车站摸到了华中师大专家楼，也算是奇迹。

这次编委会，从体例的具体要求、书中选篇是否合适、每篇中的提示如何写、注释的繁简和语言的通俗性，到今译的信达雅如何把握，例如李白的“床前明月光，疑是地上霜，举头望明月，低头思故乡”这样通俗的诗是否要翻译，在在都有热烈的争论。感谢编委们的努力和学术判断力，最后终于形成了一个《细则》，一切争论都统一在这个《细则》之上。编委们在思想明确、分得新的任务之后，显出了少有的轻松与喜悦。会议结束正逢中秋节，华中师大的专家楼坐落在武昌桂子山上。入夜，桂子山上举行了赏月茶会，几张方桌，围坐着全体编委和特邀到会专家。天上明月如盘，清辉洒地，眼前桂树葱茏，桂花飘香，华中师大古籍研究所的青年们活跃席间，引得王达津先生即席赋诗，刘乃和先生清唱京戏。这气氛预示着《古代文史名著选译丛书》克服了当前的困难，第一批50种书稿有如母腹中的胎儿，快要降生了。

三、华清池畔的愁云与人民大会堂的欢欣

——第一批书出版的柳暗花明

1988年10月，编委们再一次聚会，审定第一批

50种中的最后十几部书稿、修改第二批50种中的大量书稿。这次审稿是在“东枕华山、西拒咸阳”的骊山脚下、华清池滨的一家招待所。这里古朴而不豪华，食宿低廉却又实惠，审稿之余，左近有风景可观，有古迹可寻，房内有43℃的温汤沐浴，编委们平日在校教学、科研工作劳累而生活清苦，如今有这样的环境与条件，感到少有的惬意。我们作为主编觉得这也是对编委们两年来辛勤编书的一点补偿。但这种适意之感很快就被两件事所驱散。一件事是书稿的质量。几十部书稿交来，一经审看，从注译到体例完全合格的只有寥寥可数的三四部，余下的，或需小改，或需大改，或根本不合格需退回重作。另一件事是出版发行成了问题。到会的巴蜀书社副社长黄葵同志向大家通报了即将印出的16本书征订情况，最多的为2000册，且只有一种，其他的只有800册、600册，甚至还有200余册。征订不佳，销路不畅，出书要赔钱，出版社为难，编委们又无计可施。此时哪还有心思去观赏“骊山云树郁苍苍，历尽周秦与汉唐”？也无心绪登上骊山，在烽火台前怀古。且正值“楼台八月凉”的节令，只有华清池畔秋雨飘零，秋风瑟瑟，落叶满地，不禁愁从中来。

愁则愁，还得面对现实。书稿质量不高，靠到会近20位编委十余天的逐字逐句修改，终于改定合格17部。至于出版发行问题，巴蜀书社的朋友费心经营，重新设计了封面，改进装帧，将第一批50种装成一个大礼品盒，成盒出售。从中又得到了国家新闻出版署、四川省出版局、国家教委有关司局和各省市教委的大力支持与帮助，发行面得以扩大，到了1990年下半年，首印的17000套书销售已尽，而问讯、索购者不绝，出版社决定再印30000套以供读者需要。中央领导了解到这套丛书受到读者欢迎，欣然为丛书题辞，江泽民总书记的题辞是“做好我国古代文史名著的传播普及工作，使其古为今用，以发扬爱国主义精神”，李鹏总理的题辞是“弘扬民族优秀文化，激励爱国主义精神”。李瑞环同志也为丛书题了辞。

1990年8月22日在北京人民大会堂召开了《古代文史名著选译丛书》出版座谈会。国家领导人李铁映、胡乔木、李德生、陈丕显、廖汉生、王汉斌、王光英出席，古委会主任周林同志主持会议，到会各阶层代表在发言中从不同角度肯定了这套书对促进青少年了解历史、了解国情、了解中华民族优秀传统文化、进行爱国主义教育的作用。时值盛夏，却逢喜雨，洗却了编委和出版社同志心中的忧虑，参加大会堂座谈会的13名常务编委会后又聚集在北京大学讨论深入认识编纂这套丛书的重大意义，研究审改好第二批书稿的具体措施。

四、从舜耕山庄耕作到乐山脚下

——第二批书稿审定之艰辛

第二批书稿50种50册，是1987年10月布置的。1988年10月在西安审改合格的17部书稿都已放入第一批中以替换原已通过的第一批中质量较差的书稿。这样，第二批书稿当时余下的已完成的有20余部，却都不合格，只能要求译注者和编委再行修改。一年之后，编委会汇总来重新改好和新译注交来的第二批书稿44部，1989年10月于济南千佛山下的舜耕山庄召开了常务编委审稿会。

这次审稿，发现的问题较多。有的选目不当，如有的史书重要人物的传不选却选入无关紧要而又无学习价值的人物传，有的名家的文章名篇不选却选入既无文学价值又无借鉴意义的篇章。有的选译所依据的底本不当，舍弃现有的精校本却用校勘不善的本子。有的虽有根据地改动正文却只在注释中说"原作……据别本改"，而不指明据何本改。有的注释过繁，不利于一般读者阅读；有的注释极简，该注释的地方不注，使广大读者看了译文仍无法理解全文的精妙；而更多的是注释不准确，对一字一词增字为训而歪曲了原意的毛病也较普遍。译文问题更多，有的语义不清，佶屈聱牙，把"三顾频烦天下计，两朝开济老臣心"译为"三顾茅庐频烦为天下大计，两朝事业开济尽老臣忠心"，有的为追求通俗生动把"君何往"中的"君"译为"老兄"。每篇的提示，有的写得很长变成了文章赏析，有的虽短却不中肯綮，用了类似"文革"期间的语言扣几顶大帽子了事。看这样的稿子都觉头痛，改这样的稿子更感艰难。审稿历时12天，参加审稿、当时63岁的黄永年先生向我们诉苦："头发掉了一把！"有的编委说，千佛山古称历山，传说舜在这里开垦耕耘，十分艰辛，我们住在舜耕山庄，预示着我们为这套丛书垦荒笔耕，也要历尽千辛。这次审稿，经过审改之后，有10部书稿合格，有11部需会后再作小的修改方能通过，余下的均需作大的改动或另请人译注。

这次审稿还研究了所选戏曲部分的曲辞如何今译问题，如规定了念白中出现的诗句只注不译，上、下场诗只注不译，注而不译的文字在译文中应予保留以便参读。

到1990年12月，丛书常务编委在广州研究丛书如何体现批判继承精神、如何提高第二批书稿质量时，又有18部书稿完成交来。为了保证书稿质量，使1991年上半年召开的常务编委审稿会得以顺利进行，我们三个主编从广州匆匆赶到北京，用了一周时间审看了这18部书稿，通过了7部，11部退改。当我们看完最后一部书稿碰头研究时，已是12月31日。在1990年一年内，我们仅仅通过了这7部书稿。加上1989年在舜耕山庄通过的10部，也仅有17部，尚差33部方足第二批的50部。

1991年5月，常务编委来到古称嘉州的乐山市，在乐山山腰的八仙洞宾馆继续审改第二批书稿。改稿时间只有十天，要力争将50部推出，其繁重可知。我们在改稿过程中，不禁想到明万历年间嘉州知州袁子让的诗句“登临始觉浮生苦”，想到这套丛书从起步到这次审改已历时5年，当初怎么也没有想到完成这套丛书会是如此的艰辛，真是登临始觉笔耕苦啊！

这次乐山审稿，通过了13部书稿。好在余下的20部书稿只须小改即可在会后交稿，终于在1991年8月将这20部书稿全部改定交巴蜀书社。第二批50部历时近四年终于定稿了。

五、在金陵古都作光辉的一结

——第三批书稿的完成

1990年12月据出版社的要求，这套丛书出齐当为150种，到乐山会上又修正为110种至125种，最后数字的确定根据最后一次审稿结果而定，合格的即入选，不合格的不再修改选入。根据这一共识，今年4月中旬，我们一部分常务编委聚集到六朝古都南京，从已经交来的35部书稿中选择经小改合格的书稿。经过十一天的劳作，选择、改定33部，由到会的常务编委、巴蜀书社的段文桂总编和编委、巴蜀书社的刘仁清副编审带回成都，将经由他们的继续辛苦而使《古代文史名著选译丛书》以133部、1500万字之数呈献给热爱中华文化的读者。

这套丛书从1986年5月起步，历时整整六年，平日繁细工作不计，仅编委大小审稿会就开了12次之多。丛书的发起人、顾问、古委会主任周林同志先后参加了8次审稿会，每次都自始至终和大家在一起，听取审稿情况，了解遇到的问题；当我们遇到困难的时候他为我们鼓劲，当我们感到欣喜的时候他提醒我们不可大意。这次他又和我们一起来到虎踞龙蟠的石头城下，为我们督阵，看我们能否为这套丛书作出光辉的一结。

此时此刻，我们与这次会议的东道主、丛书常务编委、南京大学的周勋初先生漫步在中山陵旁，想到今译丛书已基本完成，自然感到如释重负，但理智却使我们不敢轻松，我们期待着全书133部出齐之后专家、读者的评头品足。

1992年4月26日

（原载《中国典籍与文化》1992年第1期）

古代文史名著选译丛书(修订版)总目

丛书主编:章培恒　安平秋　马樟根

书　名	译注者	审阅者	定价/元
老子注译	张玉春　金国泰	安平秋	16.00
庄子选译	马美信	章培恒	18.00
荀子选译	雪　克　王云路	董治安　许嘉璐	19.00
申鉴中论选译	张　涛　傅根清	董治安	18.00
颜氏家训选译	黄永年	许嘉璐	15.00
论语注译	孙钦善	宗福邦	34.00
孟子选译	刘聿鑫　刘晓东	黄　葵	20.00
墨子选译	刘继华	董治安	14.00
韩非子选译	刘乾先　张在义	黄　葵	19.00
新序说苑选译	曹亦冰	倪其心	25.00
论衡选译	黄中业　陈恩林	许嘉璐	22.00
管子选译	缪文远　缪　伟	董治安	18.00
列子选译	王丽萍	周勋初　倪其心	19.00
韩诗外传选译	杜泽逊　庄大钧	董治安	33.00
盐铁论选译	孙香兰　刘光胜	黄永年	13.00
诗经选译	程俊英　蒋见元	刘仁清	19.00
楚辞选译	徐建华　金舒年	金开诚	15.00
贾谊文选译	徐　超　王洲明	安平秋	17.00
司马相如文选译	费振刚　仇仲谦	安平秋	11.00
文心雕龙选译	周振甫	黄永年	17.00
庾信诗文选译	许逸民	安平秋	18.00

书　名	译注者		审阅者		定价/元
嵇康诗文选译	武秀成		倪其心		18.00
谢灵运鲍照诗选译	刘心明		周勋初		18.00
陈子昂诗文选译	王　岚		周勋初	倪其心	14.00
李白诗选译	詹　锳	等	章培恒		27.00
高适岑参诗选译	谢楚发		黄永年		23.00
元稹白居易诗选译	吴大逵	马秀娟	宗福邦		21.00
柳宗元诗文选译	王松龄	杨立扬	周勋初		18.00
李贺诗选译	冯浩菲	徐传武	刘仁清		20.00
杜牧诗文选译	吴　鸥		黄永年		14.00
李商隐诗选译	陈永正		倪其心		19.00
唐五代词选译	亦　冬		董治安		16.00
唐文粹选译	张宏生		周勋初		18.00
晚唐小品文选译	顾歆艺		平慧善		15.00
黄庭坚诗文选译	朱安群	等	倪其心		18.00
辛弃疾词选译	杨　忠		刘烈茂		24.00
元好问诗选译	郑力民		宗福邦		20.00
宋四家词选译	王晓波		倪其心		16.00
黄宗羲诗文选译	平慧善	卢敦基	马樟根		15.00
吴伟业诗选译	黄永年	马雪芹	安平秋		20.00
方苞姚鼐文选译	杨荣祥		安平秋		20.00
明代散文选译	田南池		马樟根		22.00
顾炎武诗文选译	李永祜	郭成韬	刘烈茂		23.00
张衡诗文选译	张在义	张玉春	刘仁清		16.00
	韩格平				
汉诗选译	张永鑫	刘桂秋	金开诚		19.00

书　名	译注者		审阅者		定价/元
阮籍诗文选译	倪其心		刘仁清		15.00
三曹诗选译	殷义祥		刘仁清		22.00
诸葛亮文选译	袁钟仁		董治安		16.00
陶渊明诗文选译	谢先俊	王勋敏	平慧善		16.00
杜甫诗选译	倪其心	吴　鸥	黄永年		21.00
王维诗选译	邓安生	等	倪其心		20.00
刘禹锡诗文选译	梁守中		倪其心		20.00
孟浩然诗选译	邓安生	孙佩君	马樟根		18.00
韩愈诗文选译	黄永年		李国祥		20.00
欧阳修诗文选译	林冠群	周济夫	曾枣庄		20.00
曾巩诗文选译	祝尚书		曾枣庄		19.00
苏轼诗文选译	曾枣庄	曾　弢	章培恒		28.00
李清照诗文词选译	平慧善		马樟根		15.00
陆游诗词选译	张永鑫	刘桂秋	黄　葵		24.00
朱熹诗文选译	黄　珅		曾枣庄		20.00
文天祥诗文选译	邓碧清		曾枣庄		20.00
袁枚诗文选译	李灵年	李泽平	倪其心		20.00
王安石诗文选译	马秀娟		刘烈茂	宗福邦	18.00
二程文选译	郭　齐		曾枣庄		25.00
范成大杨万里诗词选译	朱德才	杨　燕	董治安		26.00
萨都剌诗词选译	龙德寿		曾枣庄		28.00
王阳明诗文选译	吴　格		章培恒		18.00
徐渭诗文选译	傅　杰		许嘉璐	刘仁清	17.00
李贽文选译	陈蔚松	顾志华	李国祥	曾枣庄	17.00

书　名	译注者		审阅者	定价/元
三袁诗文选译	任巧珍		董治安	17.00
王士禛诗选译	王小舒	陈广澧	黄永年	13.00
龚自珍诗文选译	朱邦蔚	关道雄	周勋初	13.00
尚书选译	李国祥 谢贵安	刘韶军 庞子朝	宗福邦	14.00
礼记选译	朱正义	林开甲	宗福邦	22.00
左传选译	陈世铙		董治安	22.00
国语选译	高振铎	刘乾先	黄　葵	29.00
战国策选译	任　重	霍旭东	李国祥	21.00
吕氏春秋选译	刘文忠		董治安	17.00
吴越春秋选译	郁　默		倪其心	19.00
史记选译	李国祥 张三夕	李长弓	安平秋	45.00
汉书选译	张世俊	任巧珍	李国祥	22.00
后汉书选译	李国祥 彭益林	杨　昶	许嘉璐	40.00
三国志选译	刘　琳		黄　葵	18.00
晋书选译	杜宝元		许嘉璐	15.00
宋书选译	漆泽邦	孔　毅	李国祥	19.00
南齐书选译	徐克谦		周勋初	18.00
北齐书选译	黄永年		安平秋	16.00
梁书选译	于　白		周勋初	17.00
陈书选译	赵　益		周勋初	17.00
南史选译	漆泽邦		安平秋	22.00
北史选译	刁忠民		段文桂	20.00

书　名	译注者	审阅者	定价/元
周书选译	黄永年	安平秋	15.00
魏书选译	杨世文　郑　晔	周勋初	22.00
隋书选译	武秀成　赵　益	周勋初	20.00
新唐书选译	雷巧玲　李成甲	黄永年	28.00
旧唐书选译	黄永年	章培恒	28.00
新五代史选译	李国祥　王玉德　姚伟钧	周勋初	18.00
旧五代史选译	贾二强	黄永年	17.00
宋史选译	淮　沛　汤　墨	曾枣庄	30.00
辽史选译	郭　齐　吴洪泽	曾枣庄	21.00
金史选译	杨世文　祝尚书　李文泽　王晓波	曾枣庄	21.00
元史选译	樊善国　徐　梓	马樟根	25.00
明史选译	杨　昶	李国祥	35.00
清史稿选译	黄　毅	章培恒	32.00
贞观政要选译	裴汝诚　王义耀	黄永年	18.00
史通选译	侯昌吉　钱安琪	周勋初	16.00
资治通鉴选译	李　庆	黄永年	16.00
续资治通鉴选译	徐光烈	安平秋	24.00
通鉴纪事本末选译	谈蓓芳	章培恒	21.00
洛阳伽蓝记选译	韩结根	章培恒	22.00
梦溪笔谈选译	李文泽	曾枣庄	20.00
徐霞客游记选译	周晓薇　等	黄永年　马樟根	17.00
宋代笔记小说选译	朱瑞熙　程君健	金开诚等	19.00
关汉卿杂剧选译	黄仕忠	刘烈茂	24.00

书　名	译注者	审阅者	定价/元
明代文言短篇小说选译	黄　敏	章培恒	23.00
六朝志怪小说选译	肖海波　罗少卿	刘仁清	21.00
世说新语选译	柳士镇　钱南秀	周勋初	29.00
水经注选译	赵望秦　段塔丽　张艳云	许嘉璐	19.00
唐人传奇选译	周　晨	曾枣庄	24.00
唐五代笔记小说选译	严　杰	周勋初	21.00
大慈恩寺三藏法师传选译	贾二强	黄永年	18.00
宋代传奇选译	姚　松	周勋初	22.00
聊斋志异选译	刘烈茂　欧阳世昌	章培恒	22.00
阅微草堂笔记选译	黄国声	安平秋	16.00
清代文言小说选译	王火青	周勋初	23.00
历代名画记图画见闻志选译	周晓薇　赵望秦	黄永年	17.00
容斋随笔选译	罗积勇	宗福邦	20.00
唐才子传选译	张　萍　陆三强	黄永年	30.00
西厢记选译	王立言	董治安	20.00
元代散曲选译	彭久安	刘烈茂　金开诚	21.00
日知录选译	张艳云　段塔丽	黄永年	22.00
桃花扇选译	张文澍	章培恒　段文桂	15.00
牡丹亭选译	卓连营	章培恒	14.00
长生殿选译	戚海燕	董治安	20.00